MATTHES & SEITZ BERLIN

PAPERBACK

Jean-Jacques Rousseau

TRÄUMEREIEN EINES EINSAM SCHWEIFENDEN

Les rêveries du Promeneur Solitaire (1776–1778)

Nach dem Manuskript und den Spielkarten neu übersetzt, kommentiert und mit einem Nachwort versehen von Stefan Zweifel

Matthes & Seitz Berlin

27 SPIELKARTEN MIT NOTIZEN ZU DEN TRÄUMEREIEN

VORBEMERKUNG

Diese vieldiskutierten Spielkarten, die Rousseau auf seinen Streifzügen durch die Natur bei sich trug, haben zahlreiche Kommentare und Fragen aufgeworfen. Sie sind im Schnitt 8,3 x 5,2 cm groß, ein paar der handgemalten Zeichen zeigen Wasserspuren, die an Tränen gemahnen.

Rousseau selbst hat nur die ersten 8 durchnummeriert (die weiteren Nummern hat Théophile Dufour beigefügt). Datiert hat er sie leider nicht. Sie stehen zum Teil, namentlich die Spielkarten 23 / 24, auch in Bezug zu anderen autobiographischen Schriften wie den *Dialogues* und den *Confessions*. Erstaunlich bleibt, dass sie noch nie zusammen mit den *Träumereien* auf Deutsch ediert wurden.

Dass Rousseau im Ringen mit seinem Missgeschick den Zufall des Kartenspiels evoziert, auf das er die ihm zufliegenden Gedanken notiert, ist eine Geste des Wunderbaren. Dabei griff er wohl auf mehrere Sets zurück, da beispielsweise das Herz-As (16 / 24) zweimal, die Herz-Fünf (8 / 13 / 21) sogar dreimal vorkommt. Die Notizen sind oft mit Bleistift gemacht und später mit der Feder nachgezogen. Diese romantische oder eben auch: »romangemahnende« Technik beschreibt er in den *Confessions*:

»Nachdem ich mehrere Tage meinem ländlichen Irrwahn geopfert hatte, begann ich meinen Papierstapel zu ordnen und meine Beschäftigungen einzuteilen. Ich widmete, wie ich es schon immer pflegte, meine Morgen dem Kopieren {von Noten} und meine Nachmittagsmahl-

Zeiten der Promenade, mit einem kleinen weißen Buch und meinem Bleistift gewappnet: denn da ich stets nur *sub dio* nach Gefallen schreiben und denken konnte, war ich nicht versucht, meine Methode zu ändern, und ich betrachtete den Wald von Montmorency, der fast vor meiner Türschwelle lag, von da an als meine Schreibstube.« (*Confessions*, OC I 404)

Als er beim Abfassen der *Nouvelle Héloïse*, von »meiner einzigen echten Liebe« verzehrt, so sehr im Reich der Imagination schwebte, zwischen seiner neuen Héloïse und ihren zwei Liebhabern, dass er die dreißigjährige Madame d'Houdetot mit ihrem »Wald« von Haaren auf dem Kopf inniglichst verehrte und anbetete, wiewohl sie ihn verschmähte und immer nur an ihren Geliebten dachte, als er, Rousseau, mit ihr durch die Wälder und Wiesen von Montmorency schweifte, hinauf auch auf eine Anhöhe mit einer schön angelegten Terrasse, wo er sich fortwährend wartend verzehrte, auf einen Kuss wartend, den einzig wahren seines Lebens, den allesverzehrenden Kuss von Madame d'Houdetot, da verfasst er ab und zu Zettel, doch war er so erregt, dass die Schrift unleserlich blieb und die Geliebte nur dem Schriftbild seine Erregung entnehmen konnte – so unleserlich ist seine Schrift auf diesen Spielkarten nicht, doch für allfällige Lesefehler möchten wir uns entschuldigen.

Stefan Zweifel, Zürich, April 2012

I

{auf der Rückseite der Herz-Sechs}

Um den Titel dieser Sammlung wirklich einzulösen, hätte ich vor ~~mehr als~~ sechzig Jahren mit ihr beginnen müssen: denn mein gesamtes Leben war kaum etwas anderes als eine lang währende Träumerei, durch meine täglichen Spaziergänge in Kapitel unterteilt.

Wenn ich, spät zwar, heute mit ihr beginne, so weil mir auf dieser Welt nichts Besseres mehr zu tun bleibt.

Schon fühle ich, wie meine Phantasie zu Eis erstarrt, wie all meine Befähigungen schwinden. Ich rechne damit, dass meine Träumereien von Tag zu Tag frostiger werden, bis mir die Mühe, sie zu schreiben, jeglichen Mut raubt; so wird mein Buch, wenn ich es denn fortsetze, ein natürliches Ende nehmen, sobald auch ich mich meinem Lebensende nähere.

Direkt mit der Feder verfasste, reine Tinten-Notiz.
Erste, Zweite und Siebte Träumerei

2

{auf der Rückseite und Vorderseite der Herz-Acht}

wahr ist, dass selbst der fühlloseste M{ensch} durch seinen Körper und seine Sinne den Eindrücken von Lust und Leid sowie all ihren Folgen untertan ist. Doch diese Eindrücke sind rein physisch und bleiben, für sich genommen, nichts als Empfindungen. Sie können lediglich Auslöser von Leidenschaften sein, zuweilen sogar von Tugenden, sei es, dass der tiefe und anhaltende Eindruck in der Seele fortwirkt und die bloße Empfindung überdauert; sei es, dass der Wille, von anderen Beweggründen ~~bestimmt~~ beeinflusst, der Lust widersteht oder sich in den Schmerz schickt; selbst dann aber soll dieser Wille im Akt selbst stets ~~bestimmend~~ beherrschend bleiben, und es ist … denn wenn letztlich die ~~stärkere~~ mächtigere Empfindung eine Einwilligung erzwingt, verflüchtigt sich die ganze Moralität des Widerstands, und der Akt gilt, sowohl an sich genommen wie auch angesichts seiner Folgen, er gilt gleichviel, wie wenn er aus voller Einwilligung erfolgt wäre. Diese Rigorosität mag hart erscheinen, doch allein um ihretwillen trägt die Tugend einen so erhabenen Namen. Wenn der Sieg nichts kosten würde, weshalb sollte er dann gekrönt werden?

Die Bleistift-Schicht wurde mit Tinte nachgezogen, die gestrichenen Worte entstammen der Bleistift-Schicht.
Ab »oder sich in den Schmerz schickt« zwischen und über die Herz-Zeichnungen gesetzt.
Sechste Träumerei

3
{auf der Rückseite und Vorderseite der Pik-Drei}

Glück ist ein allzu festgefügter Zustand und der Mensch ein allzu unbeständiges Wesen, als dass das eine mit dem andern zupass kommen könnte.

Solon führt Krösus das Beispiel dreier glücklicher Männer an, weniger aufgrund des Glücks in ihrem Leben, als wegen der Sanftheit ihres Sterbens, und gesteht ihm nicht zu, als glücklicher M{ensch} zu gelten, solange er noch am Leben sei. Die Geschichte zeigt, wie Recht er hatte. Ich füge noch bei, falls es auf Erden einen wirklich glücklichen Menschen gibt, so würde man ihn nie als Beispiel anführen können, denn niemand außer ihm selbst weiß darum.

… beständig drängende Bewegung, die ich gewahr wurde, bezeugte mir, dass ich lebe, denn es ist gewiss, dass ich als einzige Regung damals die schwache Empfindung eines leisen Geräusches spürte, gleichmäßig und monoton. Woran also ergötz ich mich: an mir oder …

Die erste Bleistift-Notiz ist mit Tinte nachgezogen.
Die zweite reine Bleistift-Notiz drängt sich um die Pik-Drei.
Vierte, Fünfte und Neunte Träumerei

4
{auf der Rückseite der Karo-Dame RACHEL}

Es ist wahr, dass ich auf Erden nichts tue; doch wenn ich keinen Körper mehr habe, werde ich auf ihr auch nichts mehr tun, und gleichwohl werde ich ein vortrefflicheres Wesen sein, mit weit mehr Empfindung und Leben erfüllt als der tätigste aller Sterblichen.

Reine Bleistift-Notiz

5

{auf der Rückseite des Kreuz-König ALEXANDRE}

ein Moderner verwinzigt sie zu seiner Größe, ich aber erhebe mich zu ihnen.

Reine Bleistift-Notiz, nicht mit der Feder nachgezogen, die Schrift rutscht quer über die Karte ab.
Dritte Träumerei

6

{auf der Vorderseite der Karo-Vier}

Und ist z B nicht jedes Irren besser als die Kunst, falsche Freunde zu erkennen, wofern diese Kunst nur zum Preis erworben wird, dass all jene entlarvt werden, die man für wahre Freunde ansah.

Reine Bleistift-Notiz, über die Karos hingezogen.

7

{auf der Rückseite der Karo-Acht}

Diese H{erren} treiben es wie jener Trupp Freibeuter, die ganz nach Gefallen einen armen Spanier mit glühenden Zangen plagten und voll Wohlwollen trösteten, indem sie ihm vermittels stoischer Argumente aufzeigten, dass der Schmerz kein Übel sei.

Reine Bleistift-Notiz

8

{auf der Rückseite der Herz-Fünf}

doch ich wollte ihr weder meine Anschrift geben, noch die ihrige aufnehmen, aus Gewissheit, dass sie, sobald ich ihr den Rücken kehrte, ausgehorcht würde, und ~~meine bekannten Absichten~~ im Verlauf der üblichen Verdrehungen würden diese Herren aus meinen bekannten Absichten ein Übel ableiten, weit größer als das Gute, das ich so gern getan hätte.

Reine Bleistift-Notiz
Betrifft vielleicht das Erlebnis mit der Nonne in der Neunten Träumerei?

9

{auf der Rückseite der Herz-Acht}

und wenn meine Unschuld erst einmal feststünde und ~~allen ins Auge gefallen wäre~~ meine Peiniger bezwungen hätte, wenn die Wahrheit vor aller Augen erglänzte, heller noch als die Sonne, selbst dann noch würde sich die Raserei des Publikums nicht legen, sondern weit wilder wüten; es würde mich alsdann aufgrund seiner eigenen Ungerechtigkeit mehr hassen, als es mich heute aufgrund jener Laster hasst, die es mir voll Inbrunst unterstellt. Nie aber würde es mir verzeihen, dass es mir solche Schande zur Last ~~ge~~legt. Gerade dies wäre in seinen Augen mein schlimmstes Verschulden.

Reine Tinten-Notiz
Zweite Träumerei

10

{auf der Rückseite der Herz-Vier}

Ich muss immer tun, was ich tun muss, denn ich bin dies schuldig, doch nicht aus Hoffnung auf Erfolg, schließlich weiß ich, dass solcher Erfolg schon lange nicht mehr möglich ist.

Reine Tinten-Notiz

11

{auf der Rückseite der Herz-Sechs}

Ich male mir das Staunen dieser höchst hochmütigen, anmaßlichen Generation aus, die so stolz auf ihr vorgebliches Wissen ist und in ihrer ~~großen~~ grausamen Selbstgenügsamkeit auf die Unfehlbarkeit ihrer Einsichten über mich vertraut.

Reine Tinten-Notiz

10 Je dois toujours faire ce que je dois, parce
que je le dois, mais non par aucun espoir
de succès, car je sais bien que le succès
est désormais impossible.

12

{auf der Rückseite der Kreuz-Neun}

Es gibt keine Nähe mehr noch Brüderlichkeit zwischen ihnen und mir, sie haben mich als ihren Bruder verleugnet, und mir gereicht es zu ~~Ehre~~ Ruhmesglanz, sie beim Wort zu nehmen. Und wenn ich ihnen gegenüber noch irgend menschliche Pflichten zu erfüllen habe, so werde ich dies tun, kein Zweifel, aber nicht wie Meinesgleichen, sondern wie einem leidenden und empfindsamen Geschöpf, das Hilfe nötig hat. In gleicher Weise und mit mehr Herz würde ich auch einem Hund helfen, der leidet. Da er kein Verräter ist, noch Tücke kennt, und auch nie aus Verstellung schöntut, ~~hänge ich enger~~ steht mir ein Hund näher als irgendein Mensch dieser Generation.

Reine Tinten-Notiz
Erste Träumerei

13

{auf der Rückseite der Herz-Fünf}

selbst ein Herrscher kann erst Gnade erlassen, nachdem der Schuldige in aller Form ~~überführt~~ gerichtet und verurteilt wurde. Widrigenfalls würde man ihm den Makel des Verbrechens aufprägen, ~~ohne ihn davon überführt zu haben~~ ohne ihn überführt zu haben, was das allerschreiendste Unrecht ~~ist~~ wäre.

Wenn sie mich mit Brot zu nähren gedenken, so stopfen sie mich mit Schmach. Die milde Gabe, die sie auf mich ~~verwenden~~ zu verwenden gedenken, ist nicht Guttätigkeit, sondern Schimpf und Schande; sie ist ein Mittel, mich herabzuwürdigen, nichts weiter. Tot wäre ich ihnen zweifelsfrei am liebsten; aber noch lieber bin ich ihnen lebend und verleumdet.

Reine Tinten-Notiz
Erste Träumerei

14

{auf der Rückseite des Kreuz-Buben HECTOR}

und ich werde ihre Almosen mit der nämlichen Dankbarkeit empfangen, die ein Reisender einem Dieb bezeugen mag, der ihm zunächst den Geldbeutel raubt, um ihm dann ein Weniges davon zurückzuerstatten, damit er seiner Wege gehen kann. Kommt noch als Unterschied dazu, dass es nie die Absicht des Diebes war, den Reisenden herabzuwürdigen, sondern lediglich, ihm ~~helfen~~ Handhabe zu bieten.

Auf Erden gibt es niemanden außer mir, der jeden Morgen mit der vollkommenen Gewissheit aufsteht, dass er während des ganzen Tages keine neuerliche Pein erleiden und nicht noch unglücklicher zu Bette gehen wird.

Reine Tinten-Notiz
Erste und Achte Träumerei

15

{auf der Rückseite der Herz-Acht}

Das Harren auf das jenseitigen Lebens lindert alle Leiden in diesem und lässt die Schrecken des Todes gleich null erscheinen; doch ~~die Hoffnung ist~~ in allen weltlichen Dingen ist der Hoffnung stets Sorge beigemengt, und es gibt keine wahre Ruhe außer in der Resignation.

Reine Tinten-Notiz
Erste Träumerei

HECTOR
MANDROU

16

{auf der Vorderseite des Herz-As mit einer rückseitigen Adresse}

es wird eintreten, was der K{ardin}al Mazarin von einem Staat sagte, der nicht weniger mannigfaltig noch notwendiger ist,

… wer den Eigennutz vor der Gerechtigkeit konsultiert und denjenigen bevorzugt ~~nicht denjenigen krönt~~,

~~der am besten gesprochen hat, sondern denjenigen, der die Partei unterstützt hat, die ihm am genehmsten ist.~~

~~und weit mehr Schmeichelei als Beredtheit verlangt.~~

der zu seinen Gunsten spricht, statt denjenigen, der am trefflichsten gesprochen hat,

der wäre lächerlich, wenn er keinen Nutzen davon hätte, noch lächerlicher aber, wenn er einen hätte.

M Thiroux d'Epersenn{es}
rue courtauvilain
Mittwoch 10. ~~Febr~~ März
von Seiten von M.
de la Curne

Reine Tinten-Notiz. Die Adresse stammt nicht von Rousseaus Hand. Da François Thiroux d'Espersennes 1767 verstorben ist, scheint Rousseau dieses Kartenspiel lange auf sich getragen und aufbewahrt zu haben.
Wir haben die gedrängt eingefügte Stelle über die Lächerlichkeit ans Ende gesetzt, denn in allen französischen Ausgaben wurde der Gedankengang nicht wirklich erfasst.

17

{auf der Rückseite der Kreuz-Sechs}

träumerei

woraus ich schloss, dass mir dieser Zustand ~~süß~~ angenehm ist, und zwar eher als Aufhebung aller Lebenspein denn als eigentliche Lustbarkeit.

~~Doch mich mit meinem Körper und meinen Sinnen nicht an die Statt reiner Geister stellen könnend. Ich verfüge über keinerlei Mittel, um ihre wahre Seinsweise wirklich zu beurteilen.~~

Will ich mich an ihnen so grausam rächen wie nur irgend möglich? Hiezu muss ich nur glücklich und zufrieden leben; dies ist ein unfehlbares Mittel, um sie ins Elend zu stürzen.

Indem es ihnen ein Bedürfnis ist, mich unglücklich zu machen, machen sie ihr Schicksal von mir abhängig.

Reine Tinten-Notiz, das Stichwort »rêverie« ist unterstrichen und abgesetzt, der zweite Absatz mit einem Kreuz durchgestrichen. Sechste und Achte Träumerei

il arrivera comme disoit le C[illegible] [illegible]
[illegible]
qui consultent l'intérêt au lieu
la justice et ne préfèrent pas
celui qui a le mieux dit mais —
celui qui a [illegible] le parti qui
leur convient [illegible].
[illegible]
[illegible] bien plus de
flatterie que d'éloquence.
celui qui parle à leur avantage à —
celui qui a le mieux parlé.

18

{auf der Rückseite der Kreuz-Dame ARGINE}

Ich denke wohl, dass die Existenz von intelligenten und freien Wesen eine notwendige Folge der Existenz Gottes darstellt, ~~die einzig denkbare, die ich mir vorstellen kann~~ und wofern ich mir etwas Wonnigliches für die Gottheit vorstellen kann, wenn auch außerhalb ihrer Fülle oder eher in Ergänzung zu ihr, dann ~~dies~~: über gerechte Seelen herrschen.

Reine Tinten-Notiz
Erste Träumerei

19

{auf der Rückseite der Kreuz-Acht}

Sie haben zwischen ihnen und mir einen unermesslichen Abgrund gegraben, den nichts auffüllen oder überwinden kann, und ich bin von ihnen für den Rest meiner Tage ebenso getrennt, wie es die Toten von den Lebenden sind.

~~Dies lässt mich glauben, dass es unter all denen, die vom~~ Frieden eines guten Gewissens schwatzen, kaum einen gibt, der in Kenntnis davon redet und dessen Früchte wirklich fühlte.

~~Wenn es je zu einem Zufall kommen mag, der den Lauf~~ der Dinge ändert, was ich aber nicht glaube, dann ist wenigstens eins gewiss, der Zufall wird ~~nur noch~~ zu meinen Gunsten ausschlagen: Schlimmer nämlich kann es nicht kommen.

Reine Tinten-Notiz
Erste Träumerei

ARGINE

Je percevais assez que l'existence des êtres intelligens et libres est une suite necessaire de celle de Dieu, et ~~[illegible]~~ que je ~~[illegible]~~ dans la divinité même hors de sa plenitude ou plustot qui la complemente c'est celle de regner par des ames justes.

20

{auf der Rückseite der Karo-Neun}

als ich dies niederschrieb, ~~lag mir nichts ferner~~ dachte ich niemals, dass man die Getreulichkeit meines Berichts je anzweifeln und ihn verfälschen wollte oder könnte. Doch das geheimnisreiche Schweigen, mit dem mir jene, denen ~~ich Bericht gebe~~ ich ihn heute gebe, zuhören, zeigt mir nur allzu deutlich, dass dies den Handgriffen jener Herren nicht entgangen ist, und ich hätte vorhersehen müssen, dass Franceuil durch ihr Wirken zu einem Beihelfer des Bündnisses geworden ist und sich davor hüten wird, allhier je die Wahrheit in Ehren zu halten. Da sie einst von ihm selbst verkündet wurde und ~~dem Publikum~~ aller Welt schon so lange bekannt ist, scheint es mir aber undenklich, dass es nicht noch genug frühere Spuren von ihr gibt, aus den Zeiten vor seinem Beitritt zum Komplott.

Reine Tinten-Notiz
Bezieht sich auf die Confessions und die Lektüre, die Rousseau 1771 im Kreis (vorgeblicher) Freunde abhielt.
Erste Träumerei

19 Ils ont creusé entre eux et moi un abyme immense que rien ne peut plus ni combler ni franchir. et je suis aussi séparé d'eux pour le reste de ma vie - que les morts le sont des vivants -

Cela me fait croire que de tous ceux qui - parlent de la paix d'une bonne conscience, il y en a bien peu qui en parlent avec connaissance, et qui en aient goûté les effets.

S'il y a désormais quelque chance qui puisse changer l'état des choses, ce que je ne crois pas, il ne tient pas au moins que cette chance ne peut être qu'en ma faveur ; car au pis plus rien n'en possible.

21

{auf der Rückseite der Herz-Fünf}

Es steht für mich außer Zweifel, dass Fran{ceuil} und seine ~~Kameraden~~ Genossen die ganze Angelegenheit anders weitererzählt haben: doch ein paar Menschen von Treu und Glaube werden vielleicht nicht vergessen haben, wie ~~er es zunächst und auch später noch erzählte, bis ihm der~~ Beitritt zum Bündnis die Zunge verdrehte.

Reine Tinten-Notiz
Bezieht sich wie die vorangegangene Spielkarte auf die Confessions.

22

{auf der Rückseite des Herz-Buben LAHIRE}

Die einen ~~küssen mich unter Freudentränen, wenn sie mich sehen~~ küssen mich voll Verzückung.

Die einen suchen mich voll eilendem Eifer auf, vergießen bei meinem Anblick Tränen der Freude und des Mitleids, umhalsen mich, küssen mich voll Verzückung und unter Tränen, die anderen geraten bei meinem Anblick in eine Art Raserei, die ich aus ihren Augen blitzen sehe, wieder andere spucken auf oder knapp neben mich, und zwar mit solcher Ziererei, dass die Absicht klar zutage tritt. ~~Trotz dieser~~ Solch gegensätzliche Anzeichen werden alle vom nämlichen Gefühl erzeugt, dies ist mir nicht weniger klar. Was mag das für ein Gefühl sein, das sich durch so viele widerstrebende Zeichen zeigt. Geteilt wird es, wie ich wohl sehe, von all meinen Zeitgenossen; alles weitere bleibt mir verschlossen.

Reine Tinten-Notiz
Erste Träumerei

23

{auf der Rückseite des Kreuz-As}

Scham ist ~~für gewöhnlich~~ ein Begleiter der Unschuld, dem Verbrechen ist sie nicht bekannt.

Ich spreche ganz naiv von meinen Empfindungen, meinen Meinungen, so bizarr, so paradox sie auch scheinen mögen; ich argumentiere nicht und beweise nichts, weil ich niemanden zu überzeugen trachte, sondern nur für mich selbst schreibe.

Reine Tinten-Notiz
Erste Träumerei

24

{auf der Rückseite und Vorderseite des Herz-As}

~~Der erste Mensch der~~

alle menschliche Macht kann mir nichts mehr anhaben. Und sollte ich irgendwelche stürmischen Leidenschaften haben, so könnte ich sie nach Gefallen ebenso öffentlich wie ungestraft ausleben. Denn es ist klar, dass sie jedwede Auseinandersetzung mit mir mehr scheuen als den Tod und um jeden Preis meiden. Und wenn auch, was wollen sie mir antun, mich in Haft setzen? ich bitte ja um nichts anderes, doch es wird mir nicht gewährt. Mich martern; so mögen sie Art und Weise meiner ~~Leiden~~ Qualen ändern, doch steigern – nein. Mich sterben lassen? Oh, davor werden sie sich wohl hüten. Dies hieße meiner Pein ein Ende machen. Als Herr und König auf Erden sind mir alle, die in meine Nähe kommen, auf Gedeih ausgeliefert, ich vermag alles über sie, und sie, sie vermögen nichts mehr über mich.

Doch als mich diese H{e}rr{e}n in diese Lage zwangen, in der ich mich befinde, da wussten sie wohl, dass ich keine hassende und rachsüchtige Seele habe: Widrigenfalls hätten sie sich niemals all dem ausgesetzt, was daraus drohen mochte.

Reine Tinten-Notiz
Der Schlussabschnitt findet sich auf der Vorderseite mit dem (schützenden?) Herz-As.
Erste Träumerei

25

{auf der Rückseite des Herz-Buben LAHIRE}

Wie mächtig man doch ist, wie stark, wenn man nichts mehr von den Menschen erhofft. Ich lache über die ~~dumme tolle Kopflosigkeit der Böslinge, wenn ich da~~ran denke, dass ~~zwanzig~~ dreißig Jahre der ~~Marter Sorgen Kümmernisse~~ Mühen, Anstrengungen, peinsamen Sorge ihnen zu nichts anderem gedient hat, als mich weit über sie zu ~~heben~~ setzen.

Reine Tinten-Notiz

26

{auf der Rückseite des Pik-As}

sollen sie doch ~~getreulich~~ lediglich sagen, wie sie von all diesen Sachen erfahren haben und was sie unternahmen, um es in Erfahrung zu bringen – ich verspreche ihnen, wenn sie diesen Punkt getreulich erfüllen, dann werde ich auf all ihre Anschuldigungen nichts mehr erwidern.

Alles zeigt mir und überzeugt mich, dass sich die Vorsehung in keiner Weise in die menschlichen Meinungen mischt, noch in all das, was mit Ruf und Ruhm zusammenhängt, nein, sie überlässt alles, was hienieden von einem Menschen nach seinem Tod bleibt, uns Menschen und dem Zufall.

Reine Tinten-Notiz
Zweite Träumerei

27

{Rückseite Pik-König DAVID}

1. Erkenne dich selbst
2. Frostige und trübe Träumereien
3. sinnliche Moral

wie soll ich mit meinen Zeitgenossen umgehen
Von der Lüge
zu wenig Gesundheit
Ewigkeit der Strafen
sinnliche Moral

Reine Bleistift-Notiz
Plan aller Träumereien?

{Fragment auf einer Spielkarte, die sich nicht mehr unter denjenigen in Neuenburg befindet:}

Wird denn nie ein Mann von Geist kommen, dem die schlimmen Schliche auffallen, mit denen man von mir, bald direkt, bald indirekt, in fast allen modernen Büchern spricht, mit einem verräterisch fremden Ton, voll hinter~~hältiger Anspielungen, erzwungener Vergleiche, ironischer~~ Zitate, zweideutiger Sätze voll Scheelsucht, und unter ständiger Vermeidung direkter Deutlichkeit verleiten sie die Leser auf kunstsinnige Weise zu Boshaftigkeit.

Der Text dieser Spielkarte wurde von Georges Streckeisen-Moultou in den Œuvres et Correspondance inédites (1861) publiziert.

TRÄUMEREIEN
EINES EINSAM SCHWEIFENDEN

ERSTE TRÄUMEREI

Allda stehe ich also, allein auf Erden, ohne Bruder, ohne Nächsten, ohne Freund, nur mich zur Gesellschaft, mich allein. So wurde, durch einhelligen Beschluss, der geselligste und leutseligste Mensch von allen geächtet. Sie suchten in den Zuspitzungen ihres Hasses, welche Marter meine sanfte Seele am tiefsten träfe, und durchtrennten mit tätiger Gewalt alle Bande, die uns einten. Ich hätte die Menschen geliebt, trotz allem. Meiner Zuneigung konnten sie sich nur entziehen, indem sie: keine mehr sind. Alldort also stehen sie, fremd sind sie mir, unbekannt, ein Nichts, denn sie haben es nicht anders gewollt. Doch ich, von ihnen und von allem losgelöst, was bin denn ich, ich selbst? Das ist es, wonach ich noch suchen muss. Leider bringt es diese Suche mit sich, dass ich im Vorlauf meine eigene Lage in Augenschein nehme. Es tut Not, dass ich diesen Gedankengang durchlaufe, um von ihnen ~~bis~~ zu mir zu gelangen.

Fünfzehn Jahre und mehr schon schwebe ich in dieser absonderlichen Lage, und noch immer kommt sie mir vor wie ein Traum. Stetsfort rede ich mir ein, dass mich eine Magenverstimmung martert, dass ich einen schlechten Schlaf schlafe und bald im Kreis meiner Freunde erwache, von allem Leid erlöst. Ja, ich tat wohl einen Sprung vom Wachen in den Schlaf, oder mehr noch: vom Leben in den Tod. ~~Ich fühlte mich gerissen~~ Ich wurde, ich weiß nicht wie, aus dem Lauf der Dinge gerissen und sah mich in ~~das~~ ein undurchdringliches Chaos sinken, wo ich alles nur noch verschwommen wahrnehme; und je mehr ich über meine jetzigen Verhältnisse nachdenke, umso weniger begreife ich, an welchem Punkt ich stehe.

Eh, wie mochte ich das Schicksal voraussehen, das mich erwartete? wie auch wollte ich es heute ~~begreifen~~ fassen, wo ich ihm ganz ausgeliefert bin? Konnte ich bei klarem Verstand davon ausgehen, dass man eines Tages in mir – dem nämlichen Menschen, der ich einst war, dem nämlichen, der ich noch heute bin – offenbar nur noch ein Monster sähe, dass ich als *{es folgen zwei rot ins Manuskript eingefügte Klammern}* [Giftmischer gälte, als Mörder gar?,] dass ich zum Schreckbild der Menschheit, zum Prellball des Pöbels würde, [dass man mir auf der Straße zum Gruß ins Gesicht spucken würde,] dass sich eine ganze Generation, durch einhelligen Beschluss, ein Spiel daraus macht, mich lebendigen Leibes zu begraben? Als sich dieser befremdliche Umschwung vollzog und mich unvorbereitet traf, war ich zunächst tief erschüttert. Mein Aufruhr und mein Aberwille stürzten mich in einen Wahn, der mehr als zehn Jahre brauchte, bis er sich legte, und während dieser Zeit taumelte ich von Irrnis zu Irrnis, von Fehltritt zu Fehltritt, von Torheit zu Torheit, und so spielte ich durch meine Unbesonnenheit den Drahtziehern meines Schicksals immer neue Waffen in die Hände, die sie geschickt in Anschlag brachten, um es ein für allemal zu besiegeln.

Lange Zeit wehrte ich mich, ebenso heftig wie hilflos. Ohne List noch Tücke, ohne Verstellung noch Vorsicht, frank und freimütig, ungeduldig, überstürmt, so strampelte ich, und je mehr ich strampelte, umso schlimmer verstrickte ich mich und bot ihnen ständig neue Blößen, was sie wohlweislich ausnützten. Als ich endlich all mein Tun für hinfällig hielt und mich für nichts und wieder nichts zermartert hatte, schickte ich mich in die letzte Zuflucht, die mir blieb, und fügte mich meinem Schicksal, ohne gegen das Unausweichliche aufzubegehren. In solcher Fügsamkeit entdeckte ich tröstenden Lohn für all mein Leid, denn sie schenkte mir inneren Frieden, und das wäre mit der ständigen Anspannung eines ebenso mühsamen wie fruchtlosen Widerstands unvereinbar gewesen.

Und noch etwas beförderte diesen Frieden. Unter allen Klügeleien ihres Hasses hatten meine Peiniger vor lauter Erbitterung etwas übersehen; sie hätten deren wirkende Wucht lieber abgestuft und immer neue Attacken geritten, um meine Schmerzen ohne Unterlass zu schüren und zu steigern. Hätten sie die Heimtücke gehabt, mir immer einen Schimmer Hoffnung zu lassen, dann hätten sie mich nach wie vor ganz in ihrer Gewalt. Dann könnten sie mich noch heute zu ihrem Spielball machen, indem sie ein falsches Luder auslegten und mich mit der Marter einer stets aufs Neue enttäuschten Erwartung zermürbten. Aber sie haben schon im Vorfeld all ihr Pulver verschossen; und indem sie mir nichts ließen, raubten sie sich selbst: alles. Verleumdung, Niedertracht, Spott und Schande, all das, womit sie mich überhäuften, erlaubt keine Zuspitzung mehr und keine Abschwächung; wir haben uns gegenseitig ausgeschaltet, sie können nichts mehr verschärfen, ich kann mich nicht weiter zurückziehen. Sie eilten so eifrig, das Maß meines Elends auf die Spitze zu treiben, dass alle Macht der Welt und alle Tücke der Hölle nichts mehr hinzufügen könnten. Selbst körperlicher Schmerz würde meine Pein nicht steigern, sondern wäre eher: Ablenkung. Indem er mir Schreie entrisse, würde er mir, wer weiß, das Seufzen ersparen, und statt meinem Herz würde nur noch mein Körper zerfleischt.

Was habe ich von ihnen denn noch zu befürchten, jetzt, da alles getan ist? Da sie mein Dasein nicht länger gängeln, können sie mir auch keine Angst mehr einjagen. Schreck und Sorge sind zwei Übel, von denen sie mich für immer befreit haben: eine kleine Erleichterung, immerhin. Reale Qualen können mir nichts mehr anhaben; mit denen, die über mich hereinbrechen, finde ich mich leidlich ab, nicht aber mit denen, die mir drohen. Meine aufgescheuchte Einbildungskraft addiert sie, wendet sie um und um, verstärkt und streckt sie. Das Warten martert mich hundert Mal mehr als das Hereinbrechen, ihr Drohen ist weit fürchterlicher als der Schlag. Sobald sie eintreffen, raubt ihnen die Macht der Wirklichkeit alle trügerische Kraft und rückt sie ins rechte Maß. Sie scheinen mir dann weit weniger schlimm, als ich sie mir ausgemalt hatte, und selbst inmitten meiner Schmerzen fühle ich mich erleichtert. Dann, aller Furcht und aller Sorge des Bangens ledig, wird mir meine Situation, die allem fremden Zugriff entzogen ist, allein schon durch Gewöhnung von Tag zu Tag erträglicher, und je mehr die Empfindsamkeit durch Dauer abstumpft, umso weniger Mittel bleiben ihnen, ihr einen Stich zu versetzen. Dies also wäre die Wohltat, die mir meine Peiniger gewähren, indem sie ~~an mir~~ ohne jedes Maß sämtliche Pfeile ihrer Ergrimmung verschossen. Sie haben sich jeglicher Handhabe über mich beraubt, und ich kann sie nur mehr noch verlachen.

Es ist keine zwei Monate her, da breitete sich in meinem Herzen reine Ruhe aus. Seit langem schon hatte ich nichts mehr befürchtet, aber ich hatte noch: gehofft, und diese bald genährte, bald getäuschte Hoffnung bildete eine Angriffsfläche für tausenderlei Leidenschaften, die mich ohne Unterlass quälten. Ein ebenso trauriges wie unvorhergesehenes Ereignis ~~zerschlug nähert~~ vertrieb endgültig den schwachen ~~Sprössling~~ Strahl der Hoffnung aus meinem Herzen und führte mir vor Augen, dass mein Schicksal hienieden ein für allemal besiegelt ist. Und so habe ich mich nunmehr ohne jeden Vorbehalt gefügt und Frieden gefunden.

Sowie ich ~~jeglichen~~ den Komplott nach und nach in seinem ganzen Umfang erfasst habe, verabschiedete ich mich auf immer von der Vorstellung, dass ich zu meiner Lebzeit das Publikum auf meine Seite ziehen könnte, und da solche Umkehr nicht mehr beidseitig sein kann, hat sie sich ohnehin erübrigt. Die Menschen mögen noch so inständig auf mich zukommen, sie werden mich nicht mehr finden. Bei allem Ekel, den sie mir eingeflößt haben, wäre mir ihre Gegenwart gleichgültig, ja sogar lästig, denn ich bin in meiner Einsamkeit hundertmal glücklicher, als ich es unter ihnen je sein könnte. Sie haben aus meinem Herzen jegliche Süße des Zusammenseins gerissen. Und in meinem Alter wächst nichts mehr nach; zu spät. Ob sie mir künftig Wohl oder Wehe tun, das ist mir, wie alles, was von ihnen kommt, einerlei. Und was sie auch immer unternehmen mögen, meine Zeitgenossen werden für mich nur eins sein: nichts.

Doch noch zählte ich auf die Zukunft und hoffte, dass eine bessere Generation das Urteil, das die jetzige über mich gefällt hat, und auch deren Verhalten mir gegenüber genauer prüfen würde, um dann mühelos die Klügelei ihrer Drahtzieher zu durchschauen und mich endlich so zu sehen, wie ich bin. In diesem Hoffen habe ich meine *Dialogues* geschrieben, und es hat mich zu tausenderlei verrückten Versuchen verleitet, um sie der Nachwelt zu übermitteln. Diese Hoffnung, wenn auch in weite Ferne gerückt, versetzte meine Seele in den nämlichen Aufruhr wie damals, als ich noch in meinem eigenen Jahrhundert ein gerechtes Herz suchte; und ich mochte dies Hoffen noch so weit in die Zukunft werfen, es machte mich nichtsdestoweniger zum Prellball der gegenwärtigen Menschen. Ich sagte in den *Dialogues*, worauf ich diese Erwartung baute. Ich irrte. Zum Glück spürte ich das noch rechtzeitig, um vor meiner letzten Stunde eine Zeit voll ~~Ruhe~~ erfüllter Stille und allumfassender Ruhe zu finden. Dieser Zeitraum begann mit besagter Epoche, und ich habe Anlass zu glauben, dass er nicht mehr unterbrochen wird.

Kaum ein Tag vergeht, an dem mich nicht neuerliche Überlegungen versichern, wie sehr ich mich im Irrtum befand, als ich auf die Umstimmung des Publikums zählte, und sei es in fernen Zeiten; denn es wird bei allem, was mich angeht, von Leuten gegängelt, die im Gesellschaftskörper, der mich zu seinem Hassobjekt erkor, immer neu geboren werden. Die Einzelnen sterben, doch die kollektiven Körper sterben nicht. Die nämlichen Leidenschaften pflanzen sich in ihnen fort, und der glühende Hass – unsterblich wie der Dämon, der ihn entfacht – erlahmt nie. *{Hier wurde nachträglich eine rote Klammer ins Manuskript eingefügt:}* [Wenn all meine Feinde tot sind, wird es wieder Ärzte geben, Oratorianer, und selbst wenn ich nur diese beiden Körperschaften zum Feind haben sollte, so könnte ich sicher sein, dass sie mein Gedenken nach meinem Tod so wenig in Ruhe lassen wie zu Lebzeiten meine Person. Vielleicht werden sich, im Zug der Zeit, die Ärzte, die ich in der Tat angegriffen habe, von allein beruhigen; die Oratorianer aber, die ich liebte, ja achtete, in die ich all mein Vertrauen setzte und die ich nie beleidigt habe, die Oratorianer, allesamt Kirchenvertreter und Halbmönche, werden immer unversöhnlich bleiben; ihre eigene Ungerechtigkeit ist das Verbrechen, das mir ihr Eigenstolz nie verzeihen wird, und das Publikum, dessen Erbitterung sie voll Umsicht und ohne Unterlass befeuern und erneuern, wird sich so wenig beruhigen wie sie selbst.]

Für mich ist auf Erden alles zu Ende. Man kann mir kein Wohl mehr zufügen und kein Weh. Ich habe hienieden nichts mehr zu hoffen und nichts mehr zu fürchten, und so stehe ich daselbst, ganz klanglos in der Tiefe des Abgrundes, ein armer, unglücklicher Sterblicher zwar, aber unerschütterlich wie nur Gott.

Alles Äußerliche ist mir für immer fremd geworden. Ich habe in dieser Welt weder Bruder, noch Nächsten, noch Meinesgleichen. Ich irre über die Erde wie über einen fremden Planeten, ~~auf den ich geschleudert wurde~~ auf den ich von jenem herabfiel, den ich zuvor bewohnte. Wofern ich um mich herum überhaupt noch etwas wahrnehme, so nur Sachen, die mein Herz bekümmern, zerreißen; und ~~werfe ich einen Blick um mich~~ fällt mein Auge auf irgendetwas, was mich umgibt oder betrifft, so fällt es stets auf Nichtswürdiges, vor dem ich mich ekle, oder auf

Schmerzliches, das mich bedrückt. Aus meinem Sinn also!, ihr schlimmen Dinge, mit denen ich mich ebenso qualvoll wie unnütz herumschlug. Allein, für den Rest meines Lebens. Nur in mir finde ich noch Trost, Hoffnung und Frieden. Will und darf mich nur noch mit mir selbst abgeben. Unter dieser Voraussetzung nehme ich den Faden meiner gestrengen und getreuen Selbstprüfung auf, die ich einst meine *Confessions* nannte. Ich opfere meine letzten Tage der Selbsterforschung und bereite schon jetzt den Rechenschaftsbericht vor, um ihn dereinst nicht zu versäumen. ~~Weshalb raube ich mir~~ Will mich nur noch der Süße widmen, ein Zwiegespräch mit ~~selbst~~ meiner Seele zu führen, denn sie ist die einzige Menschenseele, die mir die anderen nicht abwendig machen können. Falls ich, nachsinnend, meine inneren Neigungen in Ordnung bringe und dadurch vielleicht auch jegliches Schandmal tilge, das ihnen anhaften mag, dann werden meine Meditationen nicht vollkommen überflüssig gewesen sein, und wiewohl ich hienieden zu nichts mehr tauge, werde ich meine letzten Tage nicht voll und ganz verschwendet haben. Die freie Zeit meiner ~~beharrlichen~~ täglichen Promenaden war oft genug von betörenden Betrachtungen erfüllt, die mir leider aus dem Sinn gefallen sind. Ich werde nun, durch Schrift, all jene festhalten, die mir noch vergönnt sein mögen; und beim Durchlesen werde ich jedes Mal wieder in die einstige Verzückung versetzt. Ich werde mein Unglück, meine Peiniger, meine Schmach vergessen, wenn ich daran denke, welch hohen Wert sich mein Herz erworben hat.

~~Wiewohl diese Träumereien, die ich auf das Papier werfe, gewissermaßen~~ Diese Blätter bilden im Grunde nur das ungestalte Tagebuch meiner Träumereien. Viel wird von mir selbst die Rede sein, denn wenn ein Einsamer nachdenkt, so befasst er sich gezwungenermaßen viel mit sich selbst. Desgleichen werden alle äußerlichen Einflüsse und Einfälle, die mir beim Schweifen durch den Kopf gehen, ihren Platz finden. Was ich da dachte, werde ich just so sagen, wie es mir gekommen ist, und dies so lose, wie die Ideen von gestern für gewöhnlich mit denen von heute zusammenhängen. Immer aber wird daraus eine neue Kenntnis meines inneren Wesens und Fühlens erwachsen, und zwar aus der Einsicht in die ~~Ideen~~ Stimmungen und ~~Ideen~~ Gedanken, an denen sich mein Geist sättigt, Tag für Tag, denn in der absonderlichen Lage, in der ich mich befinde, bleibt ihm nichts anderes. Diese Blätter können demnach als eine Art Appendix zu meinen *Confessions* betrachtet werden, aber ich werde ihnen nicht mehr jenen Titel geben, da ich nichts mehr zu sagen habe, was dergleichen verdient. Mein Herz wurde im Schmelzgefäß der Feindseligkeit geläutert, und ich finde, wenn ich es sorgfältig sondiere, kaum noch einen Rückstand tadelhafter Triebe. Was soll ich denn beichten, wo doch alle irdischen Gefühle aus ihm herausgerissen worden sind? Ich will mich nicht mehr länger loben oder tadeln: ich bin künftig nur mehr ein Nichts unter den Menschen, und mehr kann ich auch gar nicht sein, da ich zu ihnen keinen realen Bezug mehr habe, und keine wahre Gemeinschaft. Da ich keine gute Tat mehr tun kann, die nicht ins Böse kippt, da ich nichts mehr unternehmen kann, ohne den anderen oder mir selbst zu schaden, ist meine letzte Aufgabe: die Enthaltung, und das erfülle ich, so gut es mir gegeben ist. Doch bei aller Untätigkeit meines Körpers bleibt meine Seele rege, sie sendet noch immer Empfindungen, Gedanken, ja ihr geistig-moralisches Innenleben scheint durch die Abtötung aller irdischen und zeitlichen Interessen gewachsen zu sein. Mein Körper ist für mich nur noch Hemmnis, nur noch Hindernis, und ich löse mich von ihm schon jetzt, so weit das möglich ist.

Eine so absonderliche Situation lohnt ganz gewiss Augenschein und Aufzeichnung, und diesem Augenschein will ich meine letzte freie Zeit opfern. Um dies mit Erfolg zu bestehen, müsste ich mit Ordnung und Methode vorgehen: aber ich bin solcher Arbeit nicht mehr gewachsen, ja sie würde mich mein Ziel verfehlen lassen, das doch gerade darin besteht, ~~für mich~~ über alle ~~Neigungen~~ Wandlungen meiner Seele und deren Verlauf Buch zu führen. In gewisser Weise werde ich an mir selbst Messungen vornehmen, wie es die Physiker mit der Luft tun, um deren Tagesdaten zu kennen. Ich werde das Barometer in meine Seele tauchen und diese Messungen, ~~oft~~ trefflich durchgeführt und oft wiederholt, werden mir ebenso verlässliche Ergebnisse liefern wie die ihrigen. Doch treibe ich mein Ansinnen nicht gar so weit wie sie. Ich werde mich darauf beschränken, das Logbuch jener Messungen zu führen, ohne sie in ein System zu zwingen. Ich wage das gleiche Unterfangen wie Montaigne, aber mit einem vollkommen widerläufigen Ziel: Denn er schrieb seine Essays nur für die andern, und ich schreibe meine Träumereien nur für mich. Wenn ich, wie ich hoffe, in meinen allerletzten Tagen vor dem nahenden Aufbruch noch in derselben Verfassung bin wie jetzt, dann wird mir ihre Lektüre die Süße in Erinnerung rufen, die ich beim Schreiben empfand, und hiedurch werde ich für mich die vergangene Zeit auferstehen lassen und, so zu sagen, meine Existenz verdoppeln. Den Menschen zum Trotz werde ich noch immer den Zauber des Zusammenseins genießen und werde altersdorr mit meinem Selbst in anderem Alter zusammenleben, ganz so, als lebte ich mit einem weniger alten Freund.

Ich verfasste meine ~~Dialoge und~~ frühesten *Confessions* und meine *Dialogues* in ständiger Sorge, sie den räuberischen Händen meiner Peiniger zu entziehen, um sie nach Möglichkeit in diejenigen kommender Generationen zu legen. Diese Angst quält mich bei dieser Schrift nicht mehr, ich weiß um ihre Vergeblichkeit, und da sich der Wunsch, den Menschen besser bekannt zu sein, aus meinem Herzen verflüchtigt hat, blieb nur mehr eine tiefe Gleichgültigkeit in Bezug auf das Schicksal meiner echten Schriften als auch der Mahnmale meiner Unschuld, die womöglich bereits allesamt auf immer vernichtet sind. Ob man mein Tun ausspäht, ob man diese Blätter fürchtet, ob man sich ihrer bemächtigt und sie unterdrückt oder verfälscht, all das ist mir von nun an einerlei. Ich verstecke sie nicht, noch zeige ich sie herum. Wenn man sie mir zu meinen Lebzeiten entreißt, entreißt man mir weder die Freude beim Verfassen, noch die Erinnerung an ihren Inhalt, noch auch die einsamen Meditationen, deren Frucht sie sind und deren Quelle erst mit meiner Seele erlöschen wird. Hätte ich schon bei meinen ersten Unglücksfällen gelernt, mich nicht gegen mein Schicksal aufzubäumen, sondern mich wie heute damit abzufinden, dann wären alle Mühen der Menschen, all ihre erschreckenden Machenschaften gegen mich verpufft, und sie hätten meine Ruhe durch all ihr Ränke so wenig getrübt wie ihre künftigen Erfolge, die an mir abprallen werden; sie mögen sich nach Lust an meiner Schmach laben, das wird mich nicht hindern, meine Unschuld zu genießen und meine Tage wider ihren Willen in Frieden zu beschließen.

ZWEITE TRÄUMEREI

Seit ich also den Entwurf gefasst, in der wohl wunderlichsten Situation, in die ein Mensch geraten mag, je und je den Zustand meiner Seele aufzuzeichnen, sehe ich keinen geeigneteren und einfacheren Weg, um dieses Unterfangen umzusetzen, als ein getreuliches Logbuch meiner einsamen Schweifzüge mitsamt der Träumereien zu führen, die sich einstellen, sobald ich meinem Kopf freien Lauf lasse und meine Gedanken ohne Gegenstreben noch Hemmnis ihrem Gefälle folgen können. Diese Stunden der Einsamkeit und Meditation sind die einzigen am Tag, in denen ich ganz Ich und ganz Mein bin, ohne jedwede Ablenkung, ohne jedweden Widerstand, und wo ich mit Fug sagen kann, ganz das zu sein, was Wunsch der Natur war.

Rasch aber wurde ich gewahr, dass ich mir allzu viel Zeit gelassen hatte, diesen Entwurf umzusetzen. Meine Einbildungskraft, schon weit weniger lebhaft, entzündet sich nicht mehr so flammend wie früher bei der Versenkung in einen Gegenstand, der sie reizt und regt; auch macht mich die Irrnis meiner Träumereien nicht mehr so trunken; in ihren Gebilden weicht das Schöpferische dem Wiederkäuen, flaue Ermattung lähmt all meine Befähigungen, der Lebenshauch glüht nach und nach aus; nur mit Ach noch schwingt sich meine Seele aus ihrer hinfälligen Hülle, und hätte ich nicht die Hoffnung auf ein besseres Los, das ich aus tiefempfundenem Anrecht anstrebe, so würde ich nur noch in Erinnerungen leben. Will ich mich vor meinem

Niedergang also noch einmal selbst betrachten, so muss ich zumindest ein paar Jahre zurückblättern, in jene Zeit, als ich jegliches Hoffen hienieden aufgab und für mein Herz auf dem ganzen Erdenrund keine Kost mehr fand, sodass ich mich allmählich darein schickte, es mit seiner eigenen Substanz zu speisen und den nährenden Boden in mir allein zu suchen.

Diese Zuflucht, auf die ich allzu spät verfiel, erwies sich als so befruchtend, dass sie recht bald reichte, mich für alles zu entschädigen. Die Gewohnheit, in mir selbst Einkehr zu halten, ließ mich endlich das Wehgefühl, wenn nicht gar jegliches Merkzeichen meiner Qualen vergessen, denn ich lernte aus eigener Erfahrung, dass die Quelle allen wahren Glücks in uns selbst liegt und dass es nicht in der Macht der Menschen steht, denjenigen elend zu machen, der sein Seligsein wirklich will. Seit vier oder fünf Jahren genoss ich je und je die innerlichen Wonnen, wie sie sehnende und sanfte Seelen in der Versenkung finden. Die Verzückungen, Ekstasen, die ich zuweilen auf solch einsamen Wegen verspürte, waren im Grunde Genüsse, die ich meinen Verfolgern verdanke: Ohne sie hätte ich die Schätze, die ich in mir trage, niemals entdeckt noch erkannt. Doch wie will man inmitten solcher Reichtümer ein getreuliches Protokoll führen? Wenn ich mir all die süßen Träumereien in Erinnerung rufe, vermag ich sie nicht schreibend festzuhalten, sondern sinke in sie zurück. Handelt es sich doch um einen Zustand, der durch Erinnern wieder herbeigeführt wird und dessen Kenntnis schwindet, sowie das Gefühl dafür endet.

Dies musste ich bei den Schweifereien erfahren, die auf den Vorsatz folgten, die Fortsetzung meiner *Confessions* zu schreiben, und insonderheit bei jenem einen Spaziergang, auf den ich nun zu sprechen komme und bei dem ein unvorhergesehener Zwischenfall den Faden meiner Gedanken zerteilte und ihnen vorübergehend eine andere Richtung gab.

Am 24sten Oktober 1776, einem Donnerstag, folgte ich nach der Abendtafel den Boulevards bis hin zur *rue du chemin-verd*, die mich auf die Anhöhen von *menil-montant* brachte. Dort schlug ich einen Fußsteig mitten durch die Rebberge und Weiden ein und ~~durchlief~~ querte bis nach Charonne die lächelnde Landschaft, welche die beiden Dörfer trennt, ehe ich auf einem Umweg über andere Pfade durch dieselben Weiden wiederkehrte. Ich fand mein Vergnügen darin, sie mit jener Freude und Aufmerksamkeit zu durchstreifen, die mir anmutige Orte noch stets gespendet, und hielt ab und zu inne, um im Grün einzelne Pflanzen in den Blick zu nehmen. Mir fielen zwei auf, die ich im Umkreis von Paris nur recht selten sah, hier in diesem Bezirk aber allhauf antraf. Die eine war die *picris hieracioides* aus der Familie der Korbblütler und die andere der *bupleurum falcatum* aus derjenigen der Schirmblütler. Diese Entdeckung ergötzte und erfreute mich eine lange Weile und führte zum Auffinden einer, zumal in solch erhöhten Lagen, noch weit selteneren Pflanze, und zwar des *cerastium aquaticum*, das ich unbesehen des Zwischenfalls, der mich noch selbigen Tages traf, in einem Buch auffand, das ich bei mir trug, und so in mein Herbarium legen konnte.

Als ich einige weitere Pflanzen, die in Blüte standen und deren Gestalt sowie Enumeratio mir trotz aller Vertrautheit nach wie vor Vergnügen bereiteten, endlich in allen Einzelheiten überflogen hatte, wandte ich mich mehr und mehr von diesen Beobachtungen ab, um mich dem nicht minder angenehmen, aber weit ergreifenderen Eindruck hinzugeben, den das Gesamtbild auf mich ausübte. Seit ein paar Tagen war die Weinlese abgeschlossen; die Spaziergänger aus der Stadt hatten sich bereits zurückgezogen; auch die Bauern wandten sich von den Feldern ab und ihren winterlichen Arbeiten zu. Die Landschaft, noch immer grün und lind, aber da und dort entblättert und fast ein wenig öd, bot rundum ein Bild der Einsamkeit und des nahenden Winters. In dieser Schau schwang ein Gemisch von süßen und schwermütigen Eindrücken mit, die allzu sehr meinem Alter und meinem Schicksal glichen, um sie nicht auf mich zu beziehen. Ich erblickte mich an der Neige eines unschuldigen und unglücklichen Lebens, die Seele noch voll von lebhaften Empfindungen und der Geist noch von vereinzelten Blumen bekränzt, aber welk vor Traurigkeit und sorgendorr. Allein und verlassen, fühlte ich ~~schon den Ansturm~~ die Kälte des ersten Frostes nahen, und meine versiegende Phantasie vermochte meine Einsamkeit nicht länger mit Wesen zu bevölkern, die nach meinem Herz geformt waren. Seufzend fragte ich mich: Was habe ich hienieden getan? Zum Leben erschaffen, sterbe ich, ohne gelebt zu haben. Wenigstens war dies nicht meine Schuld, und wenn ich dem Urheber meines Daseins schon nicht das Weihgeschenk der guten Werke überbringe, an denen man mich gehindert hat, so zumindest eine Opferschale voll guter, aber gescheiterter Vorsätze, voll zarter Zuneigung, deren Wirken man vereitelt hatte, und dazu Duldsamkeit, vielgeprüft durch menschliche Verächtlichkeiten. Ganz ergriffen von diesen Gedanken, durchlief ich die Regungen meiner Seele seit meiner Jugend, und ~~im Verlauf~~ während meines reifen Alters, und seit man mich aus der Gemeinschaft der Menschen ausgeriegelt hat, und im Verlauf der langen Absonderung, in der ich meine Tage beschließen muss. Voll Wohlgefallen beugte ich mich über sämtliche Neigungen meines Herzens, über dessen zärtliche, aber blinde Anhänglichkeit, über die mehr tröstlichen, als betrüblichen Vorstellungen, an denen sich mein Geist in den letzten Jahren gelabt, und so stimmte ich mich darauf ein, mich an der Beschreibung ähnlich zu erfreuen wie am Schwelgen selbst, wenn es mir nur gelänge, sie hinreichend heraufzubeschwören. Mein Nachmittag strich unter solch friedsamen Meditationen dahin, und ich trat tiefglücklich über mein Tagwerk den Heimweg an, als ich aus dem Bann meiner Träumereien gerissen wurde, und zwar durch jenen Zwischenfall, dessen Bericht ich noch schuldig bin.

Gegen sechs Uhr war ich im Abstieg von *menil-montant* begriffen und stand fast auf der Höhe des *galant jardinier*, als die Personen, die vor mir her gingen, jählings zur Seite wichen – da sah ich einen mächtigen dänischen Doggenhund auf mich zustürzen, gestreckten Beines vor einer Kutsche dahinjagend, sodass er nicht mehr Gelegenheit fand, in seinem Lauf innezuhalten oder auszuweichen, als er mich erblickte. Meines Erachtens blieb mir, wenn ich nicht zu Boden geworfen werden wollte, kein anderes Mittel, als einen großen Sprung zu tun, just so, dass der Hund unter mir hindurch könnte, solange ich noch in der Luft hing. Dieser Gedanke, der mir, schneller als ein Blitz, weder Zeit zum Abwägen noch zur Ausführung ließ, blieb der letzte vor meinem Fall. Ich fühlte nicht Schlag, noch Sturz, und auch von all dem, was folgte, bis ich wieder zu mir kam, nichts.

Fast Nacht war es, als ich wieder zu Bewusstsein kam. Ich fand mich in den Armen von drei oder vier jungen Leuten, die mir erzählten, was mir gerade widerfahren war. Der Dänenhund, der seinem Schwung keinen Einhalt gebieten konnte, hatte mich, wider meine beiden Beine prallend und mich mit seiner Masse und Schnellkraft umwerfend, kopfüber fallen lassen: der obere Kiefer, das volle Gewicht meines Körpers auffangend, war auf einen scharfkantigen Pflasterstein geknallt, wobei der Sturz umso heftiger geriet, als ich im Abstieg begriffen war und mein Kopf noch tiefer zu liegen kam als meine Füße.

Die Karosse, zu der jener Hund gehörte, folgte spornstreichs und wäre über meinen Körper geraten, wenn der Kutscher nicht sogleich seine Pferde gezügelt hätte. Dies jedenfalls entnahm ich dem Bericht derer, die mich vom Boden gehoben hatten und noch immer stützten, als ich zu mir kam. In diesem Moment befand ich mich in einem Zustand, der so einzig ist in seiner Art, dass ich ihn nun schildern will.

Die Nacht schritt fort. Ich sah Himmel, Sterne und einen Schimmer Grün. Diese erste Empfindung war ein herrlicher Moment. Ich ging in diesem Fühlen auf. In diesem Augenblick wurde ich ins Leben geboren, und mir schien, als wären sämtliche Dinge, die ich wahrnahm, von meinem leichten Dasein erfüllt. Ganz eins mit dem gegenwärtigen Jetzt hatte ich keinerlei Erinnerung; ich hatte keinerlei klaren Begriff von meinem individuellen Sein, nicht die leiseste Vorstellung von dem, was mir zugestoßen war; ich wusste weder wer noch wo ich war; ich spürte kein Leid, keine Furcht, keine Unruhe. Ich sah mein Blut rieseln, wie ich einen Bach hätte rieseln sehen, ohne auch nur daran zu denken, dass dieses Blut in irgendeiner Weise zu mir gehörte. Ich fühlte in meinem ganzen Wesen verzückte Ruhe, und immer wenn ich sie mir erinnerlich mache, finde ich im gesamten Kreis der bekannten Genüsse nichts, was sich damit vergleichen ließe.

Man fragte mich, wo ich wohne; ich war außerstande, es zu sagen. Ich fragte, wo ich sei; man sagte mir, auf der *haute-borne*; das war, wie wenn man mir gesagt hätte, auf dem *Atlas-Berg*. Beifolgend musste ich das Land, die Stadt und das Quartier erfragen, in dem ich mich befand. Und selbst dies noch genügt nicht, um mich selbst wiederzuerkennen; es brauchte noch den ganzen Gang zum Boulevard, bis mir meine Bleibe und mein Name einfielen. Ein Herr, den ich nicht kannte, hatte die Güte, mich eine Weile zu begleiten, und als er erfuhr, wie weit weg ich wohnte, gab er mir den Rat, beim *Temple* einen Fiaker zu nehmen, der mich nach Hause bringen sollte. Ich konnte noch recht rüstig ausschreiten, leichtfüßig, ohne Schmerz noch Wunde zu spüren, wiewohl ich nach wie vor viel Blut spuckte. Aber es hatte mich ein kalter Schauer ergriffen, der meine zersplitterten Zähne auf sehr unwillkommene Weise klappern machte. Als ich beim *Temple* ankam, dachte ich, wenn ich schon so ohne jede Mühe marschieren kann, sollte ich meinen Weg lieber zu Fuß fortsetzen, als die Gefahr zu gewärtigen, in einem Fiaker vor Kälte zu verenden. So bewältigte ich die halbe Meile, die den *Temple* von der *rue Plâtrière* trennt, ohne Mühe marschierend, jegliches Gedränge meidend, jegliche Kutschen auch, wobei ich meinen Weg ebenso trefflich wählte und beschritt, wie ich es bei bester Gesundheit gekonnt hätte. Ich komme an, öffne das Geheimschloss, das man an die Tür zur Straße hin angebracht hatte, steige in aller Dunkelheit die Treppe empor und trete endlich bei mir ein, ohne weiteren Zwischenfall als eben jenen Sturz mitsamt seinen Folgen, die ich selbst da noch nicht wahrnahm.

Die Schreie meiner Frau, als sie mich erblickte, machten mir deutlich, dass ich weit schlimmer zugerichtet war, als ich gedacht hatte. So verbrachte ich die Nacht, ohne dass ich mein Weh fühlte, noch auch Kenntnis von ihm hatte. Folgt nun, was ich anderntags spürte und entdeckte. Innen war die Oberlippe bis hinauf zur Nase gespalten, außen aber hatte die Haut Schlimmeres verhütet und eine gänzliche Spaltung verhindert; vier Zähne waren im Oberkiefer eingedrückt und der gesamte Bereich des Gesichts, der ihn bedeckte, war bis zum Äußersten geschwollen und zerschunden, der rechte Daumen war gestaucht und ganz dick, der linke Daumen schwer verletzt, der linke Arm gestaucht, das linke Knie auch gänzlich geschwollen, sodass es sich aufgrund der gewaltigen und schmerzlichen Quetschung kein bisschen mehr beugen ließ. Doch trotz all dieses Getrümmers war nichts, nicht einmal ein Zahn, gebrochen, ein Glück, das bei einem Sturz wie diesem da an ein Wunder grenzt.

Soweit die höchst getreuliche Geschichte meines Falls. Binnen weniger Tage zog sie in Paris Kreise, doch derart verändert und entstellt, dass alles unkenntlich geworden war. Im Voraus schon hätte ich mit solchen Metamorphosen rechnen müssen; doch trat so viel bizarres Beiwerk hinzu; es kam zu so zahlreichen dunklen Gerüchten und Unterschlagungen, man erzählte es mir mit so lachhaftem Diskretionsgetue, dass ich über all diese Geheimnissen beunruhigt war. Immer schon hasste ich das Nebelgerede, ja es jagt mir von Natur aus einen Graus ein, der durch das Gemunkel, mit dem man mich seit so vielen Jahren einlullt, kaum geringer geworden ist. Unter allen Absonderlichkeiten jener Zeit will ich nur eine herausheben, doch sie genügt, um alle andern zu beurteilen.

Monsieur Lenoir, Generalleutnant der Polizei, mit dem ich nie irgend in Verbindung gestanden hatte, sandte seinen Sekretär, um Neuigkeiten über meinen Zustand einzuholen und mir inständig seine Hilfe anzutragen, was mir unter den gegebenen Umständen wenig nützlich schien, um mir Erleichterung zu verschaffen. Sein Sekretär wurde es nicht müde, mich aufs Lebhafteste zu bedrängen und mir dieses Angebot anzupreisen, zuletzt sagte er mir sogar, falls ich ihm nicht vertraue, könne ich mich auch direkt an M. Lenoir wenden. Dieser Übereifer und die Vertraulichkeitsmiene, die er aufsetzte, gaben mir zu verstehen, dass darunter ein Geheimnis begraben lag, das ich vergeblich zu ergründen suchte. Mehr brauchte es nicht, um mich in Schreck zu versetzen, zumal in jenem Zustand des Aufruhrs, in den der Unfall und das beifolgende Fieber meinen Kopf gestürzt hatten. Ich gab mich tausenderlei beunruhigenden und betrüblichen Mutmaßungen hin, und ich gab über alles, was in meinem Umkreis geschah, Kommentare ab, die mehr vom Wahn des Fiebers zeugten als von der Kaltmütigkeit eines Mannes, dem alles eins geworden ist.

Ein weiteres Ereignis brachte mich vollends um meine Ruhe. Madame d'Ormoy hatte mir seit Jahren nachgestellt, ohne dass ich ahnte warum. Kleine Geschenke voll Ziererei, oftmalige Besuche ohne Witz noch Wonne wiesen deutlich genug auf ein heimliches Ziel, ohne es offenzulegen. Sie hatte mir von einem Roman gehandelt, den sie verfassen wollte, um ihn der Königin zu überreichen. Ich hatte ihr gesagt, was ich von Autorenfrauen halte. Sie hatte mir zu verstehen gegeben, dass dieses Ansinnen darauf abzweckte, ihren Besitzstand wieder ins Lot zu stellen, wozu sie eine schützende Hand brauchte; darauf hatte ich nichts zu erwidern. Sie sagte mir, da sie nicht mehr zur Königin vorgelassen werde, sei sie entschlossen, ihr Buch dem Publikum vorzulegen. Es stand außer Frage, ihr einen Rat zu geben, denn sie hatte nicht darum ersucht und hätte ihn ohnehin nicht befolgt. Sie sprach mir davon, dass sie mir zuvor das Manuskript zeigen würde. Ich bat sie, nichts dergleichen zu unternehmen, und so ließ sie es bleiben.

Eines schönen Tages während meiner Genesung erhielt ich von ihrer Seite besagtes Buch, vollständig gedruckt und sogar gebunden, und ich stieß in der Vorrede auf plumpe Lobsprüche über mich, die so aufdringlich plakatiert und geziert waren, dass es mich unangenehm berührte. Solch rüde Schmeichelei, wie ich darin wahrnahm, passt nicht zu ~~Wohltätigkeit~~ wahrem Wohlwollen, da täuscht sich mein Herz nicht.

Wenige Tage später suchte mich Madame d'Ormoy mit ihrer Tochter auf. Sie teilte mir mit, dass ihr Buch hohe Wellen schlug, und zwar zog eine Fußnote solche Aufmerksamkeit auf sich; ich hatte diese Fußnote beim raschen Überfliegen des Romans gar nicht recht wahrgenommen. Ich las ~~die Note nach ihrem Abgang~~ sie nach dem Abgang von Madame d'Ormoy durch, horchte deren Sinn und Dreh ab, da glaubte ich endlich den Anlass ihrer Besuche, ihrer Schmeichelworte, ihrer plumpen Lobhudeleien in der Vorrede zu entdecken, und kam zum Schluss, dass all dies kein anderes Ziel verfolgte, als das Publikum dazu zu bewegen, diese Fußnote mir zuzuschreiben und folglich auch den Tadel, den sie angesichts der Umstände ihrer Publikation dem Urheber eintragen mochte.

Ich fand keinerlei Mittel, um dieses Gerücht und den Eindruck, den es machen mochte, zu ersticken, und alles, was in meiner Macht stand, erschöpfte sich darin, es nicht weiter zu nähren, indem ich den Fortgang der ~~Besuche~~ müßigen und auffälligen Besuche von Madame d'Ormoy und ihrer Tochter nicht länger duldete. Zu diesem Behuf schrieb ich der Mutter folgenden Zettel:

»Rousseau, keine Autoren bei sich empfangend, dankt Madame d'Ormoy für ihre Güte mit der Bitte, dass sie ihn nicht weiter mit ihren Besuchen ehrt.«

Sie antwortete mir mit einem Brief, der seiner Form nach durchaus honett, aber wie alle, die man mir in solchen Fällen sandte, in eine gewisse Richtung geschraubt war: Ich hätte auf Barbaren Art den Dolch in ihr empfindsames Herz getrieben und würde aus dem Ton ihres Briefes ersehen, welch lebhafte und wahrhafte Gefühle sie für mich hege, sodass sie diesen Bruch nicht ertragen könne, ohne daran zu sterben. So also stempelt die Welt Redlichkeit und Gradlinigkeit in allen Belangen als gar grässliche Verbrechen, und ich gelte unter meinen Zeitgenossen als wild und bösartig, selbst wenn ich in ihren Augen einzig das Verbrechen beging, nicht so falsch und perfide wie sie zu sein.

Ich war zu mehreren Malen ausgegangen und lustwandelte sogar recht oft durch die *Tuilerien*, als ich aus der Verwunderung mancher Leute, denen ich begegnete, darauf schließen musste, dass über mich noch eine andere Sache im Umlauf war, von der ich nichts wusste. Endlich erfuhr ich, dass das Gerede ging, ich sei nach meinem Sturz gestorben, und dieses Gerücht verbreitete sich so rasch und hartnäckig, dass zwei Wochen, nachdem ich es erfahren hatte, selbst der König und die Königin davon wie von einer gesicherten Tatsache redeten. Der *Courrier d'Avignon* verkündete, wie man mir schriftlich Mitteilung gab, diese frohe Botschaft und fehlte nicht, aus diesem Anlass allem Tribut von Schmach und Schmähreden vorzugreifen, den man in Form einer Grabrede zu meinem Gedenken nach dem Tode vorbereitet.

Diese Nachricht wurde von einem noch weit unerhörteren Umstand begleitet, der mir durch Zufall zu Ohren kam und von dem ich bis dahin keinerlei Einzelheit kannte. Man hatte nämlich gerade einen Schuldvorschuss zur Unterzeichnung freigegeben, um Manuskripte in den Druck zu geben, die man ~~nach meinem Tod~~ bei mir finden würde. Dem entnahm ich, dass man eine Sammlung von Schriften bereithielt, die eigens fabriziert worden waren, um sie mir ~~sofort nach meinem Tod~~ sofort nach meinem Tod zuzuschreiben: denn der Gedanke, man würde irgendeines jener Manuskripte, die man in der Tat finden könnte, getreulich drucken, das war eine Torheit, ~~die fünfzehn~~ die einem vernünftigen Menschen nicht in den

Sinn kommen mochte und vor der mich fünfzehn Jahre Erfahrungen wohl bewahrten.

Derlei Unterstellungen jagten sich Schlag auf Schlag und wurden von vielen weiteren gefolgt, die nicht weniger erstaunlich waren, was meine Einbildungskraft, die ich doch bereits tot glaubte, abermals in Schreck versetzte, denn diese schwarze Finsternis, die man unermüdlich um mich breitete, belebte das Grauen, das ich von Natur aus vor ihnen hatte. Ich plagte mich, darauf tausenderlei Kommentare zu machen, und versuchte Geheimnisse zu ergründen, die man so gestaltet hatte, dass sie für mich unerklärlich bleiben mussten. Das einzig verlässliche Resultat, das all diesen Rätseln entsprang, war die Bestätigung meiner früheren Rückschlüsse, will heißen: Das Schicksal meiner Person und meines Rufes waren von der gegenwärtigen Generation in einmütiger Absprache besiegelt worden, und aus dieser Schlinge kann ich mich durch keinerlei eigene Bemühungen befreien, da es mir ganz und gar unmöglich ist, künftigen Zeitaltern irgendein Vermächtnis zu hinterlassen, das nicht schon im jetzigen durch Hände geht, denen viel daran gelegen ist, alles zu unterdrücken.

Doch diesmal schloss ich noch weiter: Die Häufung so zahlloser zufälliger Umstände, der Aufstieg all meiner unerbittlichsten Feinde, gewissermaßen von Fortuna gefördert – all jene, die den Staat regieren, all jene, welche die öffentliche Meinung lenken, alle hochgestellten Menschen, alle gut betuchten Leute, ~~all jene~~ die wie aus einem Taubenschlag unter jenen, die heimliche Bitternis gegen mich hegen, ausgewählt wurden, um zum gemeinsamen Komplott beizutragen –, diese universale Einmütigkeit steht allzu sehr außer jeder Ordnung, als dass sie reiner Zufall sein könnte. Ein einziger Mann, der ihr die Komplizenschaft verweigert hätte, ein einziges Ereignis, das sie durchkreuzt hätte, ein einziger unvorhergesehener Umstand, der sie gehemmt hätte – und schon wäre sie zerfallen. Doch jeglicher Wille, jegliches Verhängnis, aber auch das Rad der Fortuna mit all seinen Umschwüngen, sie alle haben das Werk jener Menschen gefestigt; und eine so stirnstößige Eintracht, die an ein Wunder grenzt, lässt mir keinen Zweifel, dass dieser durchschlagende Erfolg in den ewigen Ratschlüssen geschrieben steht. Eine Fülle von einzelnen Beobachtungen, sei es in der Vergangenheit, sei es in der Gegenwart, haben mich in dieser Meinung so bestärkt, dass ich nicht anders kann: Ich erblicke in all dem Tun und Treiben, das ich bislang einzig für die Ausgeburt menschlicher Bosheit hielt, eines jener Geheimnisse des Himmels, die menschlicher Vernunft unzugänglich bleiben.

Diese Vorstellung ist für mich keineswegs hart und schmerzlich, sondern tröstlich, beruhigend gar, und sie hilft mir dabei, mich allem zu fügen. Ich gehe nicht so weit wie der Hl. Augustin, der selbst in der Verdammnis Trost gefunden hätte, solange es der Wille Gottes gewesen wäre. Meine Resignation entspringt, das sei nicht geleugnet, einer weniger uneigennützigen Regung, aber sie ist nicht weniger rein und des vollkommenen Wesens würdig, das ich anbete. Gott ist gerecht; er will, dass ich leide; und er weiß, dass ich unschuldig bin. Dies ist der Grund meiner Zuversicht, und mein Herz wie meine Vernunft rufen mir zu, dass sie mich nicht täuscht. Lassen wir also den Menschen und dem Schicksal ihren Lauf; lernen wir, ohne Murren zu leiden; alles wird sich am Ende in Ordnung fügen, und früher oder später komme ich an die Reihe.

DRITTE TRÄUMEREI

{Leere Manuskriptseite}

DRITTE TRÄUMEREI

Ich werde alt und lerne noch immer dazu.

Ein Vers, den Solon im Alter oft wiederholte. In einem gewissen Sinn könnte ich ihn auf meine alten Tage hin auch aufsagen; doch ist es ein recht trübes Wissen, was mich die Erfahrung der letzten zwanzig Jahre lehrte. Ignoranz ~~käme da noch angelegener~~ wäre mir da lieber. Die Not ist ohne Zweifel ein großer Meister, aber man bezahlt ihre Lektionen teuer, und so manches Mal lohnt der Nutzen, den man daraus zieht, in keiner Weise den Preis, den man dafür entrichtete. Und bis man diese Kenntnis durch so späte Lektionen erworben hat, sind die ~~Zeit~~ Gelegenheiten, bei denen man sie in Anschlag bringen könnte, bereits verstrichen. Die Jugend ist die Zeit, in der man Weisheit studiert; das Alter die Zeit, in der man sie ins Werk setzt. Die Erfahrung ist immer lehrreich, das gebe ich gern zu, aber sie nützt nur für die Spanne, die noch vor uns liegt. Und ist der Moment, in dem man sterben muss, der richtige Zeitpunkt, um zu lernen, wie man hätte leben sollen?

Eh, was soll mir so spät und so schmerzlich erworbene Aufklärung über mein Schicksal und über die Leidenschaften derer, die es in Händen hatten? Je besser ich die Menschen kennenlernte, umso tiefer empfand ich das Elend, in das sie mich stürzten, und nie wies mir dies Wissen all ihre Fallen, damit ich ihnen hätte ausweichen können. Weshalb nur blieb ich nicht ~~mein ganzes Leben~~ stetsfort in dieser blöden, aber süßen Traulichkeit, die mich während so vieler Jahre zur Beute und zum Prellball meiner auftrumpfenden Freunde machte, ohne irgendeinen Argwohn zu schöpfen, wiewohl ich bereits eng in ihre Fallstricke verwickelt war. Ich war ihr Trottel und ihr Opfer, wohl wahr, aber ich glaubte mich von ihnen geliebt, und mein Herz labte sich an der Freundschaft, die sie in mir weckten, wobei es ihnen die gleichen Gefühle zuschrieb. Diese süßen Trugbilder sind zerschlagen. Die trübe Wahrheit, die mir Zeit und Vernunft enthüllten, indem sie mich mein Unglück merken ließen, hat mir gezeigt, dass es kein Gegenmittel gab und dass mir nichts anderes blieb, als mich in alles zu schicken. So sind, in meiner gegenwärtigen Lage, sämtliche Erfahrungen meines Alters ohne jeden jetzigen Nutzen und ohne Vorzug für die Zukunft.

Wir betreten bei unserer Geburt eine Stechbahn und verlassen sie bei unserem Tod. Was hilfts, dass man seinen Wagen besser lenken lernt, wenn man am Ende der Strecke steht? Dann muss man nur noch darauf denken, wie man abtritt. Das Studium des Greises, wenn ihm denn eins bleibt, besteht einzig darin, das Sterben zu lernen, und just das unterlässt man in meinem Alter am liebsten, denkt an alles außer an dies. Greise hängen mehr am Leben als Kinder und verlassen es mit weniger Anmut als junge Leute. Das rührt daher, dass all ihr Tun für dieses Leben gedacht war, und an dessen Ende sehen sie: Alles war umsonst. All ihre Mühe, all ihre Habe, all die Früchte ihrer arbeitsreichen, durchwachten Nächte, dies alles lassen sie zurück, wenn sie von dannen gehen. Sie versäumten ihr gesamtes Leben, etwas zu erwerben, was sie mitnehmen könnten, im Tod.

Ich habe mir dies alles ~~sehr wohl~~ gesagt, als noch Zeit war, es mir zu sagen, doch wenn ich aus meinen Überlegungen wenig Brauchbares zog, dann liegt es nicht daran, dass ich sie ~~gut verdaut~~ zu spät gemacht und noch nicht verdaut hatte. Seit meiner Kindheit in den Wirbel der Welt geworfen, ~~merkte~~ lehrte mich die Erfahrung schon früh, dass ich nicht zum Leben geschaffen war und es in der Welt nie so weit bringen würde, wie es meinem Herzen wünschenswert schien. ~~Der Ansicht~~ Indem ich das Glück nicht länger unter den Menschen suchte, wo ich es nicht zu finden hoffte, überhüpfte meine glühende Einbildungskraft die kaum begonnene Bahn meines Lebens, wie einen Boden, der mir fremd blieb, um sich in einem ruhigen Hafen auszuruhen, in dem ich Halt fand.

Dieses Gefühl, seit meiner Kindheit durch die Erziehung genährt und während meines gesamten Lebens durch eine lange, nie abreißende Verstrickung von Unheil und Unglück bestärkt, hat mich seit jeher danach streben lassen, Natur und Bestimmung meines Wesens mit mehr Aufmerksamkeit und Sorgsicht zu ergründen, als ich es ~~je~~ bei irgendeinem anderen Menschen beobachtete. Ich traf viele, die weit gelehrter philosophierten als ich, aber ihre Philosophie war ihnen, wie soll ich sagen, äußerlich. Da sie klüger als andere sein wollten, untersuchten sie das Universum, um zu ergrübeln, wie es eingerichtet sei, so wie sie irgendeine Maschine, die ihnen ins Auge fallen mochte, untersucht hätten, aus reiner Neubegier. Sie studierten die menschliche Natur, um gelehrt davon zu handeln, nicht aber, um sich selbst zu kennen; sie plagten sich ab, um andere zu unterrichten, nicht aber, um ihr eigenes Innen zu erhellen. Manche von ihnen wollte nur eins, ein Buch machen, gleichgültig was für eins, Hauptsache, es erntet Applaus. War es dann abgeschlossen und publiziert, schenkten sie seinem Inhalt keinerlei Beachtung mehr, außer, um ihn anderen aufzuzwingen oder im Fall einer Anfechtung zu verteidigen, ansonsten aber zogen sie rein gar nichts zu ihrem eigenen Gebrauch daraus, ja es lag ihnen nichts daran, ob der Inhalt falsch oder wahr sei, Hauptsache er wurde nicht widerlegt. Ich jedoch, wenn ich etwas wissen wollte, dann, um für mich selbst etwas in Erfahrung zu bringen, und nicht, um andere zu belehren; ich glaubte stets daran, dass man über sich selbst Bescheid wissen sollte, ehe man andere unterrichtet, und von ~~all dem~~ allen Studien, die ich in meinem Leben unter den Menschen zu ~~studieren~~ machen suchte, gab es kaum etwas, was ich nicht auch für mich allein gemacht hätte, auf einer öden Insel, für den Rest meiner Tage verbannt. Was man tun soll, hängt in vielem von dem ab, was man glauben soll, und bei allem, was nicht mit den vordringlichsten Nöten der Natur zusammenhängt, sind unsere Meinungen die Maßregel unseres Handelns. Unter dieser Prämisse, die stets die meine war, suchte ich oft und lang, wie ich mein Leben dazu verwenden könnte, um seinen wahren Sinn zu ergründen, und ich habe mich bald schon über meine geringe Eignung, mich in dieser Welt geschickt zu verhalten, getröstet, da ich fühlte: das kann der Sinn nicht sein, noch der Zweck.

In eine Familie geboren, in der Sitte und Frömmigkeit herrschten; dann in aller Sanftmut von einem Seelsorger voll Weisheit und ~~Friede~~ Religiosität aufgezogen, habe ich schon in meiner zartesten Kindheit Prinzipien und Maximen, andere würden sagen: Vorurteile, empfangen, die mich nie mehr im Stich lassen sollten. Kind noch und mir allein überlassen, von Liebkosungen verlockt, von Eitelkeit in Versuchung geführt, von Hoffnung genarrt, durch Not gezwungen, machte ich aus mir einen Katholiken, immer aber blieb ich Christ, und schon bald hängte sich mein Herz, von der Gewohnheit besiegt, in aufrichtiger Weise an meine neue Religion. Die Unterrichtungen, das vorgelebte Beispiel von Madame de Warrens ~~bestäti~~ bestärkten in mir diese Verbundenheit. Die ländliche Einsiedelei, in der ich die Blüte meiner Jugend verbrachte, das Studium guter Bücher, dem ich mich hingab, befeuerten in ihrer Gegenwart meinen naturgegeben Hang zu Gefühlsseligkeit und machten aus mir fast schon einen Frömmler vom Zuschnitt eines Fénelon. Die Meditation in der Eingezogenheit, das Studium der Natur, die Betrachtung des Universums trieben den Solitär dazu, stetsfort dem Urheber aller Dinge zuzustreben, und so suchte er, von sanfter Unruhe erfüllt, den Endzweck von allem, was er sieht, und den Urgrund von allem, was er fühlt. Als mich mein Schicksal in den Sturzbach der Welt zurückwarf, fand ich rein gar nichts mehr, was mein Herz auch nur für einen Augenblick ~~verführen~~ rühren mochte. Das Sehnen nach meiner süßen Muße verfolgte mich überallhin und verlieh allen Gelegenheiten, um zu Geld und Ehre zu gelangen, den Anstrich von Gleichgültigkeit, ja von Ekel. Durch meine unsteten Wünsche verunsichert, erhoffte ich mir wenig, erreichte noch weniger und merkte im Abglanz des Wohlstandes: Selbst wenn ich all das erlangen würde, wonach ich zu trachten glaubte, würde ich niemals jene Seligkeit finden, nach der sich mein Herz verzehrte, ohne das eigentliche Ziel wirklich fassen zu können. So also trug alles lediglich dazu bei, meine Empfindungen von dieser Welt abzulösen, und zwar noch bevor sie mir aufgrund meines Missgeschicks ganz und gar fremd geworden war. So ging es bis in mein vierzigstes Jahr, zwischen Armut und Überfluss schwankend, zwischen Zucht und Zerrüttung, voller Laster aus Gewohnheit, aber ohne jede schlimme Neigung des Herzens, ganz nach dem Zufall lebend, ohne jedwede von meiner Vernunft ~~gut übernommenen~~ klar umrissenen Prämissen, meine Pflichten vernachlässigend, ohne sie indes für gering zu achten, oft aber, ohne sie wirklich zu kennen.

Seit meiner Jugend hatte ich die Zeit meines vierzigsten Jahrs als Schlusspunkt all meiner Bemühungen gesetzt, zu Erfolg zu kommen, als Schluss auch aller möglichen Ehrgier. Bei Eintritt in dieses Alter würde ich, so lautete mein Entschluss, unbesehen der Lage, in der ich mich befinden mochte, nicht länger wild um mich schlagen, um mich aus ihr zu befreien, sondern den Rest meiner Tage von Tag zu Tag leben, ohne mich weiter um Zukunft zu kümmern. Als dieser Moment gekommen war, setzte ich diesen Plan ohne Pein ins Werk und dies, obwohl mein Geschick damals gerade in geruhsamere Bahnen einschwenkte; diesen Verzicht leistete ich nicht nur ohne jede Reue, sondern voll echter Freude. Indem ich mich von all diesem Lockaas abwandte, von all diesen nichtigen Hoffnungen, gab ich mich ganz der Sorglosigkeit und Geistesruhe hin, wie es seit jeher mein ~~heftigster Wunsch~~ ausgeprägtester Hang und meine dauerhafteste Neigung war. Ich entsagte der Welt ~~weniger aus Vernunft als von Herz~~ und ihrem Pomp, ich schwor allem Putz ab, kein Degen mehr, keine Uhr, keine weißen Strümpfe, Goldgeflitter, Haartürme, sondern nur eine schlichte Perücke, ein gutes grobes Leinengewand und ~~kein~~ mehr noch: Ich riss jegliche Habsucht und Scheelsucht aus meinem Herzen, die all dem, was ich hinter mir ließ, irgend Geltung verleihen mochte. Den Posten, den ich damals einnahm und für den ich ganz und gar nicht geeignet war, gab ich auf und begann Musiknoten zum Seitenpreis abzuschreiben, ein Geschäft, zu dem ich seit jeher einen starken Hang hatte.

Ich beschränkte meine Reformation nicht auf äußerliche Sachen. Ich fühlte, dass sie mir etwas anderes abverlangte, was gewiss weit peinsamer, aber auch wichtiger war und meine Denkungsart betraf, und da ich entschlossen war, nicht zweimal dazu anzusetzen, unterzog ich mein Inneres einer gestrengen Prüfung, um es für den Rest meines Lebens dahin zu lenken, wo ich es bei meinem Tod vorfinden wollte.

Eine große Revolution, die sich in mir vollzog, eine neue moralisch-geistige Welt, die sich meinen Blicken eröffnete, all die törichten Urteile der Menschen, deren Widersinn ich langsam zu begreifen begann, obzwar ich noch nicht ahnte, wie schlimm ich ihnen zum Opfer fallen sollte, das immer drängendere Bedürfnis nach einem anderen Gut als der literarischen Gloriole, vor der mir bereits ekelte, als mich ihr erstes Dünsten umhüllte, der Wunsch schließlich, für den Rest meines Strebens eine weniger unwägbare Bahn einzuschlagen als jene, in der ich die hübschere

Hälfte des Lebens zugebracht, all das verpflichtete mich zu dieser gewaltigen Umschau, deren Notwendigkeit ich seit Langem spürte. Ich nahm sie also in Angriff und vernachlässigte nichts, was in meiner Macht stand, um diesen Vorstoß zu einem guten Ende zu führen.

Auf diesen Zeitschnitt kann ich meine vollständige Weltabwendung datieren und auch den heftigen Hang zur Einsamkeit, der mich seit jener Zeit nie mehr verlassen hat. Das Werk, das ich in Angriff nahm, konnte nur in einer vollständigen Weltflucht gelingen; es erforderte lange und ungestörte Meditationen, wie sie im Tumult des gesellschaftlichen Treibens nicht möglich sind. Das zwang mich, für eine Weile eine andere Lebensform anzunehmen, die mir dann aber so trefflich gefiel, dass ich sie seither nur unter Zwang aufgab, und auch dann nur für wenige Augenblicke; sobald ich konnte, nahm ich sie wieder auf, von ganzem Herzen, und litt diese Beschränkung ohne jede Pein; und als die Menschen mich dazu verdammten, allein zu leben, merkte ich, dass sie mich zwar ausgeriegelt hatten, um mich ins Elend zu stürzen, doch damit taten sie mehr für mein Glück, als ich es selbst je vermocht hätte.

Ich widmete mich dem begonnenen Werk mit einem Eifer, der meinem tief empfundenen Bedürfnis und der Wichtigkeit dieser Angelegenheit angemessen war. Ich lebte damals unter den modernen Philosophen, die in nichts den Alten glichen. Anstatt meine Zweifel auszuräumen und meine Unentschiedenheit zu beenden, hatten sie alle Gewissheiten, die ich in den wesentlichsten Fragen zu haben glaubte, untergraben; denn als ~~herrschsüchtige~~ glühende Missionare des ~~Unglaubens~~ Atheismus und höchst herrschsüchtige Dogmatiker duldeten sie nie ohne Zorn, wenn man über irgendeinen beliebigen Punkt anders zu denken wagte als sie. Ich hatte mich oft genug recht lau verteidigt, da ich Disputationen hasse und auch wenig Talent zeige, in ihnen zu bestehen; nie aber machte ich mir ihre trostlose Doktrin zu eigen, und dieser Widerstand gegen derart intolerante Menschen, die überdies ganz gezielte Absichten verfolgten, war unter all den Gründen, die ihre Erbitterung erregten, nicht der geringste.

Sie hatten mich nicht zu überzeugen vermocht, aber sie hatten mich verstört. Ihre Argumente hatten mich erschüttert, ohne mich je zu besiegen; ich fand darauf nie eine treffliche Antwort, aber ich fühlte, dass es eine solche geben musste. Ich klagte mich weniger des Irrtums als der Begriffsstutzigkeit an, und mein Herz fand die besseren Entgegnungen als meine Vernunft.

Schließlich sagte ich mir: Will ich mich ewig von den Sophismen der Schönschwätzer gängeln lassen, wo ich doch nicht einmal sicher bin, dass die Ansichten, die sie predigen und den anderen voll Glut aufzwingen wollen, überhaupt ihren eigenen entsprechen? Ihre Leidenschaften, die ihre Doktrin lenken, ihr Eigennutz, uns dies und das glauben zu lassen, all das macht es vollkommen unmöglich, zu ergründen, was sie selbst glauben. Kann man Parteiführern überhaupt Redlichkeit unterstellen? Ihre Philosophie ist für die anderen gemacht; ich aber brauche eine für mich selbst. Die wollen wir nach Kräften suchen, solange es noch nicht zu spät ist, eine feste Regel für den Rest meiner Tage aufzustellen. Allhier stehe ich in der Reife des Alters, in der vollen Blüte des Verstandes. Schon streife ich den Niedergang.

Wenn ich länger warte, werde ich bei meiner späten Beratschlagung nicht mehr über all meine Kräfte verfügen; meine intellektuellen Kräfte werden bereits an Wendigkeit eingebüßt haben, ich werde es weniger gut machen als ich es heute unter tätiger Bemühung machen kann: ergreifen wir diesen günstigen Augenblick; der Zeitschnitt meiner äußeren und materiellen Reform soll auch jener meiner intellektuellen und moralischen Reform sein. Setzen wir ein für allemal meine Denkungsart, meine Prinzipien fest und seien wir für den Rest meines Lebens, was sich nach langem Nachdenken als meine Pflicht herausschält.

Ich führte dieses Vorhaben langsam und in mehreren Anläufen durch, mit aller Kraft und Aufmerksamkeit, derer ich fähig war. Ich fühlte mit Nachdruck, dass die Ruhe meiner restlichen Tage und mein Gesamtgeschick davon abhingen. Ich fand mich zunächst in einem solchen Irrgarten von Hindernissen, Schwierigkeiten, Einwänden, Windungen, Schatten, dass ich zwanzig Mal versucht war, alles aufzugeben, ja ich stand kurz davor, mein fruchtloses Forschen abzubrechen und mich bei meiner Beratung lediglich an die Regeln der gängigen Weltklugheit zu halten, ohne sie aus Prinzipien herzuleiten, die noch im Nebel lagen. Doch diese Weltklugheit blieb mir durch und durch fremd, ich fühlte mich außerstande, sie mir anzueignen; mich ihrer Führung anzuvertrauen, hieße: durch Sturm und Meer ohne Steuer und Kompass ein Leuchtfeuer suchen, das sich stets entzieht und in keinen Hafen weist.

Ich beharrte: Zum ersten Mal in meinem Leben hatte ich Mut, und ich verdanke seiner Kraft, dass ich das schreckliche Schicksal ertrug, das mich seit damals mehr und mehr umhüllte, ohne dass ich davon die mindeste Notiz nahm. Nach den glühendsten und aufrichtigsten Forschungen, die je von einem Sterblichen unternommen worden sind, fasste ich für mein ganzes Leben in Bezug auf alle Regungen, die mir wichtig schienen, einen Entschluss, und wenn ich mich in meinen Resultaten geirrt haben sollte, so weiß ich wenigsten, dass man mir mein Irren nicht als Verbrechen anrechnen kann, denn ich habe keine Mühe gescheut, mich davor zu bewahren. Wohl wahr: Ich zweifle nicht daran, dass sich die Waage unter den Vorurteilen der Kindheit und unter den heimlichen Wünschen meines Herzens auf die Seite senkte, die für mich am trostreichsten war. Man versagt sich nur schwerlich den Glauben an das, was man mit solcher Glut ersehnt, und wer möchte daran herumdeuteln, dass Hoffen und Furcht über den Glauben der meisten Menschen entscheiden, je nachdem ob sie ein Gericht im anderen Leben befürchten oder ersehnen. All dies mochte, wie ich nicht verschweigen will, meine Urteilskraft blenden, nie aber trübte es meine Aufrichtigkeit; dabei fürchtete ich sehr wohl, mich in allen Punkten zu irren. Falls sich alles im Genuss dieses Lebens erschöpft, dann wollte ich das unbedingt wissen, um im Rahmen meiner Möglichkeiten die beste Wahl zu treffen, solange es noch Zeit war, und mich nicht von allen und allem narren zu lassen. Doch fürchtete ich angesichts der Neigung meines Fühlens nichts so sehr in dieser Welt als: das ewige Schicksal meiner Seele für den Genuss irdischer Güter aufs Spiel zu setzen, die mir noch nie von hohem Wert schienen.

Ich gestehe auch, dass ich nicht immer alle Bedenken, die mich hemmten und mit denen mir unsere Philosophen so oft in den Ohren lagen, zu meiner Zufriedenheit löste. Aber da ich entschlossen war, Fragen zu klären, die sich dem Zugriff des menschlichen Intellekts weitgehend entziehen, und da ich allerwärts nur auf unergründliche Geheimnisse oder unauflösliche Einwände stieß, hielt ich mich in jeder Frage an das Gefühl, das mir ohne Umschweife am Verlässlichsten, aus sich heraus am Glaubhaftesten schien, ohne mich mit Einwänden aufzuhalten, die ich nicht auflösen konnte und die unter Einwänden des gegenteiligen Gedankensystems, die nicht weniger wuchtig waren, einbrachen. Der dogmatische Ton in solchen Fragen passt nur zu Marktschreiern; wichtig aber ist, eine eigene Einstellung zu haben und sie, nach Kräften, aus reiflichster Überlegung zu wählen. ~~Nun, das ist alles, was von mir abhängt. Fehlen~~ Fallen wir trotz alledem in Irrtümer, dann wären wir nach Recht und Billigkeit nicht schuldig, da wir nicht fehlten. Allhier hätten wir also das unerschütterliche Prinzip, das meiner Zuversicht zum Fundament dient.

Das Ergebnis all meiner mühereichen Forschungen besteht mehr oder weniger in dem, was ich später in meiner *Profession de foi du Vicaire savoyard* niederlegte, ~~eine Schrift~~ ein Werk, das in der gegenwärtigen Generation nichtswürdig geschändet und gehurt wurde, aber eines Tages mag es eine Revolution unter den Menschen auslösen, wenn je wieder gesunder Menschenverstand und Treuglaube erblühen.

Seither folgte ich beruhigt den Prinzipien, die ich mir nach so langer und um und um gewendeter Meditation zu eigen machte, ich erhob sie zur unabänderlichen Grundregel meiner Lebensführung und meines Glaubens und kümmerte mich weder um die Einwände, die ich nicht hatte auflösen können, noch um jene, die ich nicht vorhergesehen hatte und die zuweilen ganz frisch an meinen Geist klopften. Sie haben mich manches Mal beunruhigt, nie aber haben sie mich erschüttert. Ich sagte mir stets: alles nur metaphysische Spitzfindigkeiten und Klügeleien, ohne jedes Gewicht in Anbetracht der fundamentalen Prinzipien, die meine Vernunft gefasst hatte und die von meinem Herz bestätigt worden waren, samt und sonders das Siegel der inneren Zustimmung unter Ausschluss aller Leidenschaften tragend. Bei Fragen, die so weit über menschliches Verstehen erhaben sind, wie will da ein Einwand, den ich nicht auflösen kann, ein solides Lehrgebäude umstürzen, das so eng gefügt und mit so viel Meditation und Sorge verstrebt wurde, das so gut auf meinen Verstand, auf ~~mein Gewissen~~ mein Herz, mein ganzes Wesen abgezirkelt ist und von einer innerlichen Zustimmung untermauert wird, die, wie ich wohl fühle, bei allen anderen ausbleibt? Nein, nichtige Vernünfteleien werden niemals jene Übereinkunft zerstören, die ich zwischen meiner unsterblichen Natur und dem Weltenbau sowie der physischen ~~Harmonie~~ Ordnung gewahre, die in ihr herrscht. Ich finde in der entsprechenden moralischen Ordnung, deren System das Ergebnis meiner Nachforschungen darstellt, die ~~Hilfe~~ Stütze, die ich brauche, um das Elend meines Lebens zu ertragen. Bei allen anderen Denksystemen würde ich ohne Hilfe leben und ohne jede Hoffnung sterben. Ich wäre das unglücklichste aller ~~Wesen~~ Geschöpfe. Halten wir uns also an jenes, das allein ~~vermag~~ genügt, um mich, dem Schicksal und den Menschen zum Trotz, glücklich zu machen.

Diese Beratung und der Schluss, den ich daraus zog – schienen sie mir nicht vom Himmel selbst diktiert, um mich für das Geschick zu rüsten, das meiner harrte, und mich in Stand zu setzen, es zu ertragen? Was wäre aus mir geworden, was würde hier und heute aus mir, angesichts der grässlichen Ängste, die mich erwarteten, und angesichts der unfasslichen Lage, in die ich für den Rest meines Lebens gebannt bin, falls ich ohne Asyl bleibe, wo ich mich meinen unerbittlichen Peinigern entziehen kann? Ohne Trost für die Schmach, die ich hienieden wegen ihnen duldete, und ohne Hoffnung, jemals die mir geschuldete Gerechtigkeit zu erlangen, so sah ich mich, ganz, dem schlimmsten Schicksal ausgeliefert, das je ein Sterblicher auf Erden litt. Und während ich mir, in aller Unschuld unbekümmert, ausmalte, die Menschen hätten für mich nichts als Achtung und Wohlwollen; während mein offenes und zutrauliches Herz unter Freunden und Brüdern zerfloss, verstrickten mich die Verräter still und heimlich in Netze, die in den Tiefen der Hölle geschmiedet wurden. Von den unverhersehbarsten Missgeschicken, wie es sie für eine stolze Seele schrecklicher nicht geben kann, in den Schmutz gezogen, ohne je zu wissen von wem und weshalb, in einen Abgrund von Schande gestürzt, von entsetzlicher Düsternis umhüllt, in der ich nur unheimliche Gegenstände ausmachen konnte, wurde ich beim ersten überraschenden Angriff zu Boden geworfen und hätte mich niemals wieder aus der Niedergeschlagenheit aufgerappelt, in die mich diese unvorhersehbare Folge von Schicksalsschlägen warf, wenn ich nicht zuvor Kräfte gespart hätte, um mich von meinen Stürzen zu erholen.

Erst nach Jahren des Aufruhrs fand ich, endlich, meine Lebensgeister wieder und kehrte nach und nach zu mir selbst zurück, ich fühlte den Wert der Reserven, die ich für Widrigkeiten angelegt hatte. Ich hatte in allen Belangen, deren Beurteilung mir wichtig war, eine Entscheidung gefällt und sah nun, als ich meine Maximen mit meiner Lage verglich, dass ich den unsinnigen Urteilen der Menschen und den kleinen Geschehnissen dieses kurzen Lebens viel mehr Gewicht gab, als sie überhaupt haben. Da dieses Leben nichts als eine Abfolge von Prüfungen ist, spielt es kaum eine Rolle, ob diese Prüfungen so oder so gestaltet sind, solange sie nur die vorbestimmte Wirkung zeitigen, und je größer die Prüfungen waren, je härter, häufiger, umso wichtiger war es, sie dulden zu können. Die schlimmste Pein hat keine Macht über den, der einen hohen und sicheren Trost vor Augen hat; und die Gewissheit dieses Trostes war die wichtigste Frucht, die ich aus meinen abgeschlossenen Meditationen zog.

Wohl wahr, inmitten von Schändlichkeiten sonder Zahl und Schmach ohne Maß, die von allen Seiten auf mich herabprasselten, nahten von Zeit zu Zeit Abschnitte voll Sorge und Zweifel, die mein Hoffen erschütterten und meine Ruhe trübten. Jene machtvollen Einwände, die ich nicht auflösen konnte, zeigten sich meinem Geist alsdann mit noch mehr Nachdruck, um mich ausgerechnet in Momenten, in denen ich unter der Überlast meines Schicksals kurz vor der Entmutigung stand, vollends zu Boden zu drücken. Und oft bestürmten neuerliche Argumente, die mir zu Ohren gekommen waren, ~~meine Erinnerung~~ den Geist und stützten jene, die mich bereits so gemartert hatten. Ah! sagte ich mir alsdann unter Herzkrämpfen, die mich fast erstickten, wer wird mich von der Verzweiflung bewahren, wenn ich, im Schreck meines Schicksals, in allem Trost, den mir meine Vernunft bietet, nur noch Hirngespinste sehe? Wenn sie auf diese Weise ihr eigenes Werk zerstört und alle Stützpfeiler der Hoffnung und Zuversicht, die sie mir in Zeiten der Widrigkeit gewährt hatte, zum Einsturz bringt? Wie sollen Illusionen, die allein mich einlullen, eine Stütze sein? Die ganze gegenwärtige Generation sieht in den Empfindungen, an denen ich mich allein nähre, nichts als Irrtum und Vorurteil; sie findet Wahrheit und Evidenz in einem Denksystem, das dem meinen vollkommen entgegengesetzt ist; sie scheint gar nicht glauben zu können, dass ich es aus Treuglauben befolge, und ich stoße, auch wenn ich mich ihm mit ganzer Willenskraft hingebe, auf unüberwindliche ~~Hindernisse~~ Schwierigkeiten, die ich einfach nicht lösen kann und die mich doch nicht daran hindern, an ihm festzuhalten. Bin ich denn der einzige Weise, der einzige Erleuchtete unter allen Sterblichen? Genügt es denn, dass mir etwas zupass kommt, um schon daran zu glauben? Kann ich denn ein aufgeklärtes Vertrauen in Scheingebilde haben, die in den Augen aller anderen Menschen keinen festen Grund haben und die selbst mir illusorisch erscheinen würden, ~~wann~~ wenn mein Herz nicht mehr länger meiner Vernunft zu Hilfe eilte? Hätte ich nicht besser mit gleichen Waffen gegen meine Peiniger gekämpft, indem ich ihre Maximen übernommen hätte, statt im Bann meiner Hirngespinste all ihren Anschlägen zur Beute zu fallen, ohne handeln zu können, ohne Gegenwehr? Ich halte mich für weise, und bin doch nur Trottel, Opfer und Märtyrer eines eitlen Irrtums.

Wie oft stand ich in solchen Momenten des Zweifelns und Zagens kurz davor, mich der Hoffnungslosigkeit hinzugeben. Hätte ein solcher Zustand jemals einen ganzen Monat gedauert, es wäre um mich und mein Leben geschehen gewesen. Doch diese Anfälle, so sehr sie sich einst auch häuften, sie waren stets nur von kurzer Dauer, und noch heute bin ich vor ihnen nicht ganz gefeit, aber sie sind so selten und ~~leicht~~ kurz, dass sie gar nicht mehr die Macht haben, meine Ruhe zu beeinträchtigen. Es sind lediglich leichte Sorgen, die meine Seele ebenso wenig aufwühlen, wie eine Feder, die in einen Fluss fällt, den Lauf seines Wassers hemmen kann. Ich fühlte wohl, wenn ich die nämlichen Punkte, über die ich vor Zeiten eine Entscheidung gefällt hatte, wieder zur Beratung frei gäbe, so hieße dies, dass ich mir neue Erleuchtungen oder eine ausgeprägtere Urteilskraft oder mehr Eifer nach Wahrheit als damals während meiner Nachforschungen zuschrieb, und da keiner dieser Fälle auf mich zutraf und auch gar nicht auf mich zutreffen konnte, durfte ich, selbst aus stichhaltigen Gründen, niemals Ansichten übernehmen, die mich in Niedergeschlagenheit und Verzweiflung nur lockten, um mein Elend noch zu verschlimmern, und durfte ihnen niemals eine Einstellung opfern, die ich in Jahren voll Kraft gefasst, in der Reife des Geistes und nach der schärfsten Prüfung, vor allem aber auch in einer Zeit, in der mir der Friede meines Lebens keine mächtigere Sorge eingab, als: die Wahrheit zu kennen. Heute aber, da sich mein Herz vor Bangigkeit zusammenkrampft, da meine Seele unter

Sorgen seufzt, da meine Einbildungskraft unter Schreck steht, mein Kopf von all den grässlichen Geheimnissen, die mich umstarren, verwirrt ist, heute also, da meine von Alter und Angst geschwächten Befähigungen all ihre Spannkraft eingebüßt haben, weshalb soll ich da zum reinen Ergötzen jegliche Zuflucht aufgeben, die ich mir aufgespart habe, und weshalb meiner abklingenden Vernunft, die mich ohne gerechten Grund nur noch unglücklicher macht, mehr vertrauen als meiner damaligen Vernunft, die im Vollbesitz ihrer Kräfte stand und mir Trost für Qualen verhieß, die ich leide, ohne sie zu verdienen? Nein, ich bin nicht weiser und nicht kundiger, nicht aufrichtiger auch als ~~damals~~ dazumal, als ich in diesen großen Fragen meine Wahl traf; ich übersah damals keineswegs all jene Schwierigkeiten, die mich heute verwirren; aber sie haben mir keinen Einhalt geboten, und sofern sich ein paar neue eröffnen, mit denen nicht zu rechnen war, dann sind es ~~nichtige~~ Sophismen einer erklügelten Metaphysik, die niemals die ewigen Wahrheiten aufwiegen können, denen man zu allen Zeiten, von Seiten aller Weisen, Statt gegeben hatte, die von allen Nationen anerkannt werden und mit unauslöschlichen Lettern ins menschliche Herz eingeprägt sind. Als ich über diese Fragen nachsann, wusste ich wohl, dass die menschliche Vernunft, von den Sinnen eng umzirkt, sie gar nicht in ihrer ganzen Breite erfassen mochte. Ich hielt mich also an das, was ihnen zugänglich war, ohne mich auf das einzulassen, was sie übersteigt. Dieser Entschluss war vernünftig, ich fasste ihn ~~abermals~~ damals und halte mich unter Zustimmung meines Herzens und meiner Vernunft daran. Auf welcher Grundlage könnte ich ihm heute abschwören, wo mich noch gewichtigere Gründe daran fesseln? Sehe ich irgendwelche Gefahren, mich an ihn zu halten? Welch Nutzen fände ich, wenn ich ihn aufgäbe? Und müsste ich nicht, wenn ich die Doktrin meiner Peiniger übernähme, auch ihre Moral übernehmen? Jene entwurzelte und unersprießliche Moral, die sie pompös in ihren Büchern oder bei gewissen Glanztaten im Theater ausbreiten, ohne dass sie ihnen je in Herz oder Hirn dringen würde; oder jene weit geheimere und grausamere Moral, die innerliche Doktrin all jener Eingeweihten, denen die andere Moral lediglich als Maske dient, während sie in ihrem Tun allein dieser Doktrin folgen und sie so geschickt gegen mich einsetzen. Diese Moral ist durch und durch auf Angriff ausgelegt und dient nicht der Verteidigung, sie ~~fördert nur Unterdrückung~~ taugt nur zur Aggression. Wozu könnte sie mir in der Lage, in die sie mich gebracht hat, nützlich sein? Einzig meine Unschuld ist mir im ~~meinem~~ Unglück noch Stütze; und wie viel unglücklicher würde ich, wenn ich diese einzige, aber durchaus mächtige Stütze aufgäbe und durch Bosheit ersetzte! Würde ich sie in der Kunstfertigkeit, zu schaden, je einholen, und selbst wenn mir dies gelänge: wie könnte es meine Qual mindern, wenn ich ihnen Böses zufügte? Ich würde lediglich meine Selbstachtung einbüßen und nichts an deren Statt gewinnen.

So also räsonierte ich bei mir selbst, und es gelang mir, mich in meinen Prinzipien nicht mehr durch verfängliche Argumente, unauflösliche Einwände oder heikle Fragen erschüttern zu lassen, die sich meinem Zugriff entziehen, vielleicht sogar dem Zugriff des menschlichen Geistes überhaupt. Der meine ruhte im sicheren Hafen, den ich ihm bieten konnte, und gewöhnte sich so sehr daran, sich dort unbedrängt von meinem Gewissen zu erholen, dass keine alte oder neue fremde Doktrin ihn auch nur vorübergehend aufwühlen oder meine Ruhe für einen Augenblick stören könnte. Ganz in Ermattung und Erschlaffung des Geistes versunken, habe ich all die Gedankengänge vergessen, auf die ich meinen Glauben und meine Maximen gründete, nie aber werde ich die Konklusionen vergessen, die ich daraus unter Beifall meines Gewissens und meiner Vernunft gezogen habe, und daran werde ich mich künftighin halten. Mögen alle Philosophen dagegen wettern; sie verlieren nur Zeit und Kraft. Ich halte mich für den Rest meines Lebens in allen Punkten an den Entschluss, den ich gefasst habe, als ich noch eher in der Lage war, eine gute Wahl zu treffen.

Durch diese Gesinnung beruhigt, finde ich darin, nebst Zufriedenheit mit mir selbst, jene Hoffnung und jenen Trost, die ich in meiner Lage nicht missen mag. Und doch, eine so vollkommene, lang währende und tieftraurige Einsiedelei, im Bund mit dem stets spürbaren und stets tätigen Hass der ganzen gegenwärtigen Generation mitsamt der Schmach, mit der sie mich ohne Unterlass überschüttet, führt unweigerlich dazu, dass ich zuweilen in Abmattung, zerrüttete Hoffnung, entmutigende Zweifel falle, die von Zeit zu Zeit meine Seele aufwühlen und sie mit Trauer tränken. Genau dann sind mir alle Geistestätigkeiten verschlossen, die notwendig wären, um mir selbst Sicherheit zu geben, und so bin ich darauf angewiesen, mir meine früheren Entschlüsse in Erinnerung zu rufen, all die Mühen, Aufmerksamkeit, Herzensoffenheit, die ich darein setzte, sie zu fassen; dies kommt mir alsdann in den Sinn und gibt mir all mein Zutrauen zurück. Ich verschließe mich allen neuen Gedanken, als wären es verderbliche Irrtümer, die nur falschen Glanz haben und höchstens dazu taugen, meine Ruhe zu stören.

Und so also von der engen Sphäre meiner früheren ~~Einsichten~~ Kenntnisse umzirkt, habe ich nicht, wie Solon, das Glück, mich beim Altern Tag für Tag fortzubilden, ja ich muss mich sogar vor dem gefährlichen Hochmut hüten, jetzt noch lernen zu wollen, was meinem Wissen ohnehin nicht mehr zugänglich ist. Doch so wenig Zuwachs nützlicher Einsichten ~~zu machen~~ zu erhoffen ist, so bleiben mir noch sehr wichtige Einblicke in jene Tugenden, die in meiner Lage Not tun. Just hier wäre es Zeit, meine Seele zu bereichern und mit einem Zuwachs zu zieren, den sie mit sich nehmen kann, wenn sie diesen Körper abstreift, der sie hemmt und blendet, und sobald ich die Wahrheit ohne Schleier schaue, wird sie ~~sehen kennen~~ merken, wie elendiglich all das Wissen ist, auf das unsere falschen Gelehrten so stolz sind. Sie wird über all die Momente seufzen, die sie in diesem Leben verschleudert hat, zu solchem Erwerb. Doch Geduld, Sanftmut, Willensergebung, Redlichkeit, unbestechliche Gerechtigkeit, all das ist eine Habe, die man mit sich davontragen und also stetsfort mehren kann, ohne befürchten zu müssen, dass uns der Tod um den Gewinn bringt. Diesem einzigen und einträglichen Studium weihe ich den Rest meines Alters. Selig, wenn ich durch die Fortschritte in Bezug auf mich selbst lerne, wie ich aus diesem Leben nicht besser, denn solches ist nicht möglich, aber doch tugendhafter scheide, als ich in es eingetreten bin.

VIERTE TRÄUMEREI

Unter der geringen Zahl von Büchern, die ich zuweilen noch lese, fesselt mich Plutarch wie kein anderer, und keiner ist mir so sehr Anstoß. Dies war die erste Lektüre meiner Kindheit, und es wird die letzte meines Alters sein; er ist fast der einzige Autor, den ich stets mit Gewinn las. Vorgestern, da las ich in seinen moralischen Werken die Abhandlung *Wie man von seinen Feinden Nutzen hat*. Selbigen Tages, beim Einräumen etwelcher Druckbögen, die mir von ihren Autoren zugesandt worden waren, fiel mir eine Sendschrift von Abbé Rozier in die Hände, die er mit folgenden Worten übertitelt hat: *vitam vero impendenti, Rozier*. Doch allzu gut über die Schliche dieser Sippschaft unterrichtet, als dass ich ihm auf den Leim gegangen wäre, merkte ich wohl, dass er mir unter dem Anschein von Höflichkeit eine grausame Gegenwahrheit sagen wollte: Doch worauf baute sie? weshalb dieser Sarkasmus? was für einen Anlass mochte ich dazu geboten haben? Um Gewinn aus der Lektion des wackeren Plutarch zu schlagen, beschloss ich, mich auf dem Spaziergang des folgenden Tages über die Lüge zu befragen, und ich sah mich bald in der bereits gefassten Ansicht bestätigt, dass das *Erkenne dich selbst* aus dem Tempel von Delphi keine Maxime ist, die man so leicht befolgen kann, wie ich noch in meinen *Confessions* geglaubt hatte.

Am nächsten Tag hatte ich mich auf den Weg gemacht, um diesen Beschluss umzusetzen, da fiel mir zu Beginn meiner Selbstsammlung als erster Gedanke eine garstige Lüge ein, die ich in meiner frühesten Jugend getan und deren Erinnerung mein ganzes Leben überschattet hat – und nun auch noch im Alter mein blutendes Herz bedrückte. Diese Lüge war an sich schon ein großes Vergehen, und viel mehr noch aufgrund der Folgen, die ich zwar nie in Erfahrung bringen konnte, mir aber unter dem Einfluss meiner Gewissensbisse schlimmstmöglich ausmalte. Indes, würde man lediglich die innere Neigung in Betracht ziehen, in der ich sie beging, so war diese Lüge nichts als die Frucht schlimmer Beschämung; und weit davon entfernt, jener schaden zu wollen, die ihr zum Opfer fiel, so schwöre ich vor dem Antlitz des Himmels: Ich hätte noch selbigen Augenblicks, als sie mir von dieser unbezwinglichen Scham entlockt wurde, mit Freuden mein ganzes Blut gegeben, um die Wirkung voll und ganz auf meinen Kopf zu lenken. Es war eine Irrnis, die ich nur mit dem, so scheint mir, tiefempfundenen Hinweis erläutern kann, dass in jenem Augenblick mein scheues Naturell die Wünsche meines Herzens sämtlich unterjochte.

Die Erinnerung an diesen unseligen Akt und die unauslöschliche Reue, die sich mir eingeprägt hat, haben mich mit solcher Abscheu vor jeglicher Lüge erfüllt, dass mein Herz für den Rest meines Lebens vor diesem Laster sicher war. Als ich meinen Wahlspruch *{vitam impendere vero}* fasste, fühlte ich mich ihm gewachsen, und ich zweifelte nie, seiner würdig zu sein, bis ich mich aufgrund des Spottworts von Abbé Rozier anschickte, mich eindringlicher zu prüfen.

Als ich mich nun sorgfältiger rupfte, war ich doch sehr über die Fülle frei erfundener Sachen erstaunt, die ich, wie ich mich erinnere, als wahr verkündet hatte, und das just zu einer Zeit, als ich im tiefsten Innern so stolz auf meine Liebe zur Wahrheit war und ihr meine Sicherheit, meinen Eigennutz, mein ganzes Sein opferte, und das mit einer Rücksichtslosigkeit, wie es unter Menschen noch nie vorgekommen ist.

Als ich mir diese erdichteten Sachen in Erinnerung rief, überraschte mich mehr als alles andere eins: Ich fühlte ~~keine neue~~ keinerlei Reue. Ich, in dessen Herzen nichts so schwer wiegt wie die Abscheu vor Falschheit, ich, der ich allen Torturen trotzen würde, falls man sich ihnen nur um den Preis einer Lüge entziehen könnte, welch bizarrer Irrschluss mochte mich dazu bringen, aus Frohheit des Herzens heraus zu lügen, ohne Not, ohne Nutzen, und welch unvorstellbarer Widerspruch führte dazu, dass ich nicht das leiseste Bedauern spürte, ich, der ich fünfzig Jahre lang ohne Unterlass von den Gewissenbissen geplagt wurde, die einer Lüge entsprangen? Nie habe ich mich meinen Fehlern verschlossen; der moralische Instinkt war mir immer ein guter Führer, mein Gewissen hat sich seine uranfängliche Lauterkeit bewahrt – und doch soll es sich beschmutzt haben, indem es sich ~~meiner Leidenschaft~~ meinem Eigennutz beugte, ei wie: Während es bei allen Gelegenheiten ~~kräftig~~ standhaft blieb, in denen der Mensch von seinen ~~Trieben~~ Leidenschaften gegängelt wird und wenigstens in seiner Schwäche eine Ausrede findet, soll es ausgerechnet bei belanglosen Sachen gefehlt haben, bei denen das Laster unentschuldbar bleibt? Ich sah ein, dass die Lösung dieses Problems davon abhängt, ob ich in dieser Hinsicht ein richtiges Urteil über mich selbst fälle oder nicht. Nachdem ich die Frage genau geprüft habe, folgt nun die Weise, wie ich mir all dies erklären kann.

Ich erinnere mich, dass ich in einem Buch der Philosophie gelesen habe, Lügen heiße, eine Wahrheit verbergen, die man offenlegen müsste. Aus dieser Definition folgt eindeutig: Wenn man eine Wahrheit verschweigt, die man aus Pflicht gar nicht sagen muss, so ist das noch keine Lüge; nun, wer sich jedoch in einem solchen Fall nicht damit begnügt, die Wahrheit zu verschweigen, sondern vielmehr ein Gegenteiliges sagt, lügt er oder lügt er nicht? Gemäß Definition, könnte man nicht sagen, er lüge; denn wenn er einem Menschen, dem er nichts schuldet, eine falsche Münze gibt, dann täuscht er diesen Menschen, gewiss, aber man kann nicht behaupten, er würde ihn bestehlen.

Hier stellen sich zwei Fragen, die zu klären sind, eine so wichtig wie die andere. Die erste, wann und inwiefern man den andern die Wahrheit schuldet, da man sie ja nicht immer schuldig ist. Die zweite, ob es Fälle gibt, in denen man auf unschuldige Weise jemanden täuschen kann. Diese zweite Frage ist, wie ich wohl weiß, eindeutig entschieden: negativ in den Büchern, wo selbst die strengste Moral den Autor nichts kostet, positiv in der Gesellschaft, wo alle Moral aus Büchern als Geschwätz gilt, das man ohnehin nicht umsetzen kann. Lassen wir also diese Autoritäten aus dem Spiel, die sich ja doch nur widersprechen, und versuchen wir am Leitfaden meiner eigenen Prinzipen diese Fragen für mich selbst zu lösen.

Die allgemeine und abstrahierte Wahrheit ist von allen Gütern das kostbarste. Ohne sie bleibt der Mensch blind; sie ist das Auge der Vernunft. Durch sie lernt der

Mensch, sich richtig zu verhalten, so zu sein, wie er sein soll, das zu tun, was er tun soll, mithin seiner eigentlichen Bestimmung zu folgen. Die besondere und individuelle Wahrheit hingegen ist nicht immer etwas Gutes, zuweilen gar etwas Schlechtes, recht oft auch ganz ohne Belang. All die Dinge, die ein Mensch wissen sollte und deren Kenntnis zu seinem Wohl unentbehrlich ist, sind vielleicht gar nicht so viel an der Zahl, aber so viele es auch sein mögen, sie bilden ein Gut, das ihm zusteht, auf das er Anspruch erheben kann, wann immer es ihm begegnet, denn man kann es ihm nicht vorenthalten, ohne die ungerechteste Beraubung zu begehen, da es zu jenen Gütern gehört, die allen gemein sind und deren Weitergabe ~~Privation~~ den Übermittler um nichts ärmer macht.

Wie sollten Wahrheiten, die weder im Unterricht noch im Leben selbst von irgendeinem Nutzen sind, ein geschuldetes Gut darstellen, da sie ja nicht einmal im eigentlichen Sinn ein Gut darstellen; und da jeglicher Anspruch auf Eigentum nur in Bezug auf Nützliches geltend gemacht werden kann, gibt es da, wo jeder mögliche Nutzen fehlt, auch kein Eigentum. Man kann auf ein Grundstück zwar auch dann Anspruch erheben, wenn es unfruchtbar ist, aber nur, weil man zumindest auf dem Boden wohnen kann: Ob aber eine müßige Sache, die in jeder Hinsicht belanglos ist und keinerlei Konsequenzen für ~~niemanden~~ irgendjemanden hat, nun wahr oder falsch ist, das kann niemanden interessieren.

{Am Rand beigefügt:} Im Reich des Moralischen ist nichts unnütz, genauso wenig wie im Reich des Physischen. Was zu nichts taugt, kann auch nicht geschuldet werden; damit

eine Sache geschuldet werden kann, muss sie nützlich sein oder sein können. Die Rechtssprechung etwa kümmert sich nur um geschuldete Wahrheit, und man würde den heiligen Namen der Wahrheit entweihen, wenn man ihn für Nichtigkeiten verwenden würde, deren Vorkommnis allen einerlei ist und deren Kenntnis niemandem nützt. *{Ende der Beifügung}*

Mithin kann die Wahrheit, wenn sie jeglicher möglicher Nützlichkeit entbehrt, niemals eine Pflichtschuld sein, das heißt: Wer sie verschweigt oder verschleiert, lügt keineswegs.

Doch sind diese ~~total nutzlosen~~ vollkommen fruchtlosen Wahrheiten wirklich niemandem in irgendeiner Hinsicht nützlich?, das ist ein Punkt, der noch behandelt werden muss und auf den ich sogleich zurückkommen werde. Doch jetzt wollen wir zur zweiten Frage übergehen.

Nicht die Wahrheit sagen und etwas Falsches sagen – das sind zwei grundverschiedene Dinge, und doch können sie auf ein und dasselbe hinauslaufen; denn solange ihre Wirkung null und nichtig ist, bleibt sich zumindest das Resultat gleich. Wo immer die Wahrheit ohne Belang ist, ist auch der widerläufige Irrtum ohne Belang; woraus folgt, dass in solchen Fällen derjenige, der jemanden täuscht, indem er das Gegenteil der Wahrheit äußert, nicht ungerechter handelt als derjenige, der jemanden täuscht, indem er sie gar nicht erst ausspricht; denn im Fall von nutzlosen Wahrheiten ist Irren nicht schlimmer als Ignoranz. Ob ich den Sand auf dem Grund des Meeres für weiß oder rot halte, oder ob ich ~~gar nicht weiß~~ ignoriere, von welcher Farbe er ist, das kann mir einerlei sein. Wie wollte man also ungerecht sein, wenn man niemandem schadet, da Ungerechtigkeit nur im Schaden besteht, den man anderen zufügt?

Doch wenn diese Fragen auf so summarische Weise entschieden werden, bietet sich mir keine verlässliche Handhabe für die Praxis, solange ich nicht im Vorfeld allerlei Erhellungen erhalte, die unabdingbar sind, um diese Abgleichung in allen Fällen, die mir begegnen mögen, richtig und gerecht vorzunehmen. Denn wenn die Pflicht, die Wahrheit zu sagen, nur auf deren Nützlichkeit fußt, wie wollte ich mich dann zum Richter dieser Nützlichkeit ernennen? Oft genug ist der Vorteil des einen dem anderen Schaden, und das Einzelwohl steht fast immer in Widerspruch zum Allgemeinwohl. Wie soll man sich in einem solchen Fall verhalten? Soll man den ~~Nutzen~~ Vorteil eines abwesenden Dritten ~~jenem~~ jener Person opfern, mit der man sich gerade unterhält? Soll man eine Wahrheit, die dem einen Nutzen, dem anderen aber Schaden bringt, verschweigen oder benennen? Soll man alles, was man sagt, allein auf der Waage des Allgemeinwohls abwägen oder auf derjenigen der distributiven Gerechtigkeit?, und bin ich sicher, alle Aspekte einer Sache hinreichend zu kennen, um die Kenntnis, über die ich verfüge, ausschließlich nach den Regeln des Ausgleichs auszurichten? Mehr noch, indem ich prüfe, was man den anderen schuldet, habe ich dann genugsam geprüft, was man sich selbst schuldig ist und was man der Wahrheit an sich schuldig ist? Wenn ich einem andern keinerlei Schaden zufüge, indem ich ihn täusche, folgt daraus wirklich, dass ich auch mir selbst nicht schade, und genügt es, nie ungerecht zu sein, um immer unschuldig zu bleiben?

Welch Wirrwarr von Diskussionen, denen man sich lieber entziehen würde, indem man einfach sagt: Seien wir immer wahrhaft, da man nie weiß, was alles geschehen kann. Die Gerechtigkeit selbst liegt in der Wahrheit der Sachen; die Lüge ist immer Ungerechtigkeit, Irrtum immer Trug, solange man etwas, was es gar nicht gibt, zum Maßstab dessen erhebt, was man tun oder glauben soll. Und solange man die Wahrheit gesagt hat, ist man entschuldigt, unbesehen der Folgen, die dies haben kann, schließlich hat man nichts Eigenes hineinvermengt.

Das aber hieße, die Frage zu entscheiden, ohne sie zu lösen. Handelt es sich doch nicht darum, zu verkünden, es sei gut, stets die Wahrheit zu sagen, sondern darum, zu wissen, ob man stets dazu verpflichtet sei; und falls die von mir untersuchte Definition gültig ist, die dies verneint, muss man jene Fälle, in denen die Wahrheit rigoros geschuldet wird, von jenen unterscheiden können, in denen man sie ohne jede Ungerechtigkeit verschweigen und ohne Lüge verschleiern kann: denn ich ~~zeigte~~ fand, dass derlei Fälle in der Tat vorkommen. So handelt es sich also darum, eine verlässliche Regel zu suchen, um solche Fälle zu erkennen und richtig zu bewerten.

Doch woher soll man diese Regel und ~~ihren~~ den Beweis ihrer Unfehlbarkeit ableiten …? Bei allen heiklen moralischen Fragen wie den vorliegenden habe ich immer gut daran getan, sie eher nach dem Zuspruch meines Gewissens als nach dem Licht meiner Vernunft zu entscheiden. Nie noch hat mich der moralische Instinkt getäuscht: Er hat sich bis anhin seine Reinheit in meinem Herzen hinlänglich bewahrt, dass ich ihm vertrauen kann, und wenn er in der Praxis bisweilen vor meinen Leidenschaften verstummt, so tritt er in meiner Erinnerung wieder in seine Macht. Vor ihr nämlich, so vermute ich, richte ich mich selbst mit ebenso viel Härte, wie ich vom Höchsten Richter ~~im nächsten~~ nach diesem Leben gerichtet werde.

Aussagen von Menschen aufgrund der Wirkungen zu richten, die sie hervorbringen, hieße so manches Mal, sie falsch einzuschätzen. Abgesehen von der Tatsache, dass diese Wirkungen nicht immer fassbar und leicht zu erkennen sind, wandeln sie sich so unendlich wie die Umstände, unter denen derlei Reden geführt werden. Doch es zählt allein die Absicht dessen, der sie hält, und dies entscheidet über das Maß von Bosheit oder Güte. Falsches sagen, heißt noch nicht, dass man in der Absicht lügt, jemanden zu täuschen, und die Absicht, jemanden zu täuschen, heißt noch lange nicht, dass man jemandem schaden will, schließlich verfolgt man dabei oft genug das gegenteilige Ziel. Und doch: Damit eine Lüge unschuldig bleibt, genügt es nicht, dass man sich gar nicht mit der ausdrücklichen Absicht trägt, jemandem zu schaden, vielmehr tut die Gewissheit Not, dass der Irrtum, in den man die Zuhörer stürzt, weder ihnen noch sonst jemandem in irgendeiner Hinsicht schaden mag. Es ist selten genug und schwierig, diese Gewissheit zu gewinnen; schwierig und selten ist es auch, dass eine Lüge vollkommen unschuldig ist. Zu seinem eigenen Vorteil lügen ist Gleisnerei, zum Vorteil anderer lügen ist Betrug, zum Schaden eines andern lügen ist Verleumdung; dies ist die schlimmste Form von Lüge. Lügen ohne eigenen oder fremden Vorteil oder Nachteil ist nicht lügen: Dies ist nicht Lüge, sondern Erdichtung.

Dichtungen, die auf Moral abzielen, nennt man Apologien oder Fabeln, und da ihr Zweck einzig darin besteht und auch in nichts anderem bestehen darf, als nützliche Wahrheiten in anrührende und anmutige Formen zu hüllen, versucht man in solchen Fällen gar nicht, die Lüge zu verbergen, und zwar aus dem einfachen Grund, dass sie das Kleid der Wahrheit ist, und wer eine Fabel nur als Fabel ausgibt, lügt in keiner Weise.

Es gibt weitere, durch und durch müßige Erdichtungen, wie es die meisten Erzählungen und Romane sind, die keinerlei ~~Gegenstand von~~ wirkliche Unterweisung umfassen und einzig der Unterhaltung dienen. Da sie jeglicher moralischen Nützlichkeit entbehren, zählt bei ihnen einzig die Absicht ihres Erfinders, und falls er sie unter Behauptung wirklicher Wahrheiten zum Besten gibt, kann man nicht umhin, sie als wahre Lügen zu bezeichnen. Indes, wer hat sich wegen solcher Lügen je tief hintersonnen und wer hat denen, die sie verfassen, je einen schwerwiegenden Vorwurf gemacht? Falls, um ein Beispiel zu nennen, im *Temple de Gnide* irgendein moralischer Zweck verfolgt wird, so ist dieser Zweck durch all die wollüstigen Einzelheiten und geilen Bilder vernebelt und verdorben. Und was tat der Autor, um dies unter einem Anstrich von Gesittung zu bemänteln? Er gibt vor, sein Werk sei die Übersetzung eines griechischen Manuskriptes, und er hat die Geschichte vom Fund dieses Manuskriptes so gestaltet, dass sie sehr wohl dazu angetan ist, den Leser von der Wahrhaftigkeit seiner Erzählung zu überzeugen. Wenn dies nicht eine eindeutige Lüge ist, dann möge man mir bitte sagen, was Lügen sei! Indes, wer wollte ~~ihm~~

dem Autor aus dieser Lüge einen Strick drehen und ihn Betrüger schimpfen?

Vergebens wird man sagen, all das sei nur Posse, der Autor habe trotz allen Nachdrucks niemanden wirklich überzeugen wollen und auch niemanden wirklich überzeugt, da das Publikum keinen Augenblick in Zweifel zog, dass er selbst der Verfasser des vorgeblich griechischen Werks sei, als dessen Übersetzer er sich ausgibt. Hierauf entgegne ich, dass eine solche Posse ohne Sinn noch Zweck nichts als eine recht dumme Kinderei gewesen wäre, dass ein Lügner gleichwohl lüge, auch wenn er mit Nachdruck etwas behauptet, was niemanden überzeugt, dass man aus dem gut unterrichteten Publikum eine Fülle einfältiger und leichtgläubiger Leser ausscheiden müsse, die sich von der Geschichte des Manuskriptes, die ein ernster Autor mit dem Anschein von Aufrichtigkeit vorträgt, durchaus blenden ließen und ohne jede Furcht aus einem Kelch mit antikem Zuschnitt ein Gift tranken, vor dem sie sich zumindest in Acht genommen hätten, wenn man es ihnen in einer modernen Vase kredenzt hätte.

Ob sich solche Unterscheidungen in Büchern finden oder nicht, sie vollziehen sich so oder so im Herz jedes Menschen, der mit sich selbst aufrichtig ist und sich nichts gestatten will, was ihm sein Gewissen zum Vorwurf machen könnte. Denn eine falsche Sache zu seinem eigenen Vorteil vorbringen, heißt genauso lügen, wie wenn man sie zum Nachteil eines andern vorbringen würde, obzwar die Lüge weniger ruchlos ist. Jemandem einen Vorteil verschaffen, der ihn nicht verdient, heißt, die Ordnung und Gerechtigkeit stören, ~~eine löbliche oder tadelnswerte Tat~~ sich oder jemand anderem fälschlicherweise eine Tat zuschreiben, aus der Lob oder Tadel erwachsen mag, Anschuldigung oder Entschuldigung, heißt, eine ungerechte Sache machen; nun, alles, was wider die Wahrheit geht, verletzt das Recht auf die eine oder andere Weise und ist Lüge. Dies genau ist die Grenze: Doch alles, was wider die Wahrheit geht und nicht in den Bereich der Rechtssprechung fällt, ist nichts als Fiktion, und ich räume ein, wer sich eine reine Fiktion als Lüge anrechnet, hat ein zarteres Gewissen als ich.

Was man Gefälligkeitslügen nennt, sind wirkliche Lügen, denn wenn man zum Vorteil eines anderen oder seiner selbst etwas vorspiegelt, ist das nicht minder ~~Ungerechtigkeit~~ ungerecht, als wenn man etwas zu dessen Nachteil vorspiegelt. Wer immer entgegen der Wahrheit lobt oder tadelt, der lügt, sobald es sich um eine reale Person handelt. *{Der folgende Satz ist zwischen rote Klammern gesetzt:}* [Handelt es sich um ein Wesen der Phantasie, kann er von ihm behaupten, was immer er will, ohne diesetwegen gleich zu lügen, ~~selbst dann nicht, wenn er ihn wegen einer löblichen Tat tadelte oder das Gegenteil täte, denn er irrt dann nur für sich allein, ohne irgendjemanden zu täuschen, da jeder die Falschheit seines Urteils sehen und berichtigen kann~~ jedenfalls solange er sich jeglichen Urteils über die Moralität der erfundenen Fakten enthält und sie nicht falsch beurteilt; er würde dann zwar nicht wirklich lügen, aber wider die moralische Wahrheit lügen, die hundertmal ehrwürdiger ist als alle Fakten.]

Ich traf Menschen, die in der Welt als wahrhaft galten. Ihre ganze Wahrhaftigkeit erschöpfte sich darin, bei müßiger Konversation getreulich Ort, Zeit, Personen anzuführen, sich keinerlei Erdichtung zu gestatteten, keinerlei Umstände auszuzieren, nichts zu übertreiben. Bei allem, was nicht ihren Eigennutz betrifft, sind sie bei ihren Erzählungen von unverbrüchlicher Treue. Doch sobald sie von irgendeiner Angelegenheit handeln, die sie selbst betrifft, sobald sie irgendwelche Tatsachen anführen, die eng mit ihnen zu tun haben, dann setzen sie alle erdenklichen Farben ein, um die Sachen in einem möglichst vorteilhaften Licht erscheinen zu lassen, und wenn ihnen eine Lüge nützlich ist und sie sich hüten, sie selbst auszusprechen, so begünstigen sie sie mit Geschick und fügen alles so, dass man von selbst darauf kommt, ohne es ihnen direkt anlasten zu können. So verlangt es die Klugheit: und Adieu mit der Wahrhaftigkeit.

Der Mensch, den ich *wahr* nenne, tut das genaue Gegenteil. Bei vollkommen belanglosen Dingen kümmert er sich um die Wahrheit, die der andere genau in solchen Fällen in hohen Ehren hält, herzlich wenig, und er würde nie Bedenken haben, eine Runde durch erfundene Fakten zu unterhalten, denen keinerlei ungerechtes Urteil entspringt, weder zugunsten noch zuungunsten irgendeines Lebenden oder Toten. Doch jegliche Rede, die irgendjemandem Eintrag oder Abbruch tut, Ruhm oder Verachtung einträgt, Lob oder Tadel entgegen der Redlichkeit und Gerechtigkeit, kommt einer Lüge gleich, die sein Herz flieht, sein Mund auch und auch seine Feder. Er ist tiefverwurzelt *wahr*, sogar gegen seinen eigenen Nutzen, während er sich bei müßiger Konversation nicht der Wahrhaftigkeit rühmt. Er ist wahrhaftig, insofern er nie jemanden täuscht, er ist der Wahrheit, die ihn anklagt, genauso verpflichtet wie der, die ihn ehrt, und er spiegelt nie etwas zum eigenen Vorteil noch zum Schaden seiner Feinde vor. Der Unterschied zwischen meinem wahren Menschen und dem anderen ist, dass jener der Mann von Welt jeglicher Wahrheit rigorose Treue hält, aber nur solange sie nichts kostet; der meinige aber ist ihr nie so treu ergeben, wie wenn er sich für sie aufopfern muss.

Doch, so mag man sagen, wie will man diese Laxheit mit der glühenden Liebe zur Wahrheit vereinbaren, mit der ich ihn verkläre? Soll diese Liebe also falsch sein, weil sie so viel Vermischung duldet? Nein, sie ist rein und wahr: Sie ist ein Aushauch der Liebe zur Redlichkeit und will niemals falsch sein, auch wenn sie oft fabuliert. Gerechtigkeit und Wahrheit sind in seinem Geist zwei Synonyme, die ihm eins so viel gelten wie das andere. Die heilige Wahrheit, die sein Herz verehrt, besteht nicht in belanglosen Tatsachen und sachleeren Namen, sondern darin, jedem ganz getreulich das zukommen zu lassen, was ihm an Dingen zusteht, die wahrhaftig ihm gehören, an Schuld oder Entschuldigung, an Zuteilung von Ehre oder Tadel, Lob oder Missbilligung. Er ist nie falsch: gegen andere nicht, weil ihn seine Gerechtigkeitssinn davon abhält und er niemandem auf unredliche Weise schaden will, noch gegen sich selbst, weil ihn sein Gewissen davon abhält und er sich nie etwas anrechnen würde, was ihm nicht zusteht. Es ist insonderheit seine Selbstachtung, über die er eifersüchtig wacht; dies ist das Gut, auf das er am wenigsten verzichten kann, und er würde einen tiefen Verlust spüren, wenn er sich die Achtung der anderen zum Preis dieses Guts erschliche. Er mag also bisweilen in belanglosen Angelegenheiten ohne jeden Vorbehalt lügen und dabei meinen, dass er gar nicht lüge, nie aber zum Schaden oder Vorteil eines andern oder seiner selbst. In allen Fragen, die mit historischen Wahrheiten zusammenhängen, bei allem, was mit dem gesitteten Verhalten der Menschen in Beziehung steht, mit Redlichkeit, Geselligkeit, nützlicher Aufklärung, bei alldem wird er sich selbst und alle andern vor Irrtümern bewahren, so weit dies in seiner Macht liegt. Jede Lüge in anderen Belangen gilt ihm nicht als eine solche. Wenn der *Temple de Gnide* ein nützliches Werk wäre, wäre die Geschichte vom griechischen Manuskript nichts weiter als eine vollkommen unschuldige Erdichtung; zur sträflichen Lüge aber wird sie, wenn das Werk gefährlich ist.

Dies waren meine Gewissensregeln in Bezug auf Wahrheit und Lüge. Mein Herz folgte wie ein Uhrwerk diesen Regeln, noch bevor sie von meiner Vernunft abgesegnet worden waren, und der moralische Instinkt sorgte allein für deren Anwendung. Die ruchlose Lüge, der die arme Marion zum Opfer fiel, hat mir unauslöschliche Gewissensbisse eingeprägt, die mich für den Rest meines Lebens nicht nur vor ähnlich gearteten Lügen bewahrten, sondern auch vor allen anderen, die in irgendeiner Weise den Eigennutz oder Ruf anderer beeinträchtigen mochten. Indem ich diesen Vorbehalt verallgemeinerte, ersparte ich es mir, Vorteil und Schaden genau abzuwägen und klare Grenzen zwischen der benachteiligenden Lüge und der Gefälligkeitslüge zu ziehen; da ich die eine genauso wie die andere für sträflich erachte, habe ich sie mir alle beide untersagt.

In diesem wie in allem andern hat mein Temperament stark auf meine Maximen abgefärbt, oder genauer: auf meine Gewohnheiten. Denn ich habe kaum aufgrund von Regeln gehandelt, beziehungsweise in allen Fragen kaum eine andere Regel befolgt als die Anstöße meines Naturells. Nie schlich sich eine vorsätzliche Lüge in meine Gedanken, nie log ich aus Eigennutz; oft aber log ich aus Scham, um mich bei Dingen aus der Affäre zu ziehen, die ganz belanglos waren oder höchstens mich selbst betrafen, wenn ich etwa ein Gespräch litt und mich die Lahmheit meiner Einfälle und die Dürre meiner Konversationskunst dazu zwangen, in Fiktionen zu flüchten, um wenigstens irgendetwas zu sagen zu haben. Wenn man unbedingt sprechen muss und sich meinem Geist nicht rasch genug kurzweilige Wahrheiten boten, gab ich Fabuliertes zum Besten, um nicht ganz stumm zu bleiben; doch beim Erdichten solcher Fabeln achtete ich, so gut ich es vermochte, darauf, dass es keine Lügen waren, will sagen, dass sie weder die Redlichkeit noch die geschuldete Wahrheit verletzten und für mich wie für alle anderen ganz belanglose Fiktionen blieben. Ich trachtete danach, an die Statt der Faktenwahrheit wenigstens eine moralische Wahrheit zu setzen; will sagen, darin die natürlichen Regungen des menschlichen Herzens zur genauen Darstellung zu bringen und daraus stets eine nützliche Belehrung abzuleiten, mit einem Wort: moralische Erzählungen zu gestalten, Apologien. Aber dazu hätte es mehr Geistesgegenwart gebraucht, als mir gegeben ist, und mehr freie Fertigkeit des Wortes, um das Gebabbel der Konversation in den Dienst lehrreicher Unterweisungen zu stellen. Ihr Gang, weit rascher als derjenige meiner Ideen, zwang mich fast immer, zu reden, bevor ich denken konnte, und dies gab mir oft Dummheiten und Ungereimtheiten ein, die meine

Vernunft verurteilte und die auch mein Herz verurteilte, sobald sie meinem Mund entflohen, aber da sie meinem eigenen Urteil zuvorkamen, konnten sie nicht mehr von dessen Zensur umgeprägt werden.

Wieder lag es an jenem ersten und unwiderstehlichen Trieb des Temperaments, das mir, in unvorhergesehenen und raschen Momenten, aus Scham und Scheu Lügen entriss, an denen mein Wille keinerlei Anteil hatte, aber ihm in gewisser Weise aus Not, augenblicks etwas zu erwidern, zuvorgekommen waren. Der tiefe Eindruck, den die Erinnerung an die arme Marion in mir hinterlassen hat, mag auf immer all jene Lügen hemmen, die anderen nachteilig sein mögen, aber nicht jene, die sich eignen, mich aus der Verlegenheit zu ziehen, und ohnehin nur mich betreffen, wiewohl auch sie meinem Gewissen und meinen Prinzipien wider den Strich gehen, genauso wie jene, die das Schicksal der andern beeinflussen mögen.

Ich bezeuge dem Himmel, wenn ich im nächstfolgenden Augenblick eine Lüge, die mich entschuldigt, widerrufen und dafür eine Wahrheit äußern könnte, die mich belastet, ohne durch diese Selbstberichtigung neuen Makel auf mich zu ziehen, dann würde ich es aus ganzem Herzen tun; aber die Scham, mich auf solche Weise eines Fehlers zu bezichtigen, hemmt mich, und ich bereue meinen Fehltritt zutiefst, ohne es jedoch zu wagen, ihn wiedergutzumachen: Ein Exempel erklärt besser, was ich sagen will, und zeigt, dass ich weder aus Eigennutz noch aus Eigenliebe lüge, ja noch viel weniger aus Neid oder Boshaftigkeit: Nein, einzig aus Befangenheit und schlimmer Scham, wobei mir oft sehr wohl bewusst ist, dass derlei Lügen ~~leicht~~ als solche erkannt werden und mir zu rein gar nichts dienen.

Es ist eine Weile her, da verpflichtete mich M. Foulquier gegen meine Gewohnheit, mit meiner Frau zu einem Mittagsmahl nach Art eines Picknicks zu gehen, mit ihm und seinem Freund Benoît bei der bewirtenden Dame Vacassin, die mit ihren beiden Töchtern mit uns zusammen speiste. Mitten im Mahl erkühnte sich die Ältere, die ~~frisch~~ verheiratet ~~bösartig~~ und ~~mit geblähtem Bauch~~ schwanger war, mich unvermittelt ins Auge zu fassen und zu fragen, ob ich Kinder hätte. Ich erwiderte, bis unter die Augen errötend, dass ich nie dieses Glück hatte. Sie lächelte giftig und warf einen Blick in die Runde: All dies war nicht sonderlich dunkel, nicht einmal für mich.

Klar ist zunächst einmal: Das war nicht die Antwort, die ich hätte geben wollen, schon gar nicht, wenn ich mich mit der Absicht getragen hätte, sie auf trügerische Weise zu beeinflussen; denn angesichts der Umstände, in denen sich die ~~Gäste~~ Urheberin der Frage befand, konnte ich davon ausgehen, dass mein Nein ohnehin keinen Einfluss mehr auf ihre diesbezügliche Einstellung haben mochte. Man rechnete mit diesem Nein, ja man kitzelte es hervor, um sich voll Wonne daran zu laben, mich lügen gemacht zu haben. Ich war nicht so verkorkt, um dies nicht zu merken. ~~je größer mein Unglück, umso scheuer wurde ich, und ich habe stets nur aus Scheu gelogen~~ Zwei Minuten später kam mir ganz von selbst die Antwort, die ich hätte erteilen müssen. *Nicht gerade die feine Art für eine junge Dame, eine solche Frage an einen Mann zu richten, der als Junggeselle alt wurde.* Hätte ich so gesprochen, ich hätte, ohne zu lügen und ohne über ein Geständnis erröten zu müssen, die Lacher auf meiner Seite gehabt und ihr eine kleine Lektion erteilt, nach der sie mich nicht mehr mit solcher Impertinenz ausgehorcht hätte. Doch ich tat nichts dergleichen, ich sagte keineswegs, was es zu sagen gab, ich sagte, was man nicht sagen durfte und was mir alles andere denn dienlich war. So ist also eins gewiss, nämlich dass mir weder meine Urteilskraft noch mein Wille diese Antwort einflüsterten und dass sie dem Räderwerk meiner Befangenheit entsprungen war. Früher war mir solche Befangenheit unbekannt und ich gestand meine Fehler voll Offenheit und ohne Scham, denn ich deutelte nicht daran, dass jeder sehen könne, was mich entlastete und was ich im Innern meiner selbst durchmachte; doch das Auge der Scheelsucht trifft mich tief und wirft mich aus meiner Bahn; je größer mein Unglück, umso scheuer wurde ich, und ich habe stets nur aus Scheu gelogen.

Nie spürte ich meine naturgegebene Abneigung gegenüber der Lüge stärker als beim Verfassen meiner Bekenntnisse, denn gerade da wäre ich vielen und vehementen Versuchungen ausgesetzt gewesen, wenn ich dazu irgendeine Neigung gehabt hätte. Anstatt auch nur das Geringste zu verschweigen und zu verschleiern, was mir zur Last gelegt werden mochte, ließ ich mich aus einer Wendung meines Witzes, die mir selbst schwer erklärlich ist und vielleicht meinem Widerwillen vor jeglicher Nachäfferei anderer Menschen entspringt, vielmehr dazu hinreißen, im umgekehrten Sinn zu lügen, indem ich viel zu streng und ohne jede Nachsicht mit mir ins Gericht ging, und so versichert mich mein Gewissen, dass ich dereinst weniger streng gerichtet werde, als ich mich selbst gerichtet habe. Ja, das sage und fühle ich mit stolz erhobener Seele: Ich trieb in dieser Schrift die Gewissenhaftigkeit, die Wahrhaftigkeit, die Offenheit weit, weiter sogar, so glaube ich, als es je ein ~~Sterblicher~~ anderer Mensch getan; ahnend, dass das Gute das Böse übertrifft, lag mir daran, alles zu sagen, und ich habe alles gesagt.

Ich habe nie weniger gesagt, ich habe bisweilen mehr gesagt, nicht in puncto Fakten, aber über die Umstände, und diese ~~Folge~~ Form der Lüge war mehr der Wucht und dem Wahn meiner Einbildungskraft geschuldet als irgendeinem Willensakt. Ich tue mir Tort, wenn ich es Lüge nenne, denn keine dieser Ausschmückungen war reines Beiwerk. Als ich meine *Confessions* verfasste, da war ich schon alt und es ekelte mich vor all den nichtigen Freuden des Lebens, die ich einst gestreift und deren Leere mein Herz sehr wohl erlebt hatte. Ich schrieb sie aus dem Gedächtnis; dieses Gedächtnis ließ mich oft im Stich oder lieferte mir nur unvollkommene Erinnerungen, sodass ich die Lücken durch Einzelheiten schmückte, die ich zum Ersatz solcher Erinnerungen ausmalte, freilich ohne sie je zu verfälschen. Ich liebte es, mich über die seligen Augenblicke meines Lebens auszulassen, und schmückte sie gelegentlich mit Zierde, die mir zartes Sehnen eingab. Ich sagte Sachen, die ich vergessen hatte, gerade so, wie sie mir gewesen zu sein schienen, wie sie vielleicht auch wirklich gewesen waren, nie aber das Gegenteil dessen, woran ich mich erinnerte. Ich verlieh der Wahrheit zuweilen fremden Zauber, nie aber setzte ich an ihrer Statt die Lüge, um meine Laster zu bemänteln oder mir irgendwelche Tugend anzumaßen.

Wenn ich mich zuweilen, ohne darauf zu achten, durch eine unwillkürliche Regung im Profil abkupferte und meine missgestaltete Seite verbarg, so wurden diese Unterschlagungen durch weit wunderwürdigere Unterschlagungen aufgewogen, die mich dazu brachten, das Gute angelegentlicher zu verschweigen als das Böse. Das ist eine Eigenart meines Naturells, und jeder, der es nicht glaubt, sei entschuldigt, auch wenn es aller Unglaubwürdigkeit zum Trotz eine Tatsache ist: Ich sagte das Schlechte oft in seiner ganzen Schwärze, selten aber sagte ich das Gute in all seinem liebenswürdigen Schein, und oft verschwieg ich es gänzlich, weil es mir allzu viel Ehre gemacht und den Anschein erregt hätte, ich wolle mir beim Ablegen meiner Bekenntnisse ein Loblied singen. Ich schilderte meine jungen Jahre, ohne mich der segensreichen Vorzüge zu rühmen, mit denen mein Herz begabt war, ja ich unterdrückte Fakten, die dies allzu sehr hervorgestrichen hätten. Mir fallen gerade zwei aus meiner frühesten Kindheit ein, die mir beim Schreiben durchaus erinnerlich waren, die ich aber alle beide aus dem genannten Grund verwarf.

Ich verbrachte fast alle Sonntage in den *Paquis*-Anlagen bei M. Fazy, der eine meiner Tanten geheiratet hatte und dort eine Fabrik für *Indienne*-Stoffe besaß. Eines Tages trieb ich mich in den Trockenräumen bei der Mangel herum, wo ich ~~voll Wonne~~ die aus Blei gegossenen Walzen für die Tücher betrachtete: Ihr Glanz schmeichelte meinem Blick und führten mich in Versuchung, meine ~~Hand~~ Finger darauf zu legen und sie voll Wonne über die Trommel spazieren zu lassen, da trat der junge Fazy ins Drehrad und versetzte ihm eine Halbvierteldrehung, so umsichtig, dass nur die Spitzen meiner zwei längsten Finger erfasst wurden; doch war dies genug, damit sie am Ende gequetscht wurden und beide Nägel liegen ließen. Ich tat einen durchdringenden Schrei, Fazy wendet das Rad augenblicks, doch meine Nägel stecken schon in der Trommel fest und Blut rieselt aus all meinen Fingern. Fazy schreit entgeistert, tritt aus dem Räderwerk heraus, schließt mich in seine Arme und beschwört mich, meine Schreie zu dämpfen, sonst sei er verloren. Im Stich meines Schmerzes rührte mich der seinige, ich schloss meinen Mund, wir kamen zum Karpfenteich, wo er mir half, meine Finger zu waschen und mein Blut mit Moos abzutupfen. Er beschwor mich unter Tränen, ihn nicht anzuklagen; ich versprach es ihm und hielt mich so sehr daran, dass noch zwanzig Jahre später niemand um den Zwischenfall wusste, seit dem ich Narben an zweien meiner Fingern trage; denn sie sind nie verheilt. Ich blieb für über drei Wochen ans Bett gefesselt und war mehr als zwei Monate außerstande, mich meiner Hand zu bedienen, wobei ich stets behauptete, ein gewaltiger Stein habe mir im Fall die Finger gequetscht.

Magnanima menzogna! or quando è il vero
Si bello che si possa a te preporre?

Aufgrund der äußeren Umstände schmerzte mich dieser Unfall tief, denn es war die Zeit der Wehrübungen, als man die Bürgerschaft aufmarschieren ließ; wir hatten mit drei anderen Kindern meines Alters eine Reihe gebildet, und so sollte ich in Uniform einen Waffenzug mit der Kompanie meines Quartiers abhalten. Voll Schmerz musste ich mitanhören, wie der Trommler meiner Kompanie zusammen mit meinen drei Kameraden unter meinem Fenster vorbeizog, während ich in meinem Bett lag.

Meine andere Geschichte ist ganz ähnlich geartet, stammt aber aus einem fortgeschritteneren Alter.

Ich spielte im *Plein-palais* eine Partie Paille-Maille mit einem meiner Kameraden namens Pleince. Wir gerieten beim Spiel in Streit, wir prügelten uns und während des Kampfes versetzte er mir mit dem Schlagholz einen so trefflichen Schlag auf den blanken Schädel, dass eine stärkere Hand mir das Hirn hätte platzen lassen. Ich stürze augenblicks zu Boden. Meiner Lebtage sah ich keinen Aufruhr wie den Aufruhr dieses armen Buben, der mein Blut in mein Haar rieseln sah. Er glaubte, mich getötet zu haben. Er wirft sich auf mich, umarmt mich, drückt mich eng an sich und stieß, in Tränen zerfließend, herzzerreißende Schreie aus. Ich umarmte ihn auch nach Kräften und weinte ebenfalls, in einer wirren Gefühlswallung, die nicht ohne Schmelz war. Schließlich machte er es sich zur Pflicht, mein Blut zu stillen, das unaufhörlich floss, und als wir merkten, dass unsere beiden Schnupftücher zu diesem Behuf nicht genügten, nahm er mich zu seiner Mutter mit, die ganz in der Nähe einen kleinen Garten besaß. Um diese gute Dame wäre es beinahe geschehen gewesen, als sie mich in diesem Zustand sah. Doch sie wahrte genug Kraft, um mich zu verbinden, und nachdem sie meine Wunde gut ausgewaschen hatte, applizierte sie in Branntwein eingelegte Lilienblüten, ein vorzügliches Wundbalsam, das in unserem Land sehr gebräuchlich ist. Ihre Tränen und die ihres Sohnes drangen so tief in mein

Herz, dass ich sie lange als meine Mutter betrachtete und ihren Sohn als meinen Bruder, bis ich sie alle beide aus den Augen verlor und nach und nach vergaß.

Ich wahrte das Geheimnis um diesen Vorfall genauso wie um den andern, und es stießen mir im Verlauf meines Lebens hundert vergleichbare Sachen zu, von denen ich in meinen *Confessions* gar nicht erst zu sprechen wagte, da ich darin so wenig nach der Kunstfertigkeit strebte, das Gute, das ich in meinem Wesen fühle, hervorzukehren. Nein, wenn ich die Wahrheit, soweit sie mir bekannt ist, je verletzte, dann immer nur in nichtigen Sachen und selbst dann nur: sei es aus Verlegenheit, irgendetwas sagen zu müssen, oder aus lauter Lust am Schreiben, nie aber aus Eigennutz oder um jemand anderem Eintrag oder Abbruch zu tun. Wer immer meine *Confessions* unparteiisch liest, wenn solches je möglich sein sollte, der wird fühlen, dass die Geständnisse, die ich darin mache, weit erniedrigender, weit ~~schlimmer~~ peinsamer sind, als es das Eingeständnis von Übeltaten sein mag, die zwar viel größer, aber weniger schmachvoll sind – und wenn ich derlei nicht erwähnte, dann weil ich nichts dergleichen tat.

Aus all diesen Überlegungen folgt, dass das Bekenntnis zur Wahrhaftigkeit, das ich vor mir selbst ablegte, weit mehr auf dem Gefühl für das Aufrechte und Richtige fußt als auf realen Sachverhalten und dass ich bei all meinem Tun mehr den moralischen Weisungen meines Gewissens folgte als den abstrahierten Begriffen von Wahr und Falsch. Oft genug habe ich Fabuliertes zum Besten gegeben, selten aber gelogen. Diesen Prinzipien treu, bot ich den anderen eine Angriffsfläche, aber ich habe nie irgendjemandem

Tort getan und mir selbst nie mehr zugute gehalten, als mir zukommt. Einzig in dieser Hinsicht, so scheint mir, ist Wahrheit eine Tugend. In allen anderen Belangen gilt sie mir als metaphysisches Wesen, fernab von gut und böse.

Und doch bin ich mit meinem Herz trotz all dieser Auszeichnungen nicht so zufrieden, dass ich mich für unangreifbar halte. Wenn ich voll Sorgsicht abwäge, was ich den anderen schulde, habe ich dann auch hinlänglich geprüft, was ich mir selbst schuldig bin? Gerecht zu den anderen, wahrhaftig zu sich selbst – damit huldigt jeder ehrenwerte Mensch seiner eigenen Würde. Wenn mich die Dürre meiner Konversation zwang, in unschuldigen Fiktionen Zuflucht zu suchen, so ging ich fehl, denn man soll die anderen nicht erheitern, indem man sich selbst in den Schmutz zieht; und wenn ich, von der Lust am Schreiben hingerissen, verbürgten Tatsachen erfundene Zierde beifügte, so fehlte ich noch weit mehr, denn die Wahrheit mit Fabeln zu zieren, heißt nichts anderes, als sie zu entstellen.

Vollkommen unentschuldbar aber bin ich in Ansehung des Wahlspruchs, den ich gewählt. Dieser Wahlspruch verpflichtet mich mehr als jeden anderen Menschen zum innigsten Dienst an der Wahrheit, und es war bei Weitem nicht damit getan, dass ich bei jeder Gelegenheit meinen Eigennutz und meine Neigungen hintanstellte, ich hätte auch meine Schwäche und meine scheue Natur überwinden müssen. Es hätte Not getan, den Mut und die Kraft aufzubringen, um stets und unter allen Umständen wahr zu sein, und niemals hätte meinem Mund oder meiner Feder, die ich so sehr der Wahrheit weihte, irgendeine Fiktion oder Fabel entschlüpfen dürfen. Dies also hätte ich mir sagen müssen, als ich diesen hochfahrenden Wahlspruch fasste, und ich hätte es mir ohne Unterlass wiederholen müssen, solange ich ihn vor mir herzutragen wagte. Falschheit hat mir nie meine Lügereien eingeflüstert, sie entstammten stets meiner Schwäche, aber das ist eine schlechte Entschuldigung. Mit einer schwachen Seele mag man sich im günstigsten Fall vor dem Laster hüten, doch wäre es anmaßlich und vermessen, hohe Tugend zu versprechen.

Dies also die Gedanken, die mir vielleicht nie in den Sinn gekommen wären, hätte sie mir der Abbé Rosier nicht nahegelegt. Es ist gewiss sehr spät, sie in Anschlag zu bringen; aber es ist nie zu spät, um meinen Irrtum zu berichtigen und meinen Willen wieder ins Maß zu setzen; denn dies hängt allein von mir ab. In dieser und vielerlei anderer Hinsicht hat die Maxime von Solon in jedem Alter Gültigkeit, und es ist nie zu spät, um selbst von seinen Feinden zu lernen: weise, wahr, bescheiden zu sein und von sich selbst eine weniger hohe Meinung zu haben.

FÜNFTE TRÄUMEREI

Von allen Wohnstätten, an denen ich mich aufhielt (und darunter gab es ganz zauberhafte), hat mich keine so inniglich beglückt und mir so zartes Sehnen eingeprägt wie die St. Petersinsel mitten im Bielersee. Diese kleine Insel, die man in Neuenburg *Isle de la Motte* nennt, ist nur wenig bekannt, selbst in der Schweiz. Kein Reisender tut ihrer, soweit ich weiß, Erwähnung. Dabei ist sie sehr anmutig und gar einzigartig gelegen, um das Glück eines Mannes zu machen, der es liebt, sich auszusondern; denn wiewohl ich wohl der Einzige ~~Mensch~~ auf der Welt bin, dem sein Geschick dies zum Gesetz macht, so mag ich kaum glauben, auch der Einzige zu sein, der ein derart natürliches Bedürfnis danach verspürt – allerdings habe ich es bis anhin bei keinem andern gefunden.

Die Ufer des Bielersees sind weit wilder und romantischer als jene des Genfersees, denn die Felsen und Wälder grenzen viel enger ans Wasser; und wirken doch nicht weniger lieblich. Obwohl es zwar weniger Anpflanzungen von Feldern und Rebstöcken gibt, weniger Städte und Häuser, so gibt es dafür mehr natürliches Grün, mehr Wiesen, buschbeschattete Fluchtwinkel, Schroffes zuhauf und nah auf nah Unerhofftes. Da es an diesen seligen Gestaden keine breiten, für ~~Reisende~~ Kutschen fügliche Straßen gibt, wird der Landstrich von Reisenden nur wenig besucht; lockend aber ist er für einsam Sinnende, die sich von Herzen an den Reizen der Natur berauschen, in guter Muße, und sich in einer Stille sammeln, die nicht Regungen noch Lärm kennt, außer den Schrei der Adler, das gebrochene ~~Singen~~ Gezwitscher verschiedener Vögel und das Brausen der Bäche, die vom Berg stürzen. ~~Dieser kleine See~~ Dieses prachtreiche Becken von fast runder Form umschließt in seiner Mitte zwei kleine Inseln, die eine bewohnt und bebaut, im Umschwung etwa eine halbe Meile, die andere kleiner, verlassen und brach, ja sie wird letzten Endes vom Abhub der Erde zerstört werden, die man ohne Unterlass holt, um die ~~Verwüstungen~~ Schäden auszubessern, welche die Wellen und Stürme auf der großen anrichten. So also wird das Eigenste des Schwachen stets in den Dienst des Mächtigen gestellt.

Es gibt auf der Insel nur ein einziges Haus, groß zwar, anmutig und füglich, das dem Hospital zu Bern gehört, wie übrigens das gesamte Eiland, und daselbst logiert ein Verweser mit seiner Familie und seinem Gesinde. Er unterhält einen vielköpfigen Viehhof, ein Vogelgehege und Behältnisse für Fische. In all ihrer Winzigkeit bietet die Insel so viel Abwechslung an Erdreich und Ansichten, dass sie alle erdenklichen Ausschnitte von Landschaft bietet und jegliche Form von Anbau duldet. Man stößt auf Felder, Rebberge, Waldungen, ~~Wiesen~~ Baumgärten, fette Weiden, buschbeschattet und von allerart Gestäud gesäumt, das vom Saum des Sees frisch gehalten wird; eine hoch angelegte Terrasse, mit zwei Reihen von Bäumen bepflanzt, säumt das Eiland in seiner ganzen Länge, und in der Mitte dieser Terrasse hat man einen hübschen ~~Pavillon~~ Salon gebaut, wo sich die Bewohner der benachbarten Ufer treffen und während der Weinlese zum sonntäglichen Tanz versammeln.

Dies ist die Insel, auf die ich mich nach der Steinigung von *Môtiers* flüchtete. Ich fand den Aufenthalt so reizend und führte ein Leben, das meinem Gemüt so zupass kam, dass ich hier meine Tage beschließen wollte und nur noch eine Sorge kannte, nämlich ob man mich gewähren ließe, obwohl es doch so sehr dem Plan entgegenlief, mich nach England zu verschleppen, wie ich ersten Anzeichen entnahm. Unter solch besorgniserregenden Vorahnungen wünschte ich, man würde mir aus dieser Fluchtstätte ein ewiges Gefängnis fügen, mich hier für den Rest meines Lebens einzäunen und jeglicher Möglichkeit und Hoffnung berauben, sie zu verlassen, aber auch jeglichen Austausch mit der festen Erde untersagen, und zwar so, dass ich ganz im Ungewissen bliebe, was sich auf der Welt so tut, bis ich deren Existenz vergessen und man dortselbst auch die meinige vergessen hätte.

Man ließ mich ~~nur zwei Monate~~ kaum mehr als zwei Monate auf diesem Eiland weilen, doch hätte ich zwei Jahre, zwei Jahrhunderte auf ihm verweilen mögen, die ganze Ewigkeit sogar, ohne mich auch nur einen Augenblick zu langweilen, wiewohl ich nebst meiner Gefährtin keine andere Gesellschaft hatte als den Verweser, seine Frau und sein Gesinde, sie waren allesamt kreuzgute Menschen und weiter nichts, doch genau dies tat mir Not. Ich zähle diese beiden Monate zur seligsten Zeit meines Lebens, so selig nämlich, dass mir dies für die Dauer meines ganzen Daseins genügt, ohne in meiner Seele je das Begehren nach einem anderen Leben erstehen zu lassen.

Was aber war denn dieses Glück, und worin bestand sein Genuss? Dies mögen die Menschen dieses Jahrhunderts anhand der Schilderung des Lebens erahnen, das ich dort führte. Das kostbare *far niente* war der vordringlichste und wichtigste Genuss, den ich in seiner ganzen Süße aufzusaugen suchte, und all mein Tun während dieses Aufenthalts beschränkte sich in der Tat auf die allernotwendigsten und lustvollen Beschäftigungen eines Menschen, der sich dem Müßigen verschrieben hat.

Die Hoffnung, dass man nichts weiter verlangen würde, als mich an diesem isolierten Aufenthaltsort zu lassen, wo ich mich selbst umschlungen hielt und von wo ich unmöglich ohne fremde Hilfe und unbemerkt fort konnte, wo mir Kommunikation und Korrespondenz nur durch den Beistand der Menschen, die mich umringten, möglich war, diese Hoffnung, betone ich, erfüllte mich mit einer weiteren, nämlich: hier meine Tage weit geruhsamer zu beenden, als ich sie bislang zugebracht, und die Vorstellung, dass mir Zeit blieb, alles nach meinem Belieben zu ordnen, brachte es mit sich, dass ich gar keine Anordnungen traf. Jählings hierher geworfen, allein und nackt, ließ ich beifolgend meine Haushälterin, meine Bücher und mein Weniges an Reisegerät kommen, wobei ich es genoss, nichts auszupacken, meine Kisten und Koffer stehen zu lassen, wie sie eingetroffen waren, und in der Wohnstätte, in der ich mein Leben zu beschließen dachte, wie in einer Herberge zu leben, aus der ich anderntags abreisen sollte. All diese Umstände waren so stimmig, dass der Wunsch, sie füglicher zu arrangieren, dem Ganzen nur Abbruch getan hätte. Eine meiner höchsten Lüste lag darin, meine Bücher dauerhaft eingekoffert zu lassen und über keinerlei Schreibzeug zu verfügen. Als unselige Briefe mich zwangen, für eine Antwort zur Feder zu greifen, lieh ich murrend das Schreibzeug des Verwesers und hetzte mich, es zurückzugeben, von der trügerischen Hoffnung getrieben, es nie wieder ausleihen zu müssen. An Stelle dieser staubtrüben Papierstapel und dem ganzen Buchkram, zierte ich mein Zimmer mit Blumen und Heu; denn damals lag ich im ersten botanischen Fieber, wozu mir der Doktor d'Ivernois eine Neigung eingegeben, die sich bald schon in Leidenschaft wandelte. Von Werken voll Arbeit nichts mehr wissen wollend, verlangte es mich nur noch nach Kurzweil, mir ganz zu Gefallen und keine fernere Mühen bereitend, als sie auch ein Nichtstuer gern auf sich nimmt. Ich unternahm den Versuch einer *Flora petrinsularis* und den Beschrieb aller Pflanzen der Insel ohne auch nur eine einzige auszulassen, und zwar so sehr ins Kleinste gehend, dass es mich den Rest meiner Tage beschäftigen würde. Es heißt, ein Deutscher habe ein Buch über eine Zitronenzeste verfasst, und so würde ich eins über jedes Wiesengras machen, über jedes Waldmoos, über jede Flechte, die einen Felsen tapeziert; letztlich wollte ich kein Kraut und Halm, kein vegetabilisches Atom ohne ausführlichen Beschrieb lassen. Im Verfolg dieses schönen Entwurfs ging ich jeden Morgen nach dem Frühstück, das wir zusammen einnahmen, mit der Lupe in der Hand sowie meinem *Systema naturae* unter dem Arm, einen Bezirk der Insel erforschen, die ich zu diesem Zweck in kleine Quadrate eingeteilt hatte, in der Absicht, sie zu jeder Jahreszeit eins ums andere zu durchstreifen. Nichts ist so einzig in seiner Art wie die Verzückungen, Ekstasen, die ich bei jeder Beobachtung empfand, die ich über die vegetabilische Struktur und Bauweise anstellte, auch über das Zusammenspiel der sexuellen Glieder bei der Fruktifikation, deren System mir noch ganz und gar neu war. Die Unterscheidung der Geschlechtsmerkmale, von denen ich zuvor nicht die leiseste Ahnung hatte, verzauberte mich, sobald ich sie an gemeinen Arten überprüfen konnte und nur darauf wartete, dass ich auf seltenere stoßen würde. Die Gabelung der zwei langen Staubfäden bei der Braunelle, deren Schnellkraft bei der Brennnessel und dem Glaskraut, das Platzen der Frucht beim Springkraut und der Kapsel beim Buchsbaum, die tausenderlei Spielarten der Fruktifikation, die ich zum ersten Mal beobachtete, all dies krönte mich mit Freude, und ich ging fragend auf jeden zu, ob er die Lanzetten der Braunelle schon gesehen habe, ganz so wie La Fontaine fragte, ob man das Buch *Habakuk* gelesen hätte. Nach zwei oder drei Stunden kehrte ich beladen mit ~~magerer~~ reicher Ernte zurück, ein Vorrat voll Kurzweil für die Nachmittagszeit in der Herberge, falls Regen kommen sollte. Den Rest des Morgens verwandte ich dazu, um mit dem Verweser, seiner Frau und Thérèse die Arbeiter bei ihrer Erntelese zu besuchen, oft selbst Hand an ihr Werk anlegend, und oft auch fanden mich Berner, die mich aufsuchten, rittlings auf hohen Bäumen, mit einem Sack gegürtet, den ich mit Früchten füllte und sodann an einem Strick zur Erde hinunterließ. Die morgendliche Ertüchtigung und die gute Laune, die damit unfehlbar verbunden ist, machten mir ~~das Essen~~ die Ruhe des Essens sehr angenehm; doch wenn es sich allzu sehr in die Länge zog und mich das schöne Wetter lockte, konnte ich nicht länger warten, und während man noch bei Tisch saß, schlüpfte ich hinaus und warf mich ganz allein in ein Boot, das ich bei ruhigem Wasser in die Mitte des Sees lenkte, und alldort streckte ich mich der Länge nach ins Boot, die Augen himmelwärts, und so ließ ~~es~~ ich mich ganz nach den Launen des Wassers langsam treiben und schweifen, bisweilen mehrere Stunden, in tausenderlei Träume versunken, wirr zwar, aber herrlich, und wiewohl sie ohne genau umrissenen oder fest gefügten Gegenstand blieben, wurde ich ihrer nicht müde, und sie waren mir hundertmal lieber als alles, was ich an Süße von den sogenannten Freuden des Lebens kannte. Oft mahnte mich erst das Sinken der Sonne an die Stunde des Rückzugs, und ich fand mich so weitab von der Insel, dass ich aus Leibeskräften schuften musste, um vor Einbruch der Nacht anzukommen. Dann wieder ließ ich es mir beifallen, nicht ins offene Wasser zu verduften, sondern küstennah die grünschimmernden Gestade der Insel zu befahren, deren lichtes Wasser und kühler Schatten mich oft darauf verpflichteten, ein Bad zu nehmen. Doch eine meiner häufigsten Fahrten führte von der großen zur kleinen Insel, wo ich an Land ging und die Zeit nach dem Mittagsmahl verbrachte, bald mit eng umzirkten Schweifzügen inmitten von Saalweiden, Faulbäumen, Flohkraut, allerlei Gestäud, bald wieder pflanzte ich mich auf die Spitze eines sandigen Hügels, der von Gras überzogen war, von Thymian, Blumen, Esparsetten gar und Klee, den man vermutlich einmal gesät hatte und der ganz dazu angetan war, Kaninchen zu behausen, die sich hier in Frieden vermehren konnten, nichts fürchtend, niemandem schadend. Diese Einsicht übermittelte ich dem Verweser, der von Neuenburg männliche und weibliche Kaninchen kommen ließ, und wir gingen in vollem Pomp – seine Frau, eine ihrer Schwestern, Thérèse und ich –, um sie auf der kleinen Insel anzusiedeln, die sie noch vor meiner Abreise zu bevölkern begannen und wo sie ungezweifelt aufblühten, falls sie der Härte des Winters trotzen konnten. Die Gründung dieser kleinen Kolonie war ein Fest. Der Steuermann der Argonauten mochte nicht so stolz sein wie ich, als ich die ganze Gesellschaft mitsamt den Kaninchen im Triumph vom großen Eiland zum kleinen führte, und ich bemerkte nicht ohne Eigenstolz, dass die Verweserin, welche das Wasser über jedes Maß scheute und immer seekrank wurde, sich unter meiner Führung voll Vertrauen einschiffte und auch während der Überfahrt keinerlei Angst bezeugte.

Wenn ~~Wind und Regen~~ der aufgewühlte See mir die Schiffsreisen verwehrte, brachte ich den Nachmittag damit hin, die Insel zu durchstreifen, links und rechts herborisierend, setzte mich ~~gern an die lindesten Stellen oder auf die Terrassen~~ bald an die lindesten und einsamsten Schlupfwinkel, um dort ganz nach Gefallen herumträumen zu können, bald auf die Terrassen und Anhöhen, um mit den Augen ~~ganz nach Gefallen~~ die herrliche und entzückende Ansicht des Sees mit seinen Ufern zu durchstreifen, der auf der einen Seite von den nahen Bergen gekrönt wurde, auf der anderen aber breit ausladend in reiche und fruchtbare Ebenen auslief, wo sich der Blick bis zu den blauen, viel ferneren Bergen weitet, die ihm eine Grenze setzen.

Nahte der Abend, stieg ich von den Höhen der Insel hinunter und setzte mich gern noch ans Ufer des Sees, auf

Sandbänke in irgendeinem verborgenen Fluchtwinkel ~~und~~; dort fesselten das Geräusch der Wellen und der ~~Regungen~~ Aufruhr des Wassers meine Sinne und verjagten jeglichen anderen Aufruhr aus meiner Seele, ließen sie in köstliche Träumereien tauchen, aus denen mich oft erst die Nacht schreckte, ohne dass ich deren Nahen bemerkt hätte. Fluss und Rückfluss des Wassers, sein stetiges, aber in Abständen ansteigendes Gerausche schlug ohne Unterlass gegen mein Ohr und Auge, dies ersetzte die innerlichen, von der Träumerei bereits gedämpften Regungen und genügte, um mich mein Dasein voll Freude spüren zu lassen, jeglicher Mühsal des Denkens enthoben. Von Zeit zu Zeit zeigte sich ein schattenhafter und kurzer Gedanke über den Unbestand aller ~~menschlicher~~ weltlicher Angelegenheiten, wovon mir die Oberfläche des Wassers ein Abbild bot; doch bald schwanden diese flüchtigen Eindrücke im Einerlei der stetigen ~~Empfindung~~ Bewegung, die mich ~~beherrschte~~ wiegte und mich, ohne weiteren tätigen Beistand meiner Seele, unermüdlich in ihre Bande schlug, so sehr allerdings, dass ich mich beim Ruf der Stunde und des vereinbarten Zeichens nicht ohne Anstrengung von dort losreißen konnte.

Nach dem Abendbrot, wenn der Abend noch schön war, gingen wir alle zusammen auf eine Runde Spaziererei über die Terrasse, um die Luft des Sees und die Kühle zu atmen. Im Pavillon ruhten wir, man lachte, schwatzte, sang dies und jenes ~~wackere~~ alte Lied, das die modernen Ziereien leicht aufwog, und legte sich schließlich schlafen, zufrieden mit dem Tag und nichts für den folgenden wünschend als alles so noch einmal.

Auf diese Weise, unter Weglassung unvorhergesehener und lästiger Besuche, brachte ich meine Zeit auf dieser Insel während des Aufenthalts zu, den ich dort machte. Nun möge man mir sagen, was denn daran derart anziehend sein mochte, um in meinem Herzen so heftiges, so zartes und so dauerhaftes Sehnen zu erregen, dass ich, nach fünfzehn Jahren noch, unmöglich an diese geliebte Wohnstätte denken kann, ohne mich jedes Mal vom Sog des Begehrens fortgerissen zu fühlen.

Während der Wechselfälle eines langen Lebens musste ich ~~zu mehreren Malen~~ feststellen, dass es nicht die Zeiten der süßesten Vergnügen und heftigsten Freuden waren, deren Erinnerung mich am stärksten fesselt und rührt. Diese kurzen Momente von Sinnenwahn und Leidenschaft, so heftig sie auch sein mochten, sie bleiben, gerade aufgrund ihrer Heftigkeit, stets nur deutlich verteilte Punkte auf der Linie des Lebens. Sie sind allzu selten und allzu sausend, um Beständigkeit zu erzeugen, doch jenes Glück, dem mein Herz nachtrauert, ist nicht aus flüchtigen Augenblicken zusammengesetzt, sondern ein schlichter und dauerhafter Zustand, der keinerlei Heftigkeit in sich trägt, sondern eine Dauerhaftigkeit, die den Zauber so weitet, dass man darin endlich höchste Seligkeit findet.

Alles auf Erden ist in einem beständigen Fluss: Nichts wahrt eine festgefügte und bleibende Form, und unsere Gefühlsregungen, die sich an äußerliche Dinge heften, wechseln naturnotwendig mit ihnen und gehen vorüber. Sie jagen stets vor oder hinter uns her, sie erinnern an eine Vergangenheit, die nicht mehr ist, oder greifen einer Zukunft vor, die oft nicht mehr eintreten kann: darin liegt nichts ~~Dauerhaftes~~ Festes, an das sich das Herz heften kann. Und so bleibt uns hienieden kaum anderes als Freuden, die vergehen; dauerhaftes Glück aber, da bezweifle ich, dass es uns bekannt sei. Selbst in unseren heftigsten Lüsten gibt es kaum einen Augenblick, in dem uns das Herz aufrichtig sagen kann: *Ich wünschte, dieser Augenblick würde immerdar dauern*; und wie will man jenen flüchtigen Zustand denn Glück heißen, der unser Herz rasend und leer zurücklässt, der uns etwas zuvor ersehnen oder aber etwas danach begehren lässt?

Doch wofern es einen Zustand gibt, wo die Seele einen gut geerdeten Halt findet, um sich richtig auszuruhen und ihr ganzes Wesen zu sammeln, ohne dass sie an Vergangenes denken oder in die Zukunft springen muss; wo ihr die Zeit nichts mehr gilt, wo stets Gegenwart herrscht, ohne jeden Merkstein solcher Dauer und ohne jede Spur einer Abfolge, aber auch ohne jedes Gefühl von Mangel oder Wonne, von Freud oder Leid, ~~noch~~ von Wunsch oder Angst, außer um unser Dasein selbst, das ganz von diesem Gefühl ausgefüllt wird; solange dieser Zustand währt, kann sich jener, der darin schwelgt, als glücklich bezeichnen, nicht im Sinne jenes unerfüllten und armseligen Glücks des eifernden Vergleichens, wie man es in den Freuden des Lebens finden mag, sondern ein sich selbst genügendes Glück, voll und rund, das in der Seele keine Lücke lässt, die zu füllen ist. Dies ist der Zustand, in dem ich mich ~~manchmal~~ so manches Mal auf der St. Petersinsel während meiner Träumereien befunden habe, sei es in mein Boot gebettet, das ich vom Willen des Wassers treiben ließ, sei es am Gestade des aufgewühlten Sees sitzend, sei es anderswo am Ufer eines prächtigen Baches oder ~~nah von~~ eines Rinnsals, das murmelnd über Kies rieselte.

Woran ergötzt man sich in solchen Situationen? An nichts, was uns äußerlich ist, an nichts außer an uns selbst und an unserem eigenen Dasein, denn solange dieser Zustand währt, genügt man sich selbst wie Gott. Das Gefühl des Daseins erspart uns jedes Getue und ist ~~also~~ an und für sich ein kostbares Gefühl der Zufriedenheit und der Ruhe, das allein genügt, um uns dieses Dasein süß und teuer zu machen, falls man alle sinnlichen und irdischen Eindrücke fern von sich halten kann, die uns ohne Unterlass ablenken und unsere Süße hienieden trüben. Doch die meisten Menschen, unablässig von Leidenschaften umgetrieben, haben diesen Zustand kaum je erlebt, und da sie ihn nur für flüchtige Augenblicke und auf unvollkommene Weise genossen haben, tragen sie einen dunklen und wirren Eindruck davon, ohne je den wahren Zauber zu spüren. Und angesichts des gegenwärtigen Laufs der Dinge wäre es auch gar nicht gut für sie, wenn sie, in Gier nach solch süßen Ekstasen, ihres tätigen Lebens überdrüssig würden, das ihnen von ihren stets neu erstehenden Bedürfnissen zur Pflicht gemacht wird. Doch ein Unglücklicher, den man von der menschlichen Gemeinschaft abgeschnitten hat und der hienieden nichts Nützliches mehr und nichts Gutes für sich oder für die anderen tun kann, der mag in diesem Zustand für alles sonstige menschliche Glück einen tröstenden Ersatz finden, den ihm die Menschen und Fortuna nicht mehr rauben können.

Wahr aber ist auch, dass dieser Trost nicht allen Seelen und nicht in allen Situationen zugänglich ist. Das Herz muss ganz Friede sein, und keine Leidenschaft darf diese Ruhe stören. Es braucht eine bestimmte Stimmung, wenn man dies genießen will; und den Beistand der uns umgebenden Dinge. Es braucht weder vollkommene Ruhe, noch allzu viel Aufruhr, sondern eine einförmige und gemäßigte Gemütslage, die weder Erschütterungen noch Unterbrüche~~n zuträglich ist~~ kennt. Ohne Regung ist das Leben reine Lethargie. Ist die Regung ungleichmäßig oder allzu heftig, weckt sie uns auf; und wenn sie uns in die äußeren Umstände schreckt, zerstört sie den Zauber der Träumerei und reißt uns aus unserer Innerlichkeit, um uns augenblicks unter das Joch der Menschen und der Fortuna zu beugen und uns ~~alles spüren zu lassen~~ das Gefühl unseres Unglücks spüren zu lassen. Vollkommene Stille aber treibt zu Trauer. Sie bietet ein Bild des Todes. Dann braucht es den Beistand der heiteren Vorstellungskraft, und darauf dürfen von Natur aus all jene zählen, die in der Gunst des Himmels stehen. Die Gemütsregung kommt nicht von außen, sie entsteht in unserem Inneren. Die Ruhe ist dann nicht mehr vollkommen, wohl wahr, aber es ruht sich weit anmutiger, wenn flüchtige und süße Vorstellungen, ohne die Tiefe der Seele aufzuwühlen, gleichsam über die Oberfläche hinwegstreifen. Und zwar nur gerade so, dass man zu sich selbst gerufen wird und all sein Leid vergisst. Diese Art Träumerei kann man überall machen, wo es ruhig ist, und ich habe oft gedacht, dass ich in der Bastille und in einem Kerker, wo kein Ding an meine Augen rührt, durchaus auf anmutige Weise hätte träumen mögen.

Doch will ich nicht in Abrede stellen, dass dies weit besser und weit anmutiger auf einer wild wuchernden und einsamen ~~lind lächelnden~~ Insel gelang, die auf natürliche Weise umzirkt und vom Rest der Welt abgetrennt ist, wo sich mir nur lind lächelnde Bilder boten, wo mich nichts an betrübliche Erinnerungen gemahnte, wo die Gesellschaft der geringen Zahl von Bewohnern süß und bindend war, ohne mein ganzes Interesse zu fesseln; wo ich endlich den ganzen lieben Tag ohne Hemmnis noch Sorgen irgendwelchen Sachen nachgehen konnte, die nach meinem Geschmack sind, oder auch nur in Nichtstuerei schwelgen. Gewiss eine günstige Gelegenheit für einen Träumer, der es versteht ~~und liebt~~, sich sogar noch inmitten der unerfreulichsten Umstände an anmutigen Truggebilden zu erfreuen, und so konnte er sich nach Gefallen an allem sattsehen, was seine Sinne rührt, und alles auf sich einströmen lassen. Aus einer langen und sanften Träumerei erwachend, ganz von Grün umringt, von Blumen, von Vögeln auch, die Augen fernab über romangemahnende Gestade irren zu lassen, die eine weite Fläche von klarem und kristallinem Wasser säumten, so ließ ich all diese lieblichen Sachen mit meinen Phantasiegebilden verschmelzen, und endlich kam ich, nach und nach, zu mir selbst und sah all das, was mich umringte, ohne einen Merkstein zwischen Phantasie und Wirklichkeit setzen zu können; so sehr also trug alles ~~was mich umgab~~ seinen Teil dazu bei, dass mir das eingezogene und solitäre Leben, das ich an dieser prächtigen Stätte führte, derart teuer wurde. Weshalb kann dies nie mehr wiederkehren? Weshalb kann ich meine Tage nicht auf dieser herzlieben Insel beschließen, ohne sie jemals wieder zu verlassen und ohne je irgendeinen Bewohner des Festlandes auf ihr anzutreffen, der mir all das Elend in Erinnerung ruft, mit dem man mich seit so manchen Jahren zu strafen beliebt? Ich hätte sie bald schon vergessen; sie aber werden mich nicht so leicht vergessen, doch seis drum, solange ihnen jeglicher Zugang verwehrt bleibt, um meine Ruhe zu stören! Aller irdischen Leidenschaften ledig, die dem Tumultuarischen des gesellschaftlichen Lebens entspringen, schwänge sich meine Seele wieder und wieder über diesen Dunst und würde, leicht verfrüht, mit den himmlischen Vernunftwesen verkehren, deren Zahl sie schon bald zu mehren hofft. Die Menschen werden sich, wie ich wohl weiß, hüten, mir ein so süßes Asyl einzuräumen, schließlich ließen sie mich damals nicht lange dort bleiben. Doch gleichwohl können sie es nicht verhindern, dass ich mich Tag für Tag auf den Flügeln der Phantasie dorthin verfüge und für ein paar Stunden in solcher Wonne schwelge, als wohnte ich nach wie vor an jenem Ort. Das Süßeste aber, was ich dort tun könnte, wäre es, nach Gefallen zu träumen. Träume ich aber davon, dort zu weilen, mache ich nicht das gleiche. Ich mache weit mehr; dem Zauber einer abstrahierten und eintönigen Träumerei füge ich selbsttätig jene zauberhaften Bilder bei, von denen sie beseelt wird. Diese Dinge entgingen meinen Sinnen während meiner Ekstasen noch und noch, doch jetzt: Je tiefer meine Träumerei ist, umso anschaulicher malt sie mir all dies aus. Oft nämlich fühle ich mich von ihnen weit mehr umfangen, weit wohliger umringt, als damals, als ich wirklich dort weilte. Unseligerweise aber braucht es, je mehr die Einbildungskraft erlahmt, immer mehr Anstrengungen, um all dies zu erwecken; und schnell schon schwindet es wieder. Ach, wenn man langsam seine Hülle abstreift, verdichtet sich der Nebel mehr und mehr!

SECHSTE TRÄUMEREI

Wir kennen keine maschinenmäßigen Regungen, deren Ursache nicht in unserem Herzen zu finden wäre, wenn wir uns nur darauf verstünden, sie dortselbst zu suchen.

Gestern tat ich, über den neuen Boulevard kommend, um entlang der *Bièvre* gegen *Gentilli* hin zu herborisieren, kurz vor dem Schlagbaum *d'Enfer* einen Abstecher nach rechts, und ~~ich~~ indem ich in die Landschaft hinausschweifte, ging ich daran, auf der Straße nach *Fontainebleau* die Hügel zu ersteigen, die diesen kleinen Bach säumen. Dieser Weg war an sich völlig belanglos, doch als mir in den Sinn fiel, wie ich zu mehreren Malen nach Maschinen Art den gleichen Umweg getan, suchte ich den Grund dafür in meinem Innern und vermochte ein Lachen nicht zu unterdrücken, als ich ihn entdeckt hatte.

~~An~~ In einem Winkel des Boulevards beim Ausgang hinter dem Schlagbaum *d'Enfer* richtet sich an sommerlichen Tagen stets eine Frau ein, die Früchte verkauft, Gerstensaft und kleine Brote. Diese Frau hat einen kleinen Buben, äußerst freundlich, allerdings hinkend, und so klappert er mit seinen Krücken im Kreis und bettelt, durchaus mit Anmut, die Passanten um Almosen an. Ich hatte mit dem wackeren Kerl eine Art Bekanntschaft geknüpft; wann immer ich vorbeikam, verfehlte er es nicht ein einziges Mal, mir ein kleines Kompliment zu machen, stets beantwortet von meiner kleinen Gabe. Die ersten Male war ich bezaubert, ihn zu sehen, gab ihm aus ganzem Herzen, und so ging es eine Weile weiter, stets mit der nämlichen Freude, zumal sie mit der Wonne verbunden war, sein kleines Gebabbel zu erregen und zu hören, das mir ganz angenehm war. Diese Freude, nach und nach zur Gewohnheit geworden, wandelte sich, ich weiß nicht wie, in eine Art Pflicht, die mich ~~schließlich~~ bald schon hemmte; namentlich aufgrund der ~~kleinen~~ vorgängigen Ansprache, die ich mir anhören musste und in der er es nie verabsäumte, mich zu mehreren Malen mit M. Rousseau anzureden, zum deutlichen Zeichen, dass er mich gut kannte, was mir eher in umgekehrter Weise zeigte, dass er mich ~~überhaupt nicht~~ genauso wenig kannte wie jene, die ihm dies beigebracht hatten. Von da an ging ich nicht mehr so gern dort vorbei, und schließlich nahm ich nach Maschinen Art die Gewohnheit an, in den meisten Fällen einen Umweg einzuschlagen, wenn ich mich diesem Querholz näherte.

Das wärs auch schon, was ich herausfand, indem ich darüber nachdachte: Nichts von alldem aber hatte sich meinem Denken jemals deutlich offenbart. Diese Betrachtung rief mir beifolgend eine Reihe weiterer Beobachtungen in den Sinn, die mich in der Ansicht bestärkten, dass mir die wahren und grundlegenden Antriebe der meisten meiner Handlungen gar nicht so bewusst sind, wie ich es mir lang vorgespiegelt habe. Zwar weiß und fühle ich: Gutes tun ist das höchste Glück, das ein menschliches Herz kosten kann; doch seit Langem schon rückte dieses Glück aus meiner Griffweite, und in einer derart elendiglichen Lage wie der meinigen gibt es kaum Hoffnung, in freier Wahl und mit Gewinn auch nur eine einzige wirklich gute Tat ins Werk zu setzen. Am meisten Mühe verwandten jene, die ~~über mich verfügen~~ mein Geschick lenken, darauf: dass mir Jegliches nur noch als falscher und trügerischer Schein erscheint, ja jedes tugendhafte Ansinnen wird zu einem ~~Ansinnen~~ Lockaas, das man auslegt, um mich in jene Falle zu locken, in die ich tappen soll. Ich weiß das; ich weiß, das einzige Gut, das in ~~meinem Vermögen~~ meiner Reichweite liegt, erschöpft sich darin, mich jeglichen Handelns zu enthalten, aus Angst, Böses zu wirken, ohne es zu wollen und ohne es zu wissen.

Doch gab es seligere Zeiten, als ich den Regungen meines Herzens folgen durfte und zuweilen ein anderes Herz zufrieden machte, und ich ~~stelle~~ schulde mir das ehrenhafte Zeugnis, dass ich diese Freude ~~alle~~ jedes Mal, wenn ich sie kosten durfte, weit süßer fand als alle anderen. Diese Neigung war stark, wahr, rein, und nichts vermochte sie in meinem geheimsten Inneren je anzufechten. Gleichwohl fühlte ich oft das Gewicht meiner eigenen Guttaten in Form einer Kette von Pflichten, die sie nach sich zogen: alsdann verflüchtigte sich die Freude, und ich fand im Fortsorgen der nämlichen Gefälligkeiten, die mich zunächst bezaubert hatten, nur noch eine nahezu unerträgliche Last. Während der kurzen Blütezeiten von Wohlstand wandten sich so manche Menschen an mich, nie aber wurde auch nur ein einziger Dienst, den ich ihnen leistete, später vergolten. Überdem führten diese ersten guten Taten, die voll Herzensergießung geschahen, zu einer Verkettung von Pflichten, die ich nicht vorhergesehen hatte und deren Joch ich nicht mehr abschütteln konnte. Meine ersten Dienste waren in den Augen derer, die in ihren Genuss gekommen waren, lediglich die Fährte für alle folgenden; und sobald mich irgendein armer Kerl dank einer guten Tat, die er empfangen hatte, am Haken hatte, ergab sich alles weitere von selbst, denn aus dieser ersten freien und freiwilligen Wohltat leitete sich ein unbeschränkter Anspruch auf all jene ab, die er in der Folge nötig haben mochte, wobei nicht einmal meine eigene ohnmächtige Armut genügte, mich davon zu befreien. So also verwandelten sich süße Seligkeiten in eine Abfolge schwer lastender Unterjochungen.

Diese Ketten indes ~~waren~~ schienen mir nicht sonderlich schwer, solange ich, von der Öffentlichkeit ignoriert, im Verborgenen lebte. Doch sowie meine Person durch meine Schriften plakatiert wurde – ein schwerer Fehler, gewiss, doch habe ich dafür mit meinem Missgeschick genug gebüßt –, da wurde ich zu einer allgemeinen Armenstube für alle Notleidenden oder Scheinbedürftigen, für alle Glücksritter, die einen Trottel suchten, für alle, die mich auf die eine oder andere Weise unter dem Vorwand des fetten Kredits kapern wollten, den sie mir unterstellten. Da erst hatte ich Anlass zur Erkenntnis: sobald man Neigungen der Natur, die Wohltätigkeit nicht ausgenommen, in der Gesellschaft wahllos und ohne Vorsicht ausführt und auslebt, wandelt sich ihr Wesen, und nicht selten werden sie ebenso schädlich, wie sie im ursprünglichen Sinn nützlich waren. Harte Erfahrungen sonder Zahl verwandelten nach und nach meine ursprünglichen Veranlagungen, mit anderen Worten, sie zügelten sie zu guter Letzt in ihre wahren Grenzen und lehrten mich, meine Neigung, Gutes zu tun, weniger blind zu befolgen, wo sie nur dazu dient, die Boshaftigkeit der anderen zu begünstigen.

Doch reuen mich ebendiese Erfahrungen kaum, denn sie haben mir durch Nachdenken neue Lichter über mich selbst aufgesteckt – und auch über die wahren Gründe meines Tuns unter tausenderlei Umständen, die mich oft genug täuschten. Ich sah ein: Um voll Freude Gutes zu tun, musste ich frei handeln, ohne jeden Zwang, und es genügte schon, dass eine gute Tat für mich zur Pflicht wurde, um mich all ihres Schmelzes zu berauben. Dann nämlich machte mir das Gewicht der Verpflichtung selbst die süßesten Wonnen zur Last, und wie ich, wenn es mir recht ist, in *Émile* sagte: Bei den Türken würde ich schlecht zum Ehemann taugen, da er von öffentlichen Ausrufern aufgefordert wird, die Pflichten seines Standes zu erfüllen.

Dies also modifiziert die Meinung, die ich lange Zeit von meiner eigenen Tugendhaftigkeit hatte, beträchtlich; denn Tugend heißt nicht, seinem Trieb nachzugeben und die Wonne der Wohltätigkeit zu genießen, falls er uns dazu bestimmt. Sie besteht vielmehr darin, ihn zu unterdrücken, wenn dies die Pflicht befiehlt, und nur das zu tun, was uns die Pflicht vorschreibt, und genau das vermochte ich weniger als irgendein anderer Mensch auf dieser Erde. Von Geburt gut und empfindsam, das Mitleid bis zur Charakterschwäche treibend, fühle ich, wie sich meine Seele erhebt, sobald etwas an Großmut gemahnt, und solange man ausschließlich an mein Herz appellierte, war ich menschlich, wohltätig, hilfreich, und zwar aus Neigung, Leidenschaft; hätte ich mehr Kraft und Stärke gehabt, ich wäre der beste und nachsichtigste aller Menschen geworden, denn mir hätte allein schon die Möglichkeit zu Rache genügt, um keine Rachegelüst zu fühlen. Ich hätte selbst gegen mein eigenes Wohl Gerechtigkeit geübt; aber gegen das Wohl von Menschen, die mir lieb sind, das hätte ich nie vermocht. Lagen meine Pflicht und mein Herz im Zwist, trug ersteres nur selten den Sieg davon, außer wenn es damit getan war, nichts zu tun; dann blieb ich meistens stark, aber gegen meine Neigung tätig zu handeln, das blieb mir stets versagt. Seien es die Menschen, seien es Pflicht oder gar Notwendigkeit, die den Befehl geben – wenn mein Herz schweigt, bleibt mein Wille taub, und ich kann nicht mehr gehorchen. Sehe ich ein Übel, das mir droht, dann lasse ich es eher ~~kommen~~ geschehen, als dass ich tätig würde, um ihm zuvorzukommen. Manchmal überwinde ich mich zu einem ersten Schritt, aber das laugt mich schon aus und lässt mich rasch ermatten; ich könnte unmöglich weitermachen. In jeder erdenklichen Hinsicht gilt: Sobald ich etwas nicht aus Freude mache, kann ich es ~~für immer~~ bald ganz bleiben lassen.

Mehr noch: Geht mit meinem Wunsch ein Zwang einher, genügt dies schon, um ihn auszulöschen und in Aberwille zu verwandeln, in Ekel gar, sobald der Zwang allzu stark wird, und so wird mir ein gutes Werk zur Qual, sobald es gefordert wird, wiewohl ich es von mir aus täte, wenn man mich nicht dazu auffordern würde. Eine ganz und gar willkürliche Guttat gehört gewiss zu jenen Werken, die ich liebend gern tue. Aber wenn der Nutznießer daraus einen Anspruch ableitet und unter Androhung seines Hasses weitere Wohltaten erheischt, wenn er mir ~~eine Pflicht~~ das Gesetz vorschreibt, auf immer sein Wohltäter zu bleiben, nur weil ich ~~einmal~~ einstmals ein Vergnügen daran fand, dann hebt die Hemmnis an und jegliche Freude erstirbt.

Wenn ich nachgebe, dann tue ich es nur aus Schwäche und Scham, aber es ist ~~dann~~ keinerlei guter Wille mehr dabei, und statt mir selbst Beifall zu spenden, werfe ich mir in meinem Gewissen vor, widerherzig Gutes zu tun.

Ich weiß, dass es eine Art Vertrag gibt, und zwar den allerheiligsten: zwischen dem Wohltäter und dem Nutznießer. Es ist dies eine Art Gemeinschaft, die sie wechselseitig bilden, eine weit engere als jene, die die Menschen gemeinhin verbindet, und während sich der Nutznießer im Stillen zu Dank verpflichtet, so verpflichtet sich in gleicher Weise der Wohltäter dazu, dem andern, solange er sich dessen nicht unwürdig erweist, jenen guten Willen zu wahren, den er ihm gerade bezeigt hat, und seine Tat, so oft er es kann und er darum gebeten wird, zu erneuern. Dies nun sind keine expliziten Bedingungen, aber es sind naturgegebene Folgen der ~~Bindung~~ Beziehung, die sich zwischen ihnen eingestellt hat. Wer beim ersten Mal eine freiherzige Hilfe verweigert, um die man ihn gebeten hat, gibt demjenigen, dem er sie verweigert hat, keinerlei Recht, sich zu beklagen; wer aber in einem ~~genau~~ gleich gelagerten Fall jemandem die selbe Gnadentat verweigert, die er ihm vordem gewährt hat, frustriert eine Hoffnung, zu der er selbst Anlass gegeben hat; er täuscht und narrt eine Erwartung, die er selbst hat keimen lassen. Man fühlt bei solcher Weigerung ich weiß nicht was für Unrecht und mehr Härte als im anderen Fall; und doch entspringt sie lediglich einem Unabhängigkeitsgefühl, an dem unser Herz hängt und das niemand ohne Überwindung aufgibt. Wenn ich eine Schuld zahle, so ist dies eine Pflicht, die ich erfülle; ~~aber~~ wenn ich eine Gabe spende, so ist dies eine

Freude, die ich mir selbst gebe. Nun, seine Pflichten zu erfüllen, gehört zu jenen Freuden, die erst der Gewöhnung an Tugend ~~entspringt~~ entwächst: Jene, die uns unmittelbar von der Natur gegeben sind, stehen nie so hoch.

~~Unterrichtet~~ Nach so vielen betrüblichen Erlebnissen lernte ich den Konsequenzen meiner ersten Regungen zuvorzukommen, und ich habe mich oft einer guten Tat enthalten, zu der ich Lust und freie Hand hatte, aus Schreck über die Unterjochung, der ich nach solch unbedachter Huldigung ausgeliefert gewesen wäre. Diese Furcht habe ich nicht von jeher ~~gebilligt~~ gefühlt, gegenteils: In meiner Jugend band ich mich durch eigene Wohltaten an andere und habe oft erlebt, dass die, die ich mir verpflichtete, mehr aus Dank denn aus Eigennutz eine Zuneigung zu mir fassten. Aber die Dinge haben sich in dieser wie in so manch anderer Hinsicht gewandelt, seit mein Missgeschick seinen Lauf nahm. Ich lebe seither unter einer neuen Generation, die in nichts der ersten glich, und meine eigenen Gefühle für die anderen litten unter dem Wandel, den ich in den ihren spürte. Dieselben Leute, die ich beifolgend unter ~~der einen und anderen~~ zwei so unterschiedlichen Generationen erlebte, haben sich, so zu sagen, beifolgend ~~allen beiden~~ der einen und dann der anderen angeglichen.

{Kreuzweise durchgestrichen, zweimal rot und einmal mit Bleistift, und zwischen rote Klammern gesetzt:} [So kam es, dass der Comte des Charmettes, für den ich so zarte Achtung hatte und der mich so aufrichtig liebte, ~~nun zu~~ ein~~em~~ Handlanger der Choiseulschen Hinterlisten ~~geworden~~ ist. So auch wurde der gute Abbé Palais, einst

mein Nutznießer und mein wackerer Freund und in seiner Jugend ein anständiger Kerl, zu einem Verräter und Falschling in Bezug auf mich.]

{Am linken Rand der Seite beigefügt, senkrecht geschrieben und kreuzweise durchgestrichen:} So auch der Abbé de Binis, den ich in Venedig zum Untersekretär hatte und der mir stets Anhänglichkeit und Achtung bezeigte, die ihm mein Verhalten naturnotwendig einflößen musste: Indem er zugunsten seines eigenen Wohls Wortwahl und Haltung wechselte, vermochte er zu Lasten seines Gewissens und der Wahrheit prächtige Kirchenpfründe herauszuschlagen. Sogar Moultu hat von Weiß zu Schwarz gewechselt. So wahr und frank sie einst waren, hielten sie es wie die andern und wurden, was sie wurden. *{Ende der Beifügungen}*

Und weil die Zeiten sich änderten, änderten sich die Menschen mit ihnen. ~~Wie könnte ich~~ Eh! wie könnte ich für sie die früheren Gefühle hegen, wo ich in ihnen auf das Gegenteil dessen treffe, was sie mir einst eingaben. Ich hasse sie keineswegs, weil ~~mein Herz für sie~~ ich nicht hassen kann; aber der Verachtung, die sie verdienen, kann ich mich nicht erwehren, noch davon abstehen, sie ihnen zu bezeugen.

Vielleicht habe ich mich, ohne es selbst zu merken, stärker verändert, als Not getan hätte. Welches Naturell vermöchte, ohne Wandlung, einer Lage wie der meinigen zu widerstehen? Durch zwanzig Jahre Erfahrung bin ich zur Überzeugung gelangt: Mein Geschick und jene Gesellen, die darüber verfügen, um mir oder anderen zu schaden, beides hat alle beglückenden Anlagen, die die Natur meinem Herz einpflanzte, in ihr Gegenteil gewendet, und so kann ich ein gutes Werk, zu dem man mir Hand bietet, nur noch als Falle betrachten, die man mir stellt und unter der Böses verborgen ist. Ich weiß wohl, unbesehen der Folgen meines Tuns steht mir das Verdienst meiner guten Absicht zu. Ja, dieses Verdienst steht außer Zweifel, aber der innerliche Zauber ist verflogen, und sobald mir dieser Anreiz fehlt, fühle ich im Inneren meiner selbst nur noch Gleichgültigkeit und Kälte, und da ich davon ausgehen kann, dass ich statt einer wirklich nützlichen Tat nur noch eine Trottelei begehe, flößt mir das Missfallen meiner Eigenliebe im Verbund mit der Missbilligung durch meine Vernunft nur noch Aberwille und Widerstand ein, wo ich in meinem naturgegebenen Zustand voll Feuer und Eifer gewesen wäre.

Es gibt widrige Umstände, die die Seele erheben und stärken, aber es gibt auch solche, die sie ermatten und abtöten; so wie jene, denen ich zum Opfer fiel. Hätte ein wenig schlimme Hefe in der meinigen gelegen, hätte sie sie über alle Maßen zum Gären gebracht und mich in Raserei versetzt; so aber machte sie mich null und nichtig. Außerstande, Gutes zu wirken, weder für mich selbst noch für andere, entsage ich allem Handeln; und diese Untätigkeit ist nur deshalb bar jeder Schuld, weil sie mir aufgezwungen wird, und so lässt sie mich eine Art süße Lust daraus schöpfen, mich voll und ganz meinen natürlichen Neigungen zu überlassen, ohne jeden Vorwurf. Gewiss, ich gehe dabei etwas gar weit, denn ich meide Situationen, in denen ich handeln müsste, selbst da, wo ich nur Gutes tun könnte. Doch in der Überzeugung, dass man mich die Dinge nicht so sehen lässt, wie sie sind, enthalte ich mich jeglichen

Urteils über die Scheingestalt, die man ihnen verleiht, und mit welchem Lockaas man die Motive zum Handeln auch immer kaschieren mag, es reicht vollkommen, dass ich auf ein Motiv zum Handeln stoße, um zu wissen, dass es durch und durch trügerisch ist.

Mein Geschick scheint mir schon in meiner Kindheit die erste Falle gestellt zu haben, weshalb ich so leichtgläubig in alle weiteren getappt bin. Von Geburt aus bin ich der zutraulichste Mensch der Welt, und während voller vierzig Jahre hat mich dieses Zutrauen nicht ein einziges Mal betrogen. Doch als ich, auf einen Schlag, in eine andere Ordnung der Dinge und Menschen fiel, geriet ich in tausend Hinterhalte, ohne auch nur einen einzigen erahnt zu haben, und zwanzig Jahre Erfahrung reichten kaum hin, um mich über mein Los aufzuklären. Sobald ich davon durchdrungen war, dass in allen grimassierenden Darbietungen, die man aufführte, nichts als Trug und Falschheit liegt, kippte ich rasch ins andere Extrem: denn wenn man erst einmal sein Naturell abgelegt hat, kennt man keine Zügel mehr. Von da an fasste ich Ekel zu allen Menschen, und da es mein Wille in dieser Hinsicht durchaus mit dem ihrigen aufnehmen kann, hält er mich fern von ihnen, viel ferner als es all ihre Maschinerien vermögen.

Doch so schlimm sie es auch treiben: Dieser Ekel weitet sich nie zu Feindschaft. Bedenke ich die Abhängigkeit, in die sie sich begaben, um mich in der ihrigen zu halten, habe ich aufrichtig Mitleid mit ihnen. Wofern ich unglücklich bin, sind sie es auch, und jedes Mal, wenn ich in mich gehe, kann ich sie ~~wirklich~~ immer nur beklagen. Vielleicht mischt sich in solches Urteil mein Eigenstolz, denn ich fühle mich allzu sehr über sie erhaben, um sie zu hassen. Sie mögen in mir Verachtung erregen, nie aber Hass: denn letztlich liebe ich mich selbst viel zu sehr, als dass ich je jemanden hassen wollte. Dies hieße mein Sein zu würgen und einzuschnüren, ich aber möchte es vielmehr über das ganze Universum ergießen.

Lieber fliehe ich sie, als dass ich sie hasse. Ihr Anblick versetzt meine Sinne in Aufruhr, und die wiederum hauchen meinem Herz Empfindungen ein, die mir ~~die Erinnerung an~~ tausend grause Blicke schwer erträglich machen; aber dieses Unbehagen schwindet, sobald das Gegenüber, das der Auslöser war, nicht mehr da ist. In ihrer Gegenwart bekümmere ich mich um sie, wenn auch gegen meinen Willen, nie aber im Rückblick. Sobald ich sie nicht mehr vor Augen habe, ist mir, als gäbe es sie gar nicht.

In Bezug auf mich selbst sind sie mir einerlei; ihre Beziehungen untereinander aber rühren und reizen mich wie die Figuren eines Dramas, das vor meinen Augen aufgeführt wird. Denn mein sittliches Wesen müsste schon zernichtet sein, damit mir Gerechtigkeit einerlei wäre. Das Schaustück von Ungerechtigkeit und Bosheit lässt mein Blut noch immer vor Zorn wallen; Taten der Tugend, in denen ich nicht Schelmenschein noch Prahlsucht sehe, lassen mich ~~nach wie vor~~ noch immer vor Freude erzittern und entlocken mir nach wie vor süße Tränen. Hierzu aber muss ich sie selbst sehen und würdigen; denn nach meinen eigenen Erlebnissen müsste ich von Sinnen sein, um das Urteil der Menschen in irgendwelchen Belangen zu übernehmen und ~~nichts~~ irgendetwas auf Treu anderer Leute zu glauben.

Wären mein Antlitz und meine Züge den Menschen so vollkommen unbekannt, wie es meine Wesensart und mein Naturell sind, dann ~~könnte~~ würde ich noch immer ~~voll Freude~~ ohne Pein unter ihnen leben. Ihre Gesellschaft würde mir sehr wohl gefallen, solange ich ihnen ganz fremd bliebe. Ohne Hemmnis meinen natürlichen Neigungen frönend, würde ich sie selbst dann lieben, wenn sie sich in keiner Weise um mich bekümmerten. Ich würde sie mit universellem und vollkommen uneigennützigem Wohlwollen beschenken: doch ohne je persönliche Bande zu flechten und ohne je das Joch einer Pflichtschuld zu tragen, würde ich ihnen gegenüber frei und ungezwungen all das tun, was ihnen selbst so schwerfällt, da sie von Eigenliebe ~~gelenkt~~ angestachelt und zugleich von all ihren Gesetzen gehemmt werden.

Wäre ich frei geblieben, schattenhaft, abgesondert, und genau dazu war ich ja geschaffen, dann hätte ich nur Gutes gewirkt: denn meinem Herz wohnt kein Keim irgendeiner schädlichen Leidenschaft inne. Wäre ich unsichtbar und allmächtig wie Gott gewesen, ich wäre wohltätig und gut wie er geblieben. Stärke und Freiheit formen die vorzüglichsten Menschen. Schwäche und Sklaverei haben immer nur Böslinge geschaffen. Wäre ich im Besitz vom Ring des Gyges, so hätte er mich aus der Abhängigkeit von Menschen befreit und sie der meinen anheim gegeben. Oft genug habe ich mich, in meinen spanischen Dörfern, gefragt, welchen Gebrauch ich von diesem Ring gemacht hätte; denn im Herzen der Macht liegt die Versuchung des Missbrauchs so nah. Herrisch all meine Gelüste befriedigend und alles vermögend, ohne durch irgendjemanden getäuscht zu werden, was hätte ich da gewollt – und mit welchen Folgen? Dies eine nur: alle Herzen glücklich zu sehen. Allein der Anblick öffentlicher Seligkeit hätte mein Herz mit nachhaltiger Rührung erfüllt, und der glühende Wunsch, meinen Teil dazu beizutragen, wäre meine beständigste Leidenschaft geworden. Stets gerecht ohne Parteilichkeit und stets gut ohne Schwäche, hätte ich mich in gleicher Weise vor blindem Misstrauen und unerbittlichem Hass bewahrt; denn ich hätte die Menschen so gesehen, wie sie wirklich sind, hätte ohne Mühe in der Tiefe ihres Herzens lesen können und wohl wenige so liebenswert gefunden, dass sie mein volles Mitgefühl verdient hätten, wenige aber auch so verabscheuenswert, dass sie all meinen Hass verdient hätten; selbst ihre Boshaftigkeit hätte mir Anlass gegeben, sie zu beklagen, dies aufgrund des gesicherten Wissens um das Böse, das sie sich selbst zufügen, indem sie es anderen zuzufügen versuchen. Vielleicht hätte mich, in Momenten von Fröhlichkeit, der kindische Mut angeflogen, ab und an ein paar Wunder zu wirken, freilich vollkommen selbstlos und nur nach Maßgabe meiner natürlichen Veranlagungen: So wären auf ein paar strenge Strafakte aus Gerechtigkeit tausend Taten voll Milde und Güte gekommen. Als Messdiener der Vorsehung und Verkünder ihrer Gesetze hätte ich, im Rahmen meiner Macht, weit weisere und nützlichere Wunder gewirkt als jene aus der *Legenda Aurea* oder am Grab von *Saint Médard*.

In einem einzigen Punkt nur hätte mich die Fähigkeit, unsichtbar in jeden Raum einzudringen, vielleicht Versuchungen ausgesetzt, denen ich schlecht widerstanden hätte, und wer weiß, wohin mich diese Wege der Abirrung getrieben hätten, wenn ich erst einmal auf ihnen gewandelt wäre? Dies hieße die Natur und mich selbst recht schlecht kennen, wenn ich mich rühmen wollte, solcherlei Befähigungen hätten mich in keiner Weise verlockt oder die Vernunft hätte mich von dieser Irrbahn abgehalten. In allen anderen Punkten kann ich für mich bürgen, in diesem allein wäre es um mich geschehen gewesen. Wer durch Machtfülle hoch über den Menschen steht, muss auch über die Schwächen der Menschheit erhaben sein, widrigenfalls würde dieses Übermaß an Gewalt in Tat und Wahrheit nur dazu führen, dass er einen tiefen Fall unter die anderen täte; tiefer auch, als wenn er einfach einer der ihren geblieben wäre.

Alles in allem glaube ich, dass ich besser daran getan hätte, meinen magischen Ring von mir zu werfen, ehe er mich zu irgendwelchen Torheiten verleitet hätte. Da sich die Menschen darauf versteifen, mich anders zu sehen, als ich bin, und da mein bloßer Anblick ihre Ungerechtigkeit entfacht, muss ich, um ihnen diesen Anblick zu ersparen, vor ihnen fliehen und nicht in ihrer Mitte in Verfinsterung verschwinden. Es ist an ihnen, ~~ihre Ränke vor mir zu verbergen~~ sich vor mir zu verbergen, das Tageslicht zu scheuen, sich in die Erde zu bohren wie Maulwürfe. Sollen sie mich ruhig sehen, wenn sie es vermögen, herrlich!, aber leider ist ihnen das verwehrt; sie werden an meiner Statt immer nur den J.J. sehen, den sie sich zusammengezimmert und ihrem Herz gemäß ausgestattet haben, um ihn nach Gefallen hassen zu können. Ich täte also Fehl daran, mich um die Art und Weise zu bekümmern, wie sie mich sehen: Ich darf daran gar nicht wirklich Anstoß nehmen, denn es bin ohnehin nicht ich, den sie da sehen.

Aus all diesen Überlegungen kann ich nur den einen Schluss ziehen: Ich war nie wirklich geschaffen für die bürgerliche Gesellschaft, wo alles nur Hemmnis ist, Verpflichtung, Schuld, und wo mir mein unabhängiges Naturell von Anfang an die Bücklinge untersagte, die nötig sind, wenn man unter Menschen leben will. Solange ich freie Hand habe, bin ich gut und tue nur Gutes; aber sobald ich das Joch fühle, sei es das der Notwendigkeit oder das der Menschen, werde ich rebellisch oder besser: bockig. Und schon bin ich null und nichtig. Wenn es gilt, etwas zu tun, was gegen meinen Willen geht, dann tu ichs nicht, gleichviel was geschieht; ich tue nicht einmal, was meinem Willen entspricht, weil ich zu schwach bin. Ich enthalte mich jeglichen Handelns: denn meine Schwäche ist Handeln, meine ganze Kraft ist Negation, und all meine Sünden entspringen der Unterlassung, und selten einem Anlass. Ich war nie der Ansicht, die Freiheit des Menschen bestünde darin, zu tun, was er will, sondern lediglich darin, nie tun zu müssen, was er nicht will; so also sieht jene Freiheit aus, auf die ich stets pochte, mir oft herausnahm, und gerade dadurch erregte ich unter meinen Zeitgenossen solches Ärgernis. Denn sie, rege wie sie sind, rastlos, ehrsüchtig, die Freiheit der anderen für Nichts achtend und auf jede eigene Freiheit gern verzichtend, solange sie ab und an ihren Willen durchsetzen oder denjenigen der anderen ~~einsetzen~~ zwingen können, sie also hüten sich ihr Leben lang vor missfälligen Handlungen, werden aber ganz unterwürfig, wenn sie dadurch herrschen können. Es war nicht ihr Verfehlen, mich von der Gesellschaft auszusondern wie ein taubes Glied, sondern mich aus ihr zu verbannen wie ein ~~gefährliches~~ ansteckendes Glied: Denn ich habe, das gebe ich gern zu, wenig Gutes getan, Böses aber, solches schlich sich nie in meinen Lebenswille, und ich bezweifle sehr, dass es irgendeinen Menschen auf Erden gibt, der in Tat und Wirklichkeit so wenig Böses getan hat wie ich.

SIEBTE TRÄUMEREI

Die Blumenlese meiner langen Träume hat kaum begonnen, schon spüre ich, dass sie ihrem Ende zugeht. Eine andere Kurzweil hat sie abgelöst, verschlingt mich und raubt mir die Zeit zum Träumen. Ich fröne ihr mit einer Gierschlündigkeit, die ans Ausschweifende grenzt und mich selbst lachen macht, wenn ich daran denke; und doch gebe ich mich ihr ohne Vorbehalt hin, denn in meiner gegenwärtigen Lage kenne ich keinen anderen Leitfaden meines Handelns, als in allen Belangen meinem Trieb zu folgen, ohne jede Unterdrückung. Ich bin für mein Schicksal nicht verantwortlich, ich habe lediglich unschuldige Neigungen, und da für mich das Urteil der Menschen nichtig geworden ist, will die Klugheit, dass ich, soweit es in meiner Macht steht, nur noch tue, was mir gefällt, sei es öffentlich, sei es ganz für mich, ohne jede andere Regel als meine Phantasie und ohne anderes Maß als mein Weniges an Kraft, das mir geblieben ist. Und so also habe ich nur noch mein Heu zur Nahrung ~~da mir diese Nahrung liegt~~, und die Botanik zum Zeitvertreib. Alt schon war ich, als ich die erste Firnis in der Schweiz an der Seite des Doktor d'Ivernois erhielt, und ich habe während meiner Reisen mit recht glücklicher Hand herborisiert, um eine ~~recht~~ leidliche Kenntnis des Pflanzenreichs zu sammeln. Doch seit ich die Sechzig überschritten habe und in Paris ansässig geworden bin, schwinden meine Kräfte für ausgedehnte Herborisierungen, und da ich überdem mit meinem Kopieren von Musiknoten genug beschäftigt bin und keinen anderen Zeitvertreib mehr brauche, gab ich diese Kurzweil auf, da sie mir keine Notwendigkeit mehr war; ich habe mein Herbarium ~~verkauft~~ abgegeben, habe meine Bücher verkauft, und zu meinem Glück genügten mir die gemeinen Pflanzen, die ich zuweilen auf meinen Spaziergängen rund um Paris fand. ~~Während~~ In der Zwischenzeit ist das Wenige, was ich wusste, fast vollständig aus meinem Gedächtnis entschwunden, und zwar schneller als es sich dort eingeprägt hatte.

Und auf einen Schlag im Alter von mehr als ~~sechs~~fünfundsechzig Jahren, und des geringen Gedächtnisses beraubt, über das ich verfügte, aber auch der Kräfte, die mir blieben, um durch die Landschaft zu laufen, ohne Führer, ohne Bücher, ohne Garten, ohne Herbarium, da stehe ich nun und bin wieder von diesem Wahn befallen, aber noch viel fiebriger als beim ersten Mal; da sitze ich nun und bin ernsthaft mit dem weisen Projekt befasst, das *Regnum vegetabile* von Murray auswendig ins Herz zu brennen und alle bekannten Pflanzen auf Erden zu kennen. Da ich nicht mehr im Stande bin, botanische Bücher zu erwerben, habe ich es mir zur Pflicht gemacht, all jene, die man mir leiht, abzuschreiben, und bin entschlossen, ein weit reicheres Herbarium anzulegen als das erste, und bis ich dereinst alle Pflanzen des Meeres und der Alpen sowie alle Bäume aus dem Land Indien darin abgelegt habe, beginne ich ganz billig mit Gauchheil, dem Kerbel, dem Borretsch und dem Grindkraut; ich herborisiere ganz gelehrt im Käfig meiner Vögel, und bei jedem neuen Halm, den ich finde, sage ich mir voll Befriedigung: schon wieder ein Pflänzchen mehr.

Ich suche keine Rechtfertigung für den Entschluss, dieser Phantasie zu frönen; ich finde sie sehr vernünftig und denke, dass es in meiner jetzigen Lage geradezu von hoher Weisheit zeugt, wenn ich aller Kurzweil, die mich lockt, nachgebe, ja sogar von hoher Tugend: Es ist dies ein Mittel, um in meinem Herzen kein Gären von Hass oder Rache zuzulassen; und um unter meinem Unstern an einer Ablenkung Gefallen zu finden, muss man in der Tat über ein Gemüt verfügen, das aller jähzornigen Leidenschaft ledig ist. So räche ich mich an meinen Peinigern auf meine Weise, ich könnte sie nicht härter strafen, als ihnen zum Trotz glücklich zu sein.

Ja, ohne Zweifel, die Vernunft erlaubt, ja befiehlt mir, mich jeder Neigung, die mich lockt, hinzugeben, falls mich nichts daran hindert, ihr Folge zu leisten; nicht aber lehrt sie mich, weshalb mich gerade diese Neigung lockt und welchen Reiz man in einem eitlen Studium finden mag, das man ohne Nutzen, ohne Fortschritt betreibt, mehr noch: in Altersalbernheit, gebrechlich und schwerfällig, ohne leichte Auffassungsgabe, ohne Gedächtnis, so gleicht mein Unterfangen dem Tasten der Jugend und den Lektionen eines Schülers. Nun, dies ist die Narretei, die ich erläutern möchte; mir scheint, dass eine treffliche Erklärung auch ein neues Licht auf die Erkenntnis meiner selbst werfen könnte, deren Gewinnung ich meine letzten Stunden der Muße widme.

Früher habe ich zuweilen recht tief gedacht; doch selten mit Freude, fast immer gegen meinen Willen und wie unter Zwang: die Träumerei erquickt und erheitert mich, die Reflexion betrübt und ermüdet mich; denken war mir immer ein peinsames Geschäft ohne jeden Zauber. Zuweilen münden meine Träumereien in eine Meditation, und noch öfter münden meine Meditationen in eine Träumerei, und im Verlauf dieser Abschweifungen irrt und schwebt meine Seele auf den Flügeln der Phantasie durchs Weltall, in Ekstasen, die jede andere Wollust übersteigen.

Solange ich sie in all ihrer Reinheit genoss, blieb mir jeder andere Zeitvertreib läppisch. Doch sowie ich durch fremden Anstoß die literarische Laufbahn eingeschlagen hatte, fühlte ich die Müdigkeit der Geistesarbeit und das Ungemach einer unseligen Berühmtheit, und ich fühlte zugleich, wie meine süßen Träumereien lau und matt wurden, und da ich bald schon gezwungen war, mich wider meinen Willen mit meiner betrüblichen Situation abzugeben, fand ich nur selten zu diesen kostbaren Ekstasen zurück, die mir während fünfzig Jahren zum Ersatz von Reichtum und Ruhm dienten, denn sie haben mich, ohne weiteren Aufwand als denjenigen meiner Zeit, in aller Müßiggängerei zum glücklichsten aller Sterblichen gemacht.

Es stand während meiner Träumereien gar zu befürchten, dass meine Einbildungskraft, durch mein Missgeschick in Schreck versetzt, ihre Tätigkeit zu schlechter Letzt ganz in diese Richtung lenken würde und dass mir das ständige Empfinden von Pein nach und nach das Herz zuschnüren und mich schließlich unter dieser Last begraben würde. In diesem Zustand ließ mich ein Instinkt, der bei mir naturgegeben ist, alle betrüblichen Vorstellungen fliehen, er zwang meine Einbildungskraft zum Schweigen und richtete meine Aufmerksamkeit auf all die Dinge, die mich umgaben, sodass ich zum ersten Mal das Schaustück der

Natur in allen Einzelheiten erkundete und nicht länger als eine einzige Massenansammlung wahrnahm.

Bäume, Buschwerk, Pflanzen sind Schmuck und Kleid der Erde. Nichts ist so traurig wie der Anblick einer nackten und kahlen Landschaft, die den Augen nichts als Steine bietet, Schlick und Schlamm. Doch von der Natur durchpulst und in deren Hochzeitsrobe gekleidet, inmitten vom Geriesel des Wassers und dem Gesang der Vögel, bietet die Erde den Menschen im harmonischen Zusammenspiel ihrer drei Reiche ein Schaustück voll Lebensfülle, Faszination und Zauber, das einzige Schaustück der Welt, dessen ihre Augen und ihr Herz nie überdrüssig werden.

Je empfindsamer die Seele des Betrachters, umso mehr gibt er sich den Ekstasen hin, die diese Eintracht in ihm ~~hervorruft~~ erregt. Eine süße und tiefe Träumerei bemächtigt sich alsdann seiner Sinne und er verliert sich, herrlich taumelnd, in der unermesslichen Weite dieses schönen Systems, mit dem er sich eins fühlt. Nach und nach verwischen alle Einzelheiten; er sieht und fühlt nur noch das Ganze. Dann muss schon irgendein besonderer Umstand seine Ideen kanalisieren und seine Einbildungskraft umzirken, damit er dieses Universum, das er in einer Umarmung zu umfassen sucht, wieder Teil um Teil betrachtet.

Und so geschah mir von Natur aus, wenn mein von Kummer umklammertes Herz alle Regungen sammelte und um sich scharte, um die verbleibende Wärme zu wahren, die sich schon im nächsten Augenblick unter der Niedergeschlagenheit, in die ich nach und nach verfiel, verflüchtigte und aushauchte. Abwesend irrte ich durch Wald und Berge, wagte keinen Gedanken, aus Angst, meine

Schmerzen wieder anzufachen. Meine Einbildungskraft, die sich den peinsamen Gegenständen verschloss, ließ meine Sinne in flüchtigen, aber süßen Eindrücken schwelgen, die ihr die Umgebung vermittelte. Meine Augen wanderten ohne Unterlass vom einen zum nächsten, wobei sie in dieser unzähligen Vielfalt zwangsläufig auf etwas stoßen würden, was sie mehr fesseln und länger in Bann schlagen würde als anderes.

Ich fand Gefallen an diesem Augentrost, der den Unglücklichen erholt, erheitert, den Geist ablenkt und das Gefühl von Pein verscheucht. Die Natur der Dinge trägt viel zu dieser Zerstreuung bei und verleiht ihr noch lockendere Züge. Die lieblichen Düfte, die lebhaften Farben, die höchst eleganten Formen scheinen im Wettstreit um unsere Aufmerksamkeit zu buhlen. Es genügt, dass man für Freuden empfänglich ist, um sich den ach so süßen ~~Eindrücken~~ Empfindungen hinzugeben, und wofern sich solche Wirkung nicht bei allen Betrachtern zeigt, dann liegt das bei den einen am Mangel naturgegebener Empfindsamkeit und bei den meisten daran, dass ihr Geist viel zu sehr von anderweitigen Fragen in Beschlag genommen wird und sich den Gegenständen, die seine Sinne kitzeln, letztlich entzieht.

Ein Weiteres wendet die Aufmerksamkeit der Leute von Geist vom Reich der Pflanzen ab; und zwar die Gewohnheit, in den Pflanzen lediglich Arznei und Heilmittel zu suchen. Theophrast fasste dies freilich ganz anders auf, und ~~so~~ man kann diesen Philosophen mit Fug als einzig wahren Botaniker der Antike betrachten: auch ist er bei uns nur wenig bekannt; doch dank eines gewissen Dioscurides, einem großen Sammler von Rezepturen, sowie dank ~~all~~ seiner Kommentatoren hat sich die Medizin der naturreinen Pflanzen in einer Weise bemächtigt, dass man in ihnen nur noch das sieht, was gar nicht zu sehen ist, nämlich die vorgebliche Heilkraft, die ihnen diese und jene zuzuschreiben belieben. Man ahnt nicht einmal mehr, dass die vegetabilische Ordnung an sich irgendeine Aufmerksamkeit verdienen könnte; Leute, die ihr Leben damit zubringen, auf gelehrte Weise Muscheln zu klassifizieren, ~~finden das Studium~~ spotten über die Botanik als überflüssiges Studium, wenn man ihr nicht, wie sie sagen, das Studium der Heilkräfte beigesellt, mit anderen Worten: Man soll sich ~~vom Studium~~ von der Beobachtung der Natur, die nie lügt und uns nicht in diese Richtung leitet, abwenden, um sich einzig der Autorität der Menschen zu widmen, die Lügner sind und uns allerlei Sachen weismachen, die man ~~einzig~~ ihnen aufs Wort glauben soll, wobei sie sich ~~einzig~~ zumeist auch nur auf die Autorität anderer stützen. Verweilt auf einer buntschimmernden Wiese und ~~betrachtet~~ beobachtet die Blumen, die sie leuchten lassen, eine nach der andern, dann hält euch jeder, der eurem Tun zuschaut, für einen Apothekergesellen ~~und wenn ihr einer Schäferin einen Jungfernkranz bringt, werden sie darin nichts anderes erblicken, als Kräuter für Einläufe~~ und wird nach ~~Rezepturen~~ Kräutern fragen, um die Krätze beschnittener Kinder, die Galle der Menschen oder den Rotz von Pferden zu heilen. Dieses ekle Vorurteil wurde in anderen Ländern, namentlich in England, dank Linnaeus widerlegt, der die Botanik ein wenig aus dem Griff der pharmazeutischen Kunst befreit und der Naturgeschichte sowie dem Ackerbau zugeführt hat; in Frankreich aber ist dieses Studium nicht wirklich zu den weltgewandten Menschen vorgedrungen, und man ist noch so sehr Barbar, dass ein Schöngeist aus Paris beim Anblick eines Gartens in London, den ein Forscher mit Bäumen und seltenen Gewächsen bepflanzt hat, höchstens dies zum Lob ~~fände~~ anstimmte: *Ach, was für ein prächtiges Apotheker-Gärtchen.* In dieser Hinsicht war der erste Apotheker: Adam. Denn man kann sich wohl kaum einen Garten vorstellen, der mit Pflanzen besser bestückt war als derjenige von Eden.

Diese medizinal angehauchten Assoziationen sind nicht eben dazu angetan, das Studium der Botanik unter einem günstigen Licht erscheinen zu lassen, denn sie ziehen den Schmelz der Wiesen in den Schmutz, den Glanz der Blumen auch, sie lassen die Frische der Gebüsche ausdorren, machen alles Grün und allen Schatten schal und ekel; all diese schmeichelnden und huldvollen Gebilde erregen kaum das Interesse von jemandem, der all das lediglich im Mörser zerstampfen will, und man sucht besser keinen Jungfernkranz für eine Schäferin zwischen Kräutern für Einläufe.

Und doch vermochte die Pharmazeutik meine ländlichen Bilder nicht zu beschmutzen, nichts war mir so fern wie Kräutertee und Wundpflaster. Gewiss ging mir bei der eingehenden Betrachtung der Felder, Baumgärten, Wälder und ihrer vielfältigen Bewohner durch den Kopf, dass das Reich der Pflanzen eine Vorratskammer ist, die die Natur den Menschen und Tieren schenkt. Nie aber wäre es mir in den Sinn gekommen, darin nach Arzneien und Heilmitteln zu suchen. Nichts weist in ihren verschiedenen Hervorbringungen auf einen solchen Gebrauch hin, und sie hätte uns gewiss Merkzeichen gesetzt, wie sie es bei den Nahrungsmitteln getan hat. Und so fühle ich deutlich, dass sich die Freude am Durchstreifen der Gebüsche durch Gedanken an menschliche Gebrechlichkeit vergiftet sähe, sobald ich an Fieber, Nierenstein, Gicht und Fallsucht erinnert würde. Andererseits will ich die hohe Heilkraft, die man den Pflanzen zuschreibt, gar nicht in Abrede stellen; ich will nur sagen, wenn man ihnen wahre Heilkraft zuschreibt, so wäre es von den Kranken Frevelei, weiterhin krank zu sein; denn unter allen Krankheiten, die die Menschen ~~auf sich ziehen~~ befallen, gibt es keine einzige, die man durch zwanzig Kräutersorten nicht an der Wurzel heilen könnte.

Diese Denkungsart reduziert immer alles auf unser materielles Wohl und lässt uns in allen Belangen nur Profit und Heilmittel suchen, sodass man die Natur voll Gleichgültigkeit betrachten würde, wenn man stets gesund wäre; solches blieb mir fremd. Ich fühle mich in diesem Punkt im Widerstrich zu allen anderen Menschen: alles was mit der Not meiner Bedürfnisse zusammenhängt, betrübt mich und schwärzt meine Gedanken, und nie noch fand ich wahren Zauber im Spiel des Geistes, außer wenn ich das Wohl meines Körpers aus dem Blick verliere. Selbst wenn ich an die Medizin glaubte und mir ihre Hilfsmittel eine Wohltat wären, ich zöge aus der Beschäftigung mit ihr nie solche Wonnen wie aus der reinen und interesselosen Kontemplation, und meine Seele würde nie ins Hohe fliegen und über der Natur schweben, solange ich sie an den Fäden meines Körpers hängen fühlte. Ein Wort noch:

Wiewohl ich nie viel Vertrauen in die Medizin setzte, setzte ich es in die Mediziner, die ich schätzte, ja liebte; ich überließ mein Gerippe ganz ihren Anleitungen. Fünfzehn Jahre Erfahrung machten mich aus Schaden klug; jetzt, wo ich nur noch unter den Gesetzen der Natur stehe, habe ich wieder zu meiner ursprünglichen Gesundheit gefunden. Denn müsste man nicht höchlich über den Hass der Ärzte staunen, wenn ich sie nicht so bloßgestellt hätte? Ich bin der lebende Beweis für die Eitelkeit ihrer Kunst und die Nichtsnutzigkeit ihrer Pflege.

Nein, nichts Persönliches, nichts, was mit dem Wohl meines Körpers zusammenhängt, wird meine Seele je wirklich beschäftigen. Ich sinne, ich träume nie so süß, wie wenn ich mich selbst vergesse. Ich fühle Ekstasen, namenlose Verzückungen, wenn ich, so zu sagen, mit dem System aller Lebewesen verschmelze, wenn ich mit der ganzen Natur eins werde. Früher, als die Menschen noch meine Brüder waren, da malte ich mir Bilder voll Erdenglück aus; diese Projekte gingen immer aufs Ganze, nur das Wohlergehen aller hätte mich glücklich gemacht, und die Vorstellung von privatem Glück wandelte mein Herz erst an, als ich sah, wie meine Brüder ihr Glück darin suchten, mich unglücklich zu machen. Um sie nicht zu hassen, musste ich sie fliehen; dann suchte ich in den Armen unserer Allmutter Zuflucht vor den Übergriffen ihrer Kinder, ich wurde ein Einzelgänger oder, wie sie sagen, ungesellig und misanthropisch, denn wilde Einsamkeit schien mir der Gesellschaft böser Menschen vorzuziehen, die sich nur an Verrat und Hass laben.

Bei allem Druck, mich des Denkens zu enthalten, da ich Angst hatte, wider Willen an mein Missgeschick denken zu müssen: bei allem Druck, die Überbleibsel meiner lächelnden, aber erlahmten Einbildungskraft zu zügeln, die von so vielen Befürchtungen höchstens in Schreck versetzt werden mochte; bei allem Druck, die Menschen, die mich mit Schimpf und Schmach überhäuften, zu vergessen, da ich Angst hatte, all die Schmach würde mich gegen sie erbittern, konnte ich doch nicht immer in mir selbst kreisen, denn meine überquellende Seele will trotz allem ihr fühlendes Sein auf andere Wesen ausdehnen, aber ich kann mich nicht mehr wie früher kopfüber in die ozeanische Weite der Natur stürzen, da meine schwache, ausgeleierte Auffassungsgabe nicht mehr genug klar umrissene, gut verankerte Gegenstände vorfindet, um sich nachhaltig an sie zu binden, und so fühle ich nicht mehr genug Kraft in mir, um im Chaos meiner früheren Ekstasen zu schwimmen. Meine Gedanken sind eigentlich nur noch Fühlen, und der Wirkkreis meines Verstandes reicht nicht über die Gegenstände hinaus, die in meiner unmittelbaren Nähe liegen.

Auf der Flucht vor den Menschen, auf der Suche nach Einsiedelei, will ich mir nichts mehr vorstellen, will schon gar nicht mehr nachdenken, und gleichwohl, mit einem lebhaften Temperament begabt, das mich vom fühllosen Schmachten der Melancholie bewahrt, regte sich wieder mein Interesse an allem, was mich umgab, und neigte, aus durch und durch natürlichem Trieb, dem Anmutigen zu. Dem Reich der Mineralien fehlt es aber an anziehender Lieblichkeit; seine Reichtümer sind im Schoß der Erde verborgen und scheinen den Blicken der Menschen entzogen, damit ihre Gier nicht in Versuchung geführt wird.

Sie warten dort wie ein Vorrat, der eines Tages jenen wahren Reichtümern zum Ersatz dienen mag, die nicht länger verfügbar sind und an denen der Mensch, mehr und mehr korrumpiert, jeglichen Geschmack verlieren wird. Dann wird er die quälende Arbeit der Industrie gegen sein Elend zu Hilfe zu rufen; in den Eingeweiden der Erde wühlend, sucht er, unter Gefahr seines Lebens und unter Aufopferung seiner Gesundheit, in ihrem Inneren nach imaginären Gütern, statt nach jenen greifbaren Gütern Ausschau zu halten, die sie ihm von sich aus anbot, solange er es verstand, sie zu genießen. Er flüchtet die Sonne und den Tag, weil er ihrer nicht mehr würdig ist; er begräbt sich lebendigen Leibes und tut gut daran, da er es nicht mehr verdient, im Licht des Tages zu leben. Nichts nun außer Steinbrüchen, Felsklüften, Schmelzwerken, Hochöfen, einer Apparatur aus Hammer und Amboss, Rauch und fauchender Flamme, dies löst die lieblichen Bilder seines ländlichen Tuns ab. Ausgezehrte Gesichter von elenden Menschen, die zwischen den fauligen Schwaden der Gruben schmachten, schwarze Schmiede, hässliche Zyklopen sind das Schauerstück, das die Maschinerie der Minen im Schoß der Erde an die Stelle von Grün und Blumen setzt, von azurnem Himmel, verliebten Schäfern und gestählten Ackersleuten auf ihrer Oberfläche.

Wenig Mühe macht es, das gebe ich gerne zu, Sand und Gesteine zu ramassieren, Taschen und Kabinett damit vollzustopfen, um sich so den Anschein eines Naturforschers zu geben: Aber all jene, die sich mit solcherlei Kollektionen beschäftigen und begnügen, sind für gewöhnlich nichts als reiche Ignoranten, denen es nur um die Lust am Aufprunken geht. Um aus dem Studium der Steine irgendeinen Nutzen zu ziehen, müsste man schon Chemiker und Naturkundler sein; man muss peinsame und kostspielige Experimente anstellen, in Laboratorien schwitzen, viel Geld aufwerfen und auch Zeit, zwischen Kohle, Schmelzöfen, Tiegeln und Retorten, zwischen stickigen Dämpfen, stetsfort sein Leben aufs Spiel setzend und oft genug seine Gesundheit höhlend. Aus all diesem trüben und ermüdenden Treiben resultiert für gewöhnlich statt Erkenntnis nur Eigenstolz, und selbst der mittelmäßigste Chemiker glaubt noch, er sei in die großen Wirkwalzen der Natur eingedrungen, wenn er durch Zufall auf ein paar kümmerliche Kombinationen ihrer Abläufe gestoßen ist.

Das Reich der Tiere ist uns viel näher und lohnt weit mehr unser Forschen. Doch gleichwohl, birgt dieses Studium nicht auch Schwierigkeiten, Hindernisse, Anekelndes und Mühe? Namentlich für einen Einzelgänger, der weder in seinen Spielen noch in seinen Arbeiten auf den Beistand irgendeines Menschen hoffen darf. Wie wollte ich die Vögel in den Lüften, die Fische im Wasser, Vierfüßler leichter als der Wind und stärker als der Mensch, wie wollte ich all dies beobachten, sezieren, untersuchen und kennen, wo sie genauso wenig Neigung zeigen, sich meinen Forschungen auszuliefern, wie ich, ihnen hinterherzulaufen, um sie mit Gewalt niederzuzwingen? Zum Bestand blieben mir also nur Schnecken, Würmer, ~~Schnaken~~ Mücken, und ich brächte mein Leben damit zu, außer Atem zu kommen und Schmetterlingen nachzujagen, arme Insekten aufzustapeln, Mäuse zu zergliedern, wenn ich denn eine fange, oder Aas, wenn ich aus Zufall auf ein totes Tier stoße. Ohne Kenntnis der Anatomie ist dieses Studium hinfällig; durch sie allein lernt man die Klassifikation und das Unterscheiden von Gattungen und Arten. Wollte man ihre Sitten studieren, ihre Wesensart, müsste man über Vogelhäuser verfügen, über Teichanlagen, Menagerien; man müsste sie auf irgendeine Weise dazu zwingen, sich in meiner Nähe zu versammeln. Ich habe aber weder Lust noch Geld, um sie in Gefangenschaft zu halten, noch die nötige Wendigkeit, ihnen auf ihren Fährten zu folgen, wenn sie in Freiheit sind. Man müsste sie also tot untersuchen, sie zerteilen, entbeinen, nach Gefallen in ihren zuckenden Eingeweiden wühlen! Aber ach, was für eine grässliche Zurüstung ist doch ein anatomisches Amphitheatrum, voll stinkender Kadaver, schmierigem und schleimigem Fleisch, voll Blut, eklen Eingeweiden, ~~hässlichen Gebilden~~ grässlichen Gerippen, pestilenzialischen Dämpfen! An solchen Orten, da gebe ich mein Wort, wird J.J. keine Kurzweil suchen.

~~Lächelnde~~ Funkelnde Blumen, Schmelz der Wiesen, kühle Schatten, Flussgeriesel, Büsche, grüne Flächen, eilt herbei! und reinigt meine Einbildungskraft, die von all diesen hässlichen Gebilden besudelt ist. Meine Seele ist allen großen Aufwallungen gegenüber wie abgestorben und nur noch für sinnliche Gegenstände empfänglich; ich habe nur noch Gefühle, sie allein sind noch in der Lage, mich hienieden mit Wonne oder Weh zu erfüllen. Von lieblichen Gebilden angezogen, die mich umgeben, versenke ich mich in sie, betrachte sie, vergleiche sie, lerne schließlich, sie zu klassifizieren, und schon bin ich hinreichend Botaniker, um im Studium der Natur immer neue Gründe zu finden, sie zu lieben.

Ich will kein Gelehrter werden: zu spät. Und ich habe ohnehin nie erlebt, dass hohe Wissenschaft zum Lebensglück beigetragen hätte. Aber ich versuche mir süße und schlichte Kurzweil zu verschaffen, die ich ohne Mühe genießen kann und die mich von meinem Missgeschick ablenkt. Ich muss nicht Kosten noch Mühen auf mich nehmen, um lässig von Kraut zu Kraut zu irren, von Pflanze zu Pflanze, um sie zu untersuchen, ihre verschiedenen Wesensarten zu vergleichen, ihre Ähnlichkeiten und ihre Unterschiede herauszumerken und so schließlich die vegetabilische Ordnung zu beobachten, ihren Gang und das Zusammenspiel ihrer lebenden Maschinen zu verfolgen und ab und zu mit ein bisschen Glück eines ihrer Grundgesetze zu erkennen, den Grund und Zweck ihrer vielfältigen Strukturen, und mich dem Zauber des Staunens hinzugeben, im Dank ganz jener Hand verbunden, die mich all dies genießen lässt.

Es scheint, die Pflanzen seien in Überfülle über die Erde gestreut wie die Sterne über die Himmel, um den Menschen durch den Reiz von Freude und Neubegierde zum Studium der Natur zu verführen; aber die Gestirne sind weit von uns in den Himmel gesetzt; man muss über vorgängige Kenntnisse verfügen, über Instrumentarien, Maschinen, über unendlich lange Leitern, um sie zu erreichen und in unsere Reichweite zu bringen. Die Pflanzen sind dies von Natur aus. Sie sprießen unter unseren Füßen, ja sie wurzeln, so zu sagen, in unseren Händen, und wenn die Winzigkeit ihrer wesentlichen Teile bisweilen dem bloßen Auge entzogen bleibt, so sind die Instrumente, die dies ändern, viel leichter in Anschlag zu bringen als jene der Astronomie. Die Botanik ist das richtige Studium für einen müßigen und faulen Einzelgänger: eine Pinzette und eine Lupe, das ist die ganze Apparatur, die er für seine Beobachtungen braucht. Er spaziert, irrt ungebunden von einem Gegenstand zum andern, widmet sich dem Anblick jeder einzelnen ~~Pflanze~~ Blume voll Anteilnahme und Neubegier, und sobald er die Gesetze ihrer Struktur langsam zu ahnen beginnt, bereitet ihm die mühelose Beobachtung so lebhafte Freude, wie wenn sie mit viel Aufwand verbunden gewesen wäre. Diesem faulen Tun eignet ein Zauber, den man nur im Ruhen aller Leidenschaften fühlen kann; doch es genügt, um das Leben süß und selig zu machen; sobald man aber irgendein Motiv von Nutzen oder Eitelkeit darein mischt, sei es um eine Anstellung zu erreichen oder ein Buch zu machen, sobald man nur noch lernen will, um andere zu belehren, und nur herborisiert, um Autor oder Professor zu werden, dann verfliegt all dieser süße Zauber, man sieht dann in den Pflanzen nur noch Werkzeuge unserer Leidenschaften, man findet kein echtes Vergnügen mehr an ihrem Studium, man ~~herborisiert nur, um zu glänzen~~ will nicht wissen, sondern zeigen, dass man weiß, und schon steht man im Gehölz wie auf den Brettern der Welt, wo man nur darauf aus ist, sich bewundern zu lassen; oder aber man beschränkt sich auf die Botanik, und statt die Vegetabilien in der Natur zu beobachten, befasst man sich nur noch mit Systematik und Methoden; ein unendliches Feld für Zwist, was nie zur Entdeckung einer neuen Pflanze führt und auch keinerlei wichtiges Licht auf die Naturgeschichte und das Pflanzenreich wirft. Daraus entspringen Hass und Eifersucht, die unter den botanischen Autoren ein Ringen um Ruhm auslösen, schlimmer noch als unter anderen Gelehrten. Indem sie dieses liebliche Studium entnaturieren, verpflanzen sie es mitten in die Städte und Akademien, wo sie genauso rasch entarten wie die exotischen Pflanzen in den Gärten der Raritätensammler.

Weit andere Veranlagungen haben dieses Studium zu einer meiner Leidenschaften gemacht, die das leere Fehlen all derer ausfüllt, die ich verloren habe. Ich erklettere die Felsen, die Berge, ich ~~tauche~~ dringe in Täler, ins Gehölz, um mich nach Kräften dem Andenken der Menschen zu entziehen und auch den Anschlägen der Böslinge. Mir scheint, ich sei ~~im~~ unter Waldesschatten in Vergessenheit geraten, ganz frei und friedlich, als würde ich keine Feinde mehr kennen oder als würde mich das Laub der Bäume vor ihren Anwürfen schützen, sie vertreibt sie aus meiner Erinnerung, und ich stelle mir in meiner Blödigkeit vor: Solange ich nicht an sie denke, denken sie auch nicht an mich. Ich finde solchen Schmelz in diesem Trug, dass ich mich ihm voll und ganz hingeben würde, wenn dies meine Verhältnisse, meine Ohnmacht und meine Bedürfnisse verstatten würden. Je tiefer die Einsamkeit, in der ich lebe, umso mehr muss irgendetwas diese Leere füllen, und für all jene Dinge, die mir meine Einbildungskraft versagt oder die mein Gedächtnis verdrängt, findet sich ein Ersatz in den ~~reichen und glanzvollen~~ spontanen Hervorbringungen, die die Erde, ohne jede menschliche Erzwingung, allerwärts meinen Augen bietet. Die Freude, in einer Ödnis unbekannte Pflanzen zu suchen, legt sich wie ein Firnis über die Freude, meinen Peinigern zu entgehen, und sobald ich in Gegenden vorstoße, in denen ich keinerlei Spuren von

Menschen mehr finde, atme ich ungezwungener, wie in einem Fluchtwinkel, wo mich ihr Hass nicht mehr jagt.

Nie werde ich, mein ganzes Leben lang nicht, jene Herborisier-Tour vergessen, die ich eines Tages beim Hochhof Robaila von Richter Clerc tat. Allein war ich, wagte mich in die Krummwege des Gebirgs vor und kam von Wald zu Wald, von Fels zu Fels, zu einem derart gut verborgenen Schlupfwinkel, wie ich zeit meines Lebens nie einen wilderen gesehen. Schwarze Tannen, mit mächtigen Buchen untermischt, viele davon vom Alter gefällt und ineinander verschlungen, bildeten diese Zuflucht aus unüberwindlichen Grenzwällen; da und dort klafften in dieser finsteren Einfriedung Lücken, was schroff aufragende Felsen und schreckliche Schlünde entbarg, die ich nicht anzublicken wagte, ohne mich auf den Bauch zu legen. Der Uhu, das Käuzchen und der Seeadler, sie ließen ihre Schreie in den Schründen der Berge ertönen, wobei ein paar seltene, aber vertraute Kleinvögel den Schrecken dieser Einsamkeit ~~besänftigten~~ dämpften. Dort fand ich das Löwenzahn *heptophyllos*, den *cyclamen*, den *nidus avis*, den großen *laserpitium* und etwelche andere Pflanzen, die mich bezauberten und für eine lange Weile ablenkten. Doch nach und nach vom tiefen Eindruck dieser Gegenstände überwältigt, vergaß ich Botanik und Pflanzen, setzte mich auf ein Kissen aus *Lycopodium* und Moos und begann nach Gefallen zu träumen, wobei ich daran dachte, dass ich hier in einem Trotzwinkel saß, von dem das ganze Weltall nichts weiß und an dem mich meine Peiniger nicht ausgraben können. Eine Regung von Stolz mischte sich schon bald in diese Träumerei. Ich verglich mich mit den großen

Reisenden, die ein ödes Eiland entdecken, und sagte mir selbstgefällig: Ich bin sicher der erste Sterbliche, der bis hierher vorgedrungen ist; ich betrachtete mich fast schon wie einen zweiten Kolumbus. Während ich durch diese Vorstellung stolzierte, hörte ich nicht weit von mir ein gewisses Klappern, das mir bekannt vorkam; ich lauschte: Das nämliche Geräusch kehrte wieder und wieder und schwoll an. Überrascht und neubegierig erhebe ich mich, ich dringe quer durch ein dichtgeschweißtes Gebüsch in die Richtung, aus der der Lärm kam, und ~~erblicke~~ in einer Senke, zwanzig Schritt neben ebenjenem Ort, zu dem ich, wie ich meinte, als erster vorgedrungen war, erblicke ich eine Manufaktur für Strümpfe.

Unmöglich vermöchte ich den wirren und widersprüchlichen Aufruhr wiederzugeben, den ich bei dieser Entdeckung in meinem Herzen fühlte. Meine erste Regung ging dahin, mich voll Freude unter Menschen zu wissen, just dort, wo ich mich vollständig allein glaubte: Doch diese Regung, rasch wie ein Blitz, machte schon bald einem schmerzlichen Gefühl Platz, das viel länger währte, da man nicht einmal mehr in den Grotten der Alpen den grausen Händen der Menschen entfliehen kann, die mich hetzen und quälen. Denn ich war ganz gewiss, dass es in dieser Fabrik wohl keine zwei Menschen gab, die nicht in den Komplott eingeweiht waren, an dessen Spitze sich der Prediger Montmollin gesetzt hatte, wobei die Fäden aus fernster Ferne gezogen wurden. Ich wies diesen schwarzen Gedanken rasch von mir und lachte schließlich bei mir selbst über meine knäbische Eitelkeit sowohl als auch über die komödiantische Art, die mich dafür strafte.

Doch im Ernst, wer hätte je darauf gerechnet, in einem jähen Schlund auf eine Manufaktur zu stoßen. Es gibt in der ganzen Welt nur die Schweiz, die mit einer solchen Mischung von wilder Natur und menschlicher Industrie aufwartet. Die ganze Schweiz ist, wenn man so will, eine einzige große Stadt, deren Straßen länger und breiter sind als die *St Antoine*, gesprenkelt mit Wäldern, durchschnitten von Bergen, und die zerstreuten und abgesonderten Häuser sind miteinander durch englische Gärten verbunden. Ich erinnere mich in diesem Zusammenhang an eine andere Kräutertour, die DuPeyrou, d'Escherny, Colonel Pury, Richter Clerc und ich vor geraumer Zeit auf dem Berg von Chasseron unternommen haben, von dessen Gipfel aus man alle sieben Seen sieht. Man sagte uns, dass es auf diesem Berg nur ein einziges Haus gäbe, und wir hätten sicher nie den Beruf des Bewohners erraten, wenn man nicht beigefügt hätte, dass es ein Buchhändler war, der überdem recht tüchtige Geschäfte in der Gegend treibe. Mir scheint, dass ein einziges Erlebnis dieser Art mehr über die Schweiz verrät als alle Reisebeschreibungen.

Hier noch ein weiteres von derselben oder fast derselben Art, das ein ganz anderes Volk ähnlich gut trifft. Während meines Aufenthalts in Grenoble unternahm ich oft kleine Blütenlesen vor der Stadt mit Hr. Bovier, einem Advokaten jener Gegend, und dies, obzwar er von Botanik nichts verstand und kein Herz dazu hatte, aber er war mein Leibgardist und hatte es sich, soweit das möglich war, zum Gesetz gemacht, keinen Schritt von meiner Seite zu weichen. Eines Tages promenierten wir der *Isère* entlang, an einer Stelle voller Sanddorn. Ich sah an diesen

Sträuchern reife Früchte, mich erfasste die Neubegier, sie zu kosten, und ich entdeckte dabei eine sehr angenehme, leichte Säure, sodass ich zur Erquickung diese Beeren zu essen begann; der Herr Bovier blieb neben mir, ohne es mir gleich zu tun, aber auch ohne ein Wort einzuwenden. Einer seiner Freunde tauchte auf, der mich diese Beeren plündern sah, und sprach: He! Monsieur, was tun Sie da? Wissen Sie denn nicht, dass diese Frucht giftig ist? Wie, diese Frucht ist giftig, rief ich erstaunt aus! Ganz recht, fuhr er fort, das ist hier allen bekannt, niemand in dieser Gegend käme je auf die Idee, davon zu kosten. Ich fasste den Herrn Bovier in den Blick und sprach zu ihm: Weshalb haben Sie mich denn nicht gewarnt? Ach! werter Herr, erwiderte er mir voll Hochachtung, ich hätte es nie gewagt, mir diese Freiheit herauszunehmen. Ich musste über diese Dauphinesische Demut lachen, wobei ich meine kleine Mahlzeit gleichwohl abbrach. Ich war überzeugt, und bin es noch heute, dass keine im Geschmack liebliche Hervorbringung der Natur dem Körper in irgendeiner Art schädlich sein kann, oder dann nur durch Übermaß. Gleichwohl muss ich gestehen, dass ich den ganzen restlichen Tag in mich hineinhorchte: aber abgesehen von der kurzen Unruhe, blieb nichts weiter; ich nahm ein tüchtiges Nachtmahl ein, schlief trefflich und stand am Morgen in tadelloser Gesundheit auf, nachdem ich am Vortag fünfzehn oder zwanzig Beeren dieser schlimmen *hippophae* geschluckt hatte, die schon in geringen Dosen giftig ist, wie mich anderntags alle Welt in Grenoble versicherte. Dieses Abenteuer schien mir so lustig, dass ich mich nie ohne Lachen an die eigentümliche Diskretion des Herrn Advokaten Bovier erinnere.

All meine botanischen Schweifzüge, die mannigfaltigen Eindrücke der Standorte dieser Pflanzen, die mir in den Blick fielen, die Gedanken, die sie mir eingaben, die Zwischenfälle, die damit verbunden sind, all dies hat mir Eindrücke eingeprägt, die sich beim Anblick der alldort gesammelten Kräutern erneuern. Nie mehr werde ich diese schönen Landschaften sehen, diese Wälder, diese Seen, all die ~~Wälder~~ Büsche, Felsen, Berge, die ich nicht ohne Rührung des Herzens betrachtete: doch jetzt, wo ich nicht mehr ~~so~~ durch diese seligen Landstriche streifen kann, brauche ich nur mein Herbarium aufzuschlagen und ich fühle mich in Kürze dorthin versetzt. Die Pflanzenreste, die ich gepflückt hatte, genügen, um mir das herrliche Schaustück ganz prachtvoll in Erinnerung zu rufen. Dieses Herbarium ist für mich ein Tagebuch von Blütenlesen, die ich mit neuem Zauber von vorn beginne, eine Lichtkammer voller Effekte, die sich abermals meinen Augen einprägen.

Was mich an die Botanik fesselt, ist diese Verkettung von Assoziationen. Sie sammelt meine Vorstellungskraft und erinnert an Bilder, die ihr am meisten schmeicheln. Die Wiesen, die Gewässer, das Gehölz, die Einsamkeit, der Frieden vor allem und auch die Ruhe, die man inmitten von alledem findet, solche Spuren zieht sie in meinem Gedächtnis. Sie lässt mich die Verfolgung durch die Menschen, ihren Hass vergessen, ihre Verachtung auch, die Schmach und alles Leid, mit dem sie mir meine zarte und aufrichtige Verbundenheit vergelten. Sie entrückt mich an friedsame Wohnstätten im Kreis schlichter und guter Menschen, mit denen ich einst zusammenlebte. Sie erinnert mich an mein junges Alter und an meine unschuldigen Spiele, sie lässt mich all das abermals genießen und macht mich recht oft selig, selbst inmitten des schwermütigsten Schicksals, das je ein Sterblicher erduldete.

{Ende des ersten Notizheftes mit der Reinschrift der ersten sieben Träumereien}

{Beginn des zweiten Notizheftes mit den Entwürfen zu den letzten drei Träumereien}

ACHTE TRÄUMEREI

Wenn ich so über die Anwandlungen meiner Seele in ~~verschiedenen~~ allen möglichen Lagen meines Lebens nachsinne, verstört mich nichts so sehr, wie das Missverhältnis zwischen all den verschiedenen Mischformen meines Schicksals und den üblichen ~~Regungen~~ Empfindungen von Gut und Böse, die sich in mir regten. Die verschiedenen Zeitschnitte meines kurzwährenden Wohlstandes haben mir kaum eine angenehme Erinnerung ~~an das Gefühl der innerlichen und dauerhaften Modifikationen meiner Seele~~ an die damit verbundenen innerlichen und dauerhaften Gefühle eingeprägt, ja ganz im Gegenteil: In allem Jammer meines Lebens ~~wurde mein Herz~~ fühlte ich mich stets von den zärtlichsten, rührendsten, anmutigsten Gefühlen erfüllt, die ein heilsames Balsam ~~über die Wunden dieses geschundenen Herzens~~ über die Wunden ~~dieses~~ meines geschundenen Herzens gossen, sodass sich der Schmerz in Wohllust zu wandeln schien, und dabei ~~löschte~~ überkam mich stets nur die liebliche Erinnerung, befreit von aller Last des Leids, das ich zur gleichen Zeit ertrug. Mir scheint, dass ich die Süße ~~der innerlichen Gefühle~~ des Daseins stärker genoss und dass ich~~, so zu sagen,~~ im Grunde intensiver lebte, wenn sich meine Gefühle, durch mein Schicksal gleichsam eng mein Herz einschnürend, nicht nach außen über all jene Gegenstände ergossen, die in der Achtung der Menschen stehen, obwohl sie dies von sich aus gar nicht verdienen und ~~die ihnen / die die Seele zerstreuen~~ den ~~ganzen~~ einzigen Zeitvertreib jener Menschen bilden, die ~~vorgeblich~~ man glücklich glaubt.

Als um mich herum alles zum Besten lag, als ich mit allem, was mich umgab, zufrieden war, auch mit dem Zirkel, in dem ich mein Leben zuzubringen hatte, da erfüllte ich ihn mit meiner Zuneigung. Meine überfließende Seele ergoss sich über ferne Gegenstände; ohne Unterlass durch tausendfältige Vorlieben aus meinem Ich herausgerissen, aber auch durch liebestrunkene Bande, ~~deren Reiz~~ die ohne Unterlass mein Herz aufwühlten, vergaß ich in gewisser Weise mich selbst, ich gehörte ganz dem, was mir fremd war, ~~und mir scheint, dass alles, was sich in unserer Umgebung ereignet, nur flüchtiges Vergnügen geben mag, das uns immer wieder in die Leere stürzen lässt, und dass man nur eine wirklich reine Befriedigung / Lust empfinden und anhaltendes Glück kosten kann, wenn man in sich geht und seine Seele aufgeräumt findet~~ und ich spürte im fortwährenden Aufruhr meines Herzens die ganze Nichtigkeit der menschlichen Angelegenheiten. Dieses umstürmte Leben ließ mir im Innern keinen inneren Frieden noch auch äußerliche Ruhe. Allem Anschein nach glücklich, beseelte mich keine einzige Empfindung, ~~in der ich mir gefallen mochte~~ die dem Prüfstein der Vernunft Stand gehalten und mir wahre Zufriedenheit gewährt hätte. Nie war ich wirklich zufrieden, weder mit anderen, noch mit mir selbst. ~~Im~~ Das Tumultuarische der Welt ~~sehnte ich mich nach Ruhe~~ machte mich taumeln, die Einsamkeit begann mich zu langweilen, ich war ohne Unterlass darauf angewiesen, meinen Aufenthaltsort zu wechseln, und fand mich nirgends wohl. Indes, ich war ein gefeierter Mann, wohlgelitten, gut empfangen, von allen umschmeichelt. Ich kannte keine Feinde, keine Übelwollende, keine Neider. Da mir alle einen Gefallen tun wollten, kam ich oft in den Genuss, meinerseits allerlei Leute auf mich zu verpflichten, und ohne Besitz, ohne Anstellung, ohne Gönner, ohne hohe, bereits weit entwickelte oder gar weit herum bekannte Talente, kostete ich alle Vorteile aus, die damit verbunden sind, und ich sah keinen Menschen, von wes Stand auch immer, dessen Schicksal ich dem meinen vorgezogen hätte. Was fehlte mir denn, um glücklich zu sein; ich weiß es nicht; ich weiß aber, dass ich nicht glücklich war.

Und was fehlt mir heute, um der ~~elendeste~~ allerunglücklichste aller Sterblichen zu sein? Nichts von dem, was Menschen in irgendeiner Weise dazu beitragen konnten. Denn hach!, selbst in diesem bedauernswerten Zustand würde ich Wesen und Schicksal nicht einmal mit dem Glücklichsten von ihnen tauschen; ja ich bin lieber ich selbst in all meinem Elend als irgendeiner dieser Menschen in seiner ganzen Wohlfahrt. Auf mich allein zurückgeworfen, nähre ich mich in der Tat, wie ich nicht in Abrede stellen will, mit meiner eigenen Substanz, aber sie geht keineswegs zur Neige und ich genüge mir selbst, wiewohl ich, so zu sprechen, nur Leere wiederkäue, meine Einbildungskraft versickert und meine erloschenen Gedanken ~~meinen Träumereien~~ dem Herzen keinerlei Zunder geben.

{Auf der Manuskriptseite zuvor, nach der längeren gestrichenen Passage, findet sich eine Stelle, die gewöhnlich hier eingefügt wird:} Meine Seele, von meinen Sinnesorganen benebelt und behindert, wird von Tag zu Tag schwächer

und verfügt unter der Last dieser schweren Bürde nicht mehr über genug Spannkraft, um sich wie einst aus ihrer hinfälligen Hülle zu schwingen.

{Auf der Seite zuvor zwischen zwei horizontalen Strichen:} Zu dieser Einkehr in uns selbst zwingt uns die Feindseligkeit; und vielleicht liegt darin der Grund, weshalb sie den meisten Menschen so unerträglich ist. Ich aber, wenn ich mir irgendeinen Fehler vorwerfen muss, so klage ich meine Schwäche an und finde darin Trost; denn niemals näherte sich Böses meinem Herzen. *{Ende der Einfügungen}*

Indes, wenn man nicht von Blödigkeit geschlagen ist, wie wollte man dann meine Verhältnisse auch nur einen Moment lang betrachten, ohne zu bemerken, wie schlimm sie von den anderen eingerichtet wurden, und ohne vor Schmerz und Verzweiflung zu Grunde zu gehen. Doch dies steht mir fern, und ich, das empfindsamste aller Wesen, ich betrachte sie und gerate nicht in Wallung, sondern sehe mich, ohne Kampf, ohne Selbstbezwingung, fast ganz gleichgültig in einem Zustand, dessen Anblick wohl kein anderer Mensch ohne Schrecknis ertragen könnte.

Wie kam ich an diesen Punkt?, denn ich war weit von einer solch friedsamen Einstellung entfernt, als mich die erste Ahnung des Komplotts anwandelte, von dem ich schon lange ~~das Opfer / die Beute~~ umstarrt war, ohne es zu merken. Diese neuerliche Entdeckung warf mich um. ~~Es gibt ein Unheil für~~ Schmach und Verrat trafen mich unvorbereitet. Welche honette Seele wäre gegen solcherlei Pein gewappnet; um sie vorhersehen zu können, müsste man sie erst verdienen. Ich tappte in alle Fallen, die man unter meinen Schritten grub. ~~Mein Kopf~~ Empörung, wilde Wut, Wahn bemächtigten sich meiner, ich verlor jeglichen Pol aus den Augen, mein Kopf fiel der Zerrüttung anheim, ~~und in der ständigen Zerfleischung, die man mich fühlen / spüren ließ~~ und in einer schrecklicher Finsternis, in der man mich ohne Unterlass gefangen hielt, erblickte ich kein Licht mehr, um mein Verhalten zu regeln, ~~noch Handhabe, um mich festzuhalten~~ noch eine Stütze oder Handhabe, die mir Halt gegeben hätte, um der Verzweiflung zu widerstehen, die mich mit sich riss.

Wie will man in diesem grässlichen Zustand glücklich und gelassen leben? Und gleichwohl, ich befinde mich noch immer in ihm, und zwar tiefer als je, und doch fand ich wieder zu Ruhe und Frieden, und doch lebe ich glücklich und gelassen, und doch lache ich über die unsäglichen Mühen, die sich meine Peiniger ohne Unterlass, ~~ohne die geringste / ohne irgendeinen Stoß bis zu mir zu übermitteln~~ aber vergeblich geben, während ich in Ruhe lebe, mit Blumen beschäftigt, mit Staubfäden und allerlei anderen Kindereien, und gar nicht erst an sie denke.

Wie vollzog sich dieser Wechsel? Auf ganz natürliche Weise, unmerklich und ohne jede Pein. Der erste Schreck war schlimm. Ich, der ich mich aller Liebe und Achtung würdig fühlte; ich, der ich mich geehrt glaubte, geherzt wie ich es verdient hätte, ich sah mich auf einen Schlag in ein ~~schreckliches~~ gräuelreiches Untier travestiert, wie es noch nie eins gab ~~und dies ohne je ergründen zu können~~. Ich sehe, wie eine ganze Generation ausnahmslos dieser befremdlichen Meinung anheimfällt, ohne jede weitere Erklärung, ohne jeden Zweifel, ohne Scham, und ohne dass ich wenigstens erfahren könnte, ~~weshalb diese~~ was der

Anlass dieser denkwürdigen Umwälzung ist. Ich schlug wild um mich, mit Gewalt, und verstrickte mich nur noch mehr. Ich wollte meine Peiniger dazu zwingen, sich mir gegenüber zu erklären; sie hüteten sich davor. Nachdem ich mich lange Zeit ohne jeden Erfolg abgeplagt hatte, musste ich etwas Atem schöpfen. Und gleichwohl hoffte ich noch immer; so sagte ich mir, dass eine so blöde Blindheit, ein so kopfstößiges Vorurteil niemals das ganze Menschengeschlecht befallen kann. Es gibt Menschen mit Sinn und Verstand, die diesen Wahn nicht teilen werden, es gibt gerechte Seelen, denen Gemeinheit und Verrat zuwider sind. Machen wir uns auf die Suche, ich werde vielleicht doch noch ~~eine menschliche Seele~~ einen Menschen finden; und wenn ich einen gefunden habe, werden sie beschämt sein. Ich suchte vergebens, ich habe keinen gefunden. ~~und ich blieb notgedrungen / alle ohne Ausnahme / wurde zum Komplizen eines entsetzlichen Plans / ein Komplott, den ich nie~~ Der Geheimbund ist universal, ohne Ausnahme, ohne Widerruf, und ~~ich muss mich damit abfinden~~ mir bleibt die Gewissheit, meine Tage in dieser scheußlichen Verdammnis zu beschließen, ~~und nie im Leben herauszufinden~~ ohne je dessen Geheimnis ergründen zu können.

In diesem beklagenswerten Zustand ~~in dem ich weder der Verzweiflung noch dem Tod anheimfiel~~ und nach langen Ängsten fiel ich nicht in jene Verzweiflung, die letztlich mein Los sein sollte, sondern fand die Gelassenheit, die ~~Ruhe~~ Stille, den Frieden, ~~und sogar Freuden~~ Glück sogar, denn ~~mein Dasein~~ jeder Tag meines Lebens ~~ist die Wiederkehr des~~ erinnert mich voll Freude an den Vortag, und das mag mir auch am nächsten genügen.

Wie kam es zu dieser Kluft?, durch ein einzig Ding. Ich lernte das Joch der Notwendigkeit zu tragen, ohne aufzumucken.

{Oben auf der Seite folgen zwei losgelöste Sätze:} So trüb das Los meiner letzten Tage auch sein mag, und was die Menschen auch immer unternehmen mögen, da ich tat, was ich tun musste, werden sie mich nicht daran hindern, in Friede zu leben und zu sterben.

Eines weiß ich: Der höchste Richter ist mächtig und gerecht, meine Seele ist unschuldig und ich habe mein Missgeschick nicht verdient. *{Ende der beiden Sätze}*

Zuvor suchte ich unter allerlei Dingen Halt, und nachdem sich alles nach und nach meinem Zugriff entzogen hatte, war ich ganz auf mich allein gestellt, da endlich fand ich festen Boden. Von allen Seiten bedrängt, bleibe ich im Gleichgewicht, und da ich mich an nichts mehr ~~festhalte~~ binde, stütze ich mich einzig auf mich selbst.

Wenn ich so glühend gegen die öffentliche Meinung aufbegehrte, dann lag ich noch immer unter ihrem Joch, ohne es zu merken. Man will von Leuten, die man achtet, geachtet werden, und solange ich von den Menschen, oder zumindest von gewissen Menschen, ein günstiges Urteil hatte, konnte mir das Urteil, das sie über mich fällten, nicht einerlei sein. ~~Ich sah, dass diese Urteile~~ Ich erlebte oft, dass das Urteil des Publikums ausgewogen ist; doch ich übersah, dass diese Ausgewogenheit ein Spiel des Zufalls war, dass die ~~Art~~ Regeln, auf die sie ihre Meinung stützen, einzig auf ihre Leidenschaften oder auf die daraus abgeleiteten Vorurteilen gebaut sind, und selbst wenn sie günstig urteilen, ~~bauen~~ entspringen diese günstigen Urteile oft einer verwerflichen Prämisse, ~~erst nach langer und verheerender Erfahrung lernte ich~~ etwa wenn sie in irgendeiner Hinsicht die Meriten eines Menschen ~~manchmal~~ zu ehren scheinen, doch nicht aus dem Geist der Gerechtigkeit heraus, sondern um ~~zu verleumden~~ sich einen unparteiischen Anschein zu geben und den nämlichen Mann in anderen Punkten nach Gefallen zu verleumden.

Aber wenn ich sie nach langem und vergeblichem Forschen ohne eine einzige Ausnahme im böswilligsten und aberwitzigsten Denkgebäude befangen sehe, das ein Geist der Hölle je ersinnen mochte; wenn ich sehe, wie mir gegenüber ~~die Vernunft / der gesunde Menschenverstand~~ die Vernunft aus allen Köpfen und die ~~Wahrheit~~ Gerechtigkeit aus allen Herzen verbannt wurde; wenn ich sehe, wie eine ganze entfesselte Generation ~~auf niedrige Weise~~ dem blinden Eifer ihrer Führer gegen ~~einen Menschen, der über das Fassungsvermögen eines Sterblichen hinaus~~ einen Unglückseligen folgt, der nie Böses tat, noch irgendjemandem Böses wünschte oder zufügte. Nachdem ich zehn Jahre lang vergeblich einen M{enschen} gesucht hatte, musste ich meine Laterne ausblasen und ~~sah mich gezwungen~~ laut ausrufen: es gibt keinen mehr. Von da an ~~merkte~~ fand ich mich allein auf Erden und ~~schätzte nicht länger~~ merkte, dass sich meine Zeitgenossen mir gegenüber wie mechanische Puppen verhalten, die einem inneren Getriebe folgen, dessen Abläufe ich einzig aus den Gesetzen der Bewegung errechnen kann. ~~Denn~~ Einerlei, ich mochte ihren Seelen diese Absicht oder jene Leidenschaft unterstellen, nie hätte es auf fassliche Weise ihr Verhalten mir gegenüber erklärt.

~~Da~~ So also verlor ihre innere Einstellung für mich jegliche Bedeutung. ~~Bald schon / bald sah ich nur mehr noch~~ Ich erblickte in ihnen nur mehr noch Verklumpungen, die sich auf verschiedene Weise bewegten und in Bezug auf mich jeglicher Moralität entbehrten.

Bei allem Unbill, der uns widerfährt, achten wir mehr auf die Absicht als auf die Wirkung. Ein Ziegel, der von einem Dach fällt, kann uns schlimm verwunden, aber er trifft uns nicht so hart wie ein Stein, der von einer böswilligen Hand mit Absicht nach uns geworfen wurde. Solche Anschläge mögen zuweilen danebengehen, doch die Absicht verfehlt nie ihr Ziel. ~~Und solange man nicht die Absicht, zu schaden, spürt~~ Der ~~rein physi~~ materielle Schmerz ist noch das wenigste, was man bei ~~Feindseligkeit~~ den Schicksalsschlägen fühlt, und wenn ein Unglücklicher nicht weiß, wem er sein Missgeschick zuschreiben soll, zürnt er dem ~~blinden~~ Schicksal, das er personifiziert und dem er Augen ~~die ihn verfolgen~~ sowie eine Intelligenz verleiht, die ihn willentlich quält. So etwa gerät ein Spieler, der durch seine Verluste ausgeplündert wurde, in Wut, ohne zu wissen: gegen wen. Er malt sich eine Schicksalsmacht aus, die sich willentlich darauf versteift, ihn zu martern, und sobald er dieserweise Zunder für seinen Zorn gefunden, ~~tobt und wütet~~ erregt er sich und ~~tobt~~ entflammt gegen den Feind, den er sich geschaffen hat. Der Weise aber, der in allem Missgeschick, das ihm widerfährt, nichts anderes als die ~~Anschläge~~ Schläge einer blinden Notwendigkeit sieht, gerät nicht in so unsinnigen Aufruhr, er schreit in seinem Schmerz, aber ohne Raserei, ohne wilde Wut, er spürt bei allem Leid, dem er zur Beute fällt, lediglich den materiellen Stoß, und ~~woher~~ die Schläge ~~stammen, die er erleidet, er nimmt nie Zuflucht zu / die ihn ereilen, er hütet sich vor ihnen nach Kräften, aber~~, die ihn treffen, mögen seine Person noch so tief verwunden – keiner von ihnen dringt bis in sein Herz.

~~Ich war bei weitem nicht dieser geschilderte Mensch, aber ich lernte, es langsam zu werden, meine Peiniger wurden zu meinen Herren.~~

Es will schon viel heißen, wenn man es bis dahin gebracht hat, aber noch ist nicht alles getan, noch kann man nicht innehalten. Man hat zwar gut daran getan, ~~die Ränke~~ das Übel abzuschneiden, aber die Wurzel blieb. Diese Wurzel nun liegt nicht in den Wesen, die uns fremd sind, sondern in uns selbst, und daran müssen wir arbeiten, wenn wir sie voll und ganz ausreißen wollen. Solches also spürte ich klar und deutlich, als ich nach und nach wieder zu mir kam. Mein Verstand zeigte mir lediglich den Widersinn in allen Erklärungen, die ich ~~dem Denkgebäude / dem einhelligen Verkehr / meinem Geschick~~ meinen Widerfahrnissen geben wollte, und ich merkte, dass mir die Gründe, die Werkzeuge, die Mittel von alledem ~~auf immer und ewig~~ unbekannt und unerklärlich bleiben würden, mithin also ~~just genauso~~ ganz und gar nichtig für mich. Ich musste alle Einzelheiten meines Schicksals als Akte der reinen Fatalität betrachten, der ich nicht Wille, noch Richtung oder gar einen moralischen Grund ~~zuschreiben~~ unterstellen durfte, nein, ich musste mich allem unterwerfen, ohne zu vernünfteln oder zu bocken, denn es wäre ohnehin vergeblich geblieben, und so blieb mir auf Erden nur noch eins: mich als ein durch und durch duldendes Wesen zu betrachten und gar nicht erst zu versuchen, mich auf aussichtslose Weise gegen mein Schicksal ~~zu verteidigen~~ aufzulehnen und dabei jene Kraft zu verschwenden, die mir noch blieb, um all dies zu ertragen. Dies also sagte ich mir~~, wiewohl mein Herz~~. Mein Verstand, mein Herz fügten sich dem, und ~~trotzdem~~ doch fühlte ich dies Herz noch immer murren. Woher kam das Murren; ich forschte und fand heraus: Es entsprang der Eigenliebe, die sich zunächst gegen die anderen Menschen aufgelehnt hatte und nun gegen meine Vernunft aufbegehrte.

Diese Entdeckung war nicht so leicht gemacht, wie man vermuten mag, denn ein unschuldig Verfolgter hält den Eigenstolz seiner Person lange Zeit für reine Liebe zur Gerechtigkeit. Doch die wahre Quelle, wenn man sie erst einmal kennt, lässt sich leicht verstopfen oder zumindest umleiten. Die Selbstachtung ist die stärkste Kraft stolzer Seelen ~~als Selbstachtung~~, die Eigenliebe ist reich an Truggebilden, tarnt sich und gibt sich als Selbstachtung aus; doch wenn dieser Betrug erst einmal aufgedeckt ist und sich die Eigenliebe nicht länger verstecken kann, dann ist sie auch nicht länger zu fürchten, und so schwerlich man sie ganz ersticken kann, kann man sie doch leicht unterjochen. ~~Dies ist der Grund meiner wiedergefundenen Ruhe. Ich fühlte, indem ich mich selbst ergründete~~

Ich hatte nie einen starken Hang zur Eigenliebe, aber diese künstliche Leidenschaft machte sich in der großen Welt bemerkbar, vor allem als ich Autor wurde; vielleicht eignete mir weniger Eigenliebe als anderen, aber wenig war es nicht. Die schlimmen Lektionen, die ich empfing, haben sie schon bald in ihre Grenzen gezwungen; da begann sie, sich gegen die Ungerechtigkeit aufzulehnen, zuletzt aber fasste sie nur noch Aberwille ~~und machte der Liebe zu mir selbst Platz~~. Indem ich mich über meine Seele beugte ~~zerschnitt sie~~ und alle äußeren Bande zerschnitt, die sie so anmaßlich machten, kehrte sie ins geregelte Maß zurück, indem ich allem Vergleich und Vorzug abschwor; so gab sie sich damit zufrieden, dass ich mir selbst gut genug war; sich so zur Liebe meiner selbst wandelnd, fügte sie sich in den Lauf der Natur und erlöste mich vom Joch der Meinung.

Und da endlich fand ich den Seelenfrieden wieder und fast auch Glückseligkeit. In welcher Lage man sich auch immer befinden mag, alles Unheil kommt allein von der Eigenliebe. Wenn sie schweigt und die Vernunft ihre Stimme erhebt, tröstet uns dies über alles Leid hinweg, da es gar nie in unserer Hand lag, es zu vermeiden. Ja, sie bringt es zum Schweigen, insoweit es nicht unmittelbar auf uns einwirkt, denn wenn man sich nicht länger darum bekümmert, entgeht man den ärgsten Schlägen mit Sicherheit. Sie werden nichtig, sobald man nicht mehr daran denkt. Verletzungen, Rache, Widerrecht, Schmach, Ungerechtigkeit, all dies wird null und nichtig, sobald man im Leid, das man erduldet, nur das Leid selbst, nicht aber die Absicht dahinter erblickt; nichtig auch für den, dessen Rang in seiner Selbstachtung nicht von der Achtung abhängt, die ihm die anderen entgegenbringen. Die Menschen mögen in mir sehen, was immer sie wollen, nie wird es ihnen gelingen, mein Wesen zu ändern, und all ihrer Macht zum Trotz, all ihren heimlichen Schlichen zum Trotz werde ich, was immer sie auch unternehmen mögen, sein und bleiben, was ich bin – ihnen zum Trotz. Wohl wahr, ihre Einstellung beeinflusst meine Situation in der Tat. Die Schranke, die sie zwischen ihnen und mir aufgerichtet haben, entzieht mir jegliche Quelle von Wohlstand und Beistand in Alter und Not. Sie führt sogar dazu, dass mir Geld gar nichts mehr nützt, da es mir jene ~~Hilfe, auf die ich nicht verzichten kann. Ich kann nicht überleben~~ Dienste, auf die ich angewiesen bin, nicht mehr beschaffen kann; es gibt keinerlei Handel noch Hilfe zwischen ihnen und mir, uns ist nichts mehr gemein. Allein in ihrer Mitte, habe ich nur noch mich selbst zur Stütze, und diese Stütze ist in meinem Alter und in meiner gegenwärtigen Lage recht hinfällig. Mein Leid ist groß, aber es hat für mich all seine Macht eingebüßt, seit ich es zu tragen lernte, ohne zu zürnen. Die Anlässe, an denen wahre Not spürbar wird, sind noch recht rar. Zukunftssorge und Einbildungskraft mehren sie, und just durch solch steten Fluss von Gefühlen wird man unruhig und unglücklich. Doch selbst wenn ich weiß, dass ich morgen leiden werde, so genügt es, dass ich heute nicht leide, um meine Ruhe zu bewahren. Ich lasse mich vom Leid, das ich vorhersehe, nicht quälen, sondern nur von dem, was ich unmittelbar spüre, und so wird es recht belanglos. Allein, krank und verlassen in meinem Bett, mag ich vor Entbehrung, Kälte und Hunger sterben, ohne dass dies irgendjemandem Pein bereitet. Was tuts, solange ich mir selbst keine Pein bereite und mich um mein Schicksal, sei es wie es wolle, ebenso wenig schere wie die andern? Nichtig ist es in meinem Alter, namentlich, wenn man gelernt hat, Leben und Tod, Krankheit und Gesundheit, Reichtum und Elend, Ruhm und Verleumdung mit derselben Gleichgültigkeit zu betrachten. Alle anderen Alten machen sich wegen diesem und jenem Sorgen; ich mache mir wegen nichts Sorgen; was immer mir zustoßen mag, mir ist alles gleichgültig, doch diese Gleichgültigkeit ist nicht das Werk meiner Weisheit, sondern das Werk meiner Feinde. Lernen wir also, ~~das tatsächliche Leid, das sie mir zufügen, zu ertragen~~ diesen Vorteil zu nutzen, als Ausgleich für all das Leid, das sie mir zufügen. Indem sie mich gegen alle Widerwart abhärten, haben sie mir mehr Gutes getan, als wenn sie mir ihre Anschläge erspart hätten. Hätte ich sie nie erlitten, ich würde sie wohl noch jetzt fürchten, indem ich sie aber überwunden habe, muss ich sie nicht mehr fürchten.

Diese Einstellung bewahrt mir inmitten der Widrigkeiten meines Lebens die Sorgenferne meines Naturells fast so ungebrochen, als lebte ich in höchstem Wohlstand. Abgesehen von den kurzen Momenten, in denen die Gegenwart gewisser Gegenstände an die schlimmsten Sorgen gemahnt. Die ganze übrige Zeit kann ich, dank meiner Neigungen, in den Gefühlen schwelgen, die mich am meisten locken; noch nährt sich mein Herz an jenen Empfindungen, für die es geboren war, und ich genieße sie im Kreis jener imaginären Wesen, die sie mir eingeben und mit mir teilen, als würde es diese Wesen wirklich geben. Es gibt sie für mich, der ich sie erschaffen habe, und ich fürchte weder ihren Verrat, noch dass sie mich im Stich lassen. Sie werden so lange währen wie mein Missgeschick, und das genügt, um es zu vergessen.

All dies hat mich zu jenem seligen und süßen Leben zurückgeführt, für das ich geboren war. Ich verbringe Dreiviertel meines Lebens mit lehrreichen und schmeichelnden Sachen, denen ich voll Wonne meinen Geist und meine Sinne weihe, oder mit den Kindern meiner Phantasie, die ich nach Gefallen erschaffe und deren Gegenwart das Herz wärmt, oder gar mit mir allein, zufrieden mit mir und voll des Glücks, das mir, ich fühle es wohl, geschuldet wird. In alledem ist nur die Liebe zu mir selbst am Werk, die Eigenliebe aber mischt sich nicht darein. Ganz anders verhält es sich während der betrüblichen Augenblicke, die ich inmitten der Menschen zubringe, als Prellball ihrer verräterischen Liebkosungen, ihrer hochtrabenden und lächerlichen Komplimente, ihrer honigsüßen Scheelsucht. Ich mag mich anstellen, wie ich will, stets hat die Eigenliebe ihre Hand im Spiel. Der Hass und die Erbitterung, die ich in ihren Herzen durch die plumpe Hülle hindurchschimmern sehe, zerreißen mir mein eigenes Herz vor Schmerz, und die Vorstellung, dass man mich auf so dummdreiste Weise zu narren glaubt, verschlimmert diesen Schmerz noch durch knäbischen Verdruss, Ausgeburt einer Eigenliebe, deren dumme Vertiertheit mir vollkommen bewusst ist, und doch kann ich sie nicht unterjochen. Die Mühen, die ich unternahm, um mich gegen diese beleidigenden und spottträchtigen Blicke zu wappnen, sind unfasslich: Hundert Mal schritt ich durch öffentliche Promenaden und über viel frequentierte Plätze, in der alleinigen Absicht, mich an dieses grausame Spottgespinst zu gewöhnen; doch dies wollte mir nie gelingen, mehr noch: Ich kam in dieser Hinsicht keinen Schritt weiter, und trotz all meiner peinsamen, aber vergeblichen Mühen kann man mich so leicht aus der Ruhe bringen, verletzen, beschämen wie eh und je.

Ich mag tun und lassen, was ich will, ich werde von meinen Sinnen beherrscht, nie noch vermochte ich ihren Eindrücken zu widerstehen, und solange etwas auf sie einwirkt, sieht sich mein Herz ohne Unterlass verletzt; freilich währen diese vorübergehenden Verletzungen nur so lange wie die Wahrnehmung, die sie auslöst. Die Gegenwart eines hasserfüllten Menschen trifft mich schlimm, doch sobald er verschwindet, schwindet auch der Eindruck; im Augenblick, in dem ich ihn nicht mehr vor Augen habe, denke ich auch nicht mehr an ihn. Ich weiß wohl, dass er sich noch lang mit mir beschäftigt, ich aber mag mich nicht länger mit ihm beschäftigen. ~~Diese Einstellung verleiht denen, die über meine Vorteile verfügen~~ Wenn ich ein Leid nicht im Moment spüre, so ficht es mich nicht weiter an, der Peiniger, den ich nicht vor Augen habe, ist mir einerlei. Ich sehe wohl, welchen Vorteil all jene, die über mein Geschick verfügen, aus dieser Einstellung ziehen. So mögen sie denn nach Gefallen darüber verfügen. Lieber ist mir, sie martern mich ohne Gegenwehr, als dass ich gezwungen wäre, an sie zu denken, um mich vor ihren Schlägen zu schützen.

Dieser Einfluss meiner Sinne auf mein Herz macht die einzige Marter meines Lebens aus. An den Tagen, an denen ich niemanden sehe, denke ich keinen Augenblick an mein Geschick, ich spüre es nicht einmal mehr, leide nicht länger darunter, bin glücklich und zufrieden, ohne jeden Abstrich, ohne jede Hemmnis. Doch entgehe ich nur selten solchen fühlbaren Stichen, und just wenn ich am wenigsten darauf gefasst bin, wirft mich ein ~~Augenwink~~ Wink, ein finsterer Blick, den ich auffange, ein giftiges Wort, das ich vernehme, ein Übelwollender, dem ich über den Weg laufe, bereits aus meiner Bahn. In solchen Fällen bleibt mir nichts anderes, als alles schnell zu vergessen und die Flucht zu ergreifen. Der Aufruhr meines Herzens schwindet mit dem Gegenüber, das ihn ausgelöst hat, und es kehrt Ruhe ein, sobald ich wieder allein bin. Und wofern mich noch etwas umtreibt, dann die Furcht, einem neuerlichen Anlass zu Schmerz über den Weg zu laufen. Das ist meine einzige Pein; doch sie reicht schon, um mein Glück zu trüben. Ich logiere mitten in Paris. Wenn ich aus dem Haus trete, seufze ich nach Landschaft und Einsiedelei, aber ich muss weit gehen, um frei zu atmen, und treffe auf meinem Weg tausenderlei Dinge, die mir das Herz einschnüren, und die Hälfte meines Ausflugs verstreicht unter Ängsten, bis ich den erstrebten Schlupfwinkel erreicht habe. Ich bin schon glücklich, wenn man mir den Weg nicht verstellt. Nichts ist mir köstlicher als der Augenblick, wenn ich dem Geleit von Böslingen entwische und mich mitten im Grünen unter Bäumen finde, dann glaube ich mich schon im Paradies auf Erden und schwelge in so lebhafter innerlicher Wonne, als wäre ich der Seligste aller Sterblichen.

Ich entsinne mich ganz genau, dass mir während meiner kurzen Epochen des Wohlergehens ebendiese solitären Spaziergänge, die mir heute so köstlich sind, vollkommen einerlei waren und geradezu langweilig erschienen. Wenn ich bei jemandem auf dem Lande weilte, trieb mich das Bedürfnis, mich zu ertüchtigen und frische Luft zu atmen, oft genug allein hinaus, und ich stahl mich wie ein Dieb davon, um durch den Park oder die Landschaft zu streifen; doch statt dort die selige Ruhe zu finden, die ich heute genieße, trug ich die Hektik meiner eitlen Gedanken mit mir, die mich im Salon umgetrieben hatten. Die Erinnerung an die Gesellschaft, die ich zurückließ, verfolgte mich bis in meine Einsamkeit, und so trübten die Dünste der Eigenliebe und das Tumultuarische der großen Welt in meinen Augen die Frische der Büsche und störten den Frieden der Einkehr. Ich mochte noch so tief in die Wälder fliehen, eine lästige Fülle folgte mir überall hin und verbarg die ganze Natur hinter einem Schleier. Erst als ich mich von allen gesellschaftlichen Leidenschaften und ihrem tristen Geleit losgesagt hatte, fand ich wieder zum Zauber der Natur.

In der Überzeugung ~~der Nutzlosigkeiten meiner Bemühungen~~, dass diese ersten unwillkürlichen Regungen nicht zu zügeln sind, gab ich all meine Bemühungen in dieser Hinsicht auf. Soll doch bei jedem tückischen Streich mein Blut in Wallung geraten, mögen Wut und Hirngespinste meine Sinne überwältigen, ich lasse der Natur diese erste Explosion, die ich mit all meinen Kräften nicht aufhalten, noch aufschieben könnte. Ich versuche nur noch, den Folgen Einhalt zu gebieten, bevor daraus irgendwelches Ungemach entspringt. Blitzende Blicke, Feuer im Gesicht, ~~Herzbeklemmung~~ zitternde Glieder, beklemmendes Herzklopfen, all das hängt nur mit dem Körper zusammen, und die Vernunft vermag nichts darüber; doch sobald man dem Naturell eine erste Explosion zugestanden hat, kann man wieder Herr seiner selbst werden und nach und nach seine Sinne zurückerlangen; das hatte ich oft ohne jeden Erfolg versucht, doch schließlich war mir mehr Glück beschieden. Und indem ich meine Kräfte nicht länger in vergeblichem Widerstand verschwende, warte ich den günstigen Augenblick ab, um meine Vernunft siegreich ins Spiel zu bringen, denn sie spricht ohnehin erst dann zu mir, wenn sie sich Gehör verschaffen kann. Aber ach!, was rede ich da!, von Vernunft?, ich täte Fehl, wenn ich ihr diesen Sieg zuschriebe, denn sie hat keinerlei Anteil daran. All dies hängt einzig mit einem unbeständigen Temperament zusammen, das von einem wilden Wind in Aufruhr versetzt werden mag, sich aber sofort wieder beruhigt, wenn der Wind nicht mehr weht. Mein glühendes Naturell ist es, was mich in Aufruhr versetzt, mein träges Naturell ist es, was mich beruhigt. Ich weiche allen drängenden Trieben, jeder Anprall versetzt mir eine jähe, aber kurze Regung, doch sobald der Anprall vorbei ist, flaut die Erregung ab; was von außen kommt, kann nie lange in meinem Inneren fortwirken. Alle Fügungen Fortunas, alle Maschinen der Menschen haben kaum Handhabe über jemanden von meinem Schlag. Um mich mit lang anhaltender Pein zu schlagen, müsste die Wirkkraft allaugenblicklich erneuert werden. Denn wenn es auch nur zur flüchtigsten Unterbrechung kommt, finde ich zu mir selbst. Ich bin, was den Menschen beliebt, solange sie auf meine Sinne einwirken können; doch im ersten Moment, wenn ihr Einfluss nachlässt, werde ich wieder zu dem, was der Natur gefällt, und dies ist, da mag man anstellen, was immer man will, mein wahrhaft währender Zustand, in ihm genieße ich trotz meines Geschicks ein Glück, für das ich mich geschaffen fühle. Ich habe diesen Zustand in einer meiner Träumereien abgekupfert. Er kommt mir so sehr zupass, dass ich nichts anderes wünsche, als dass er andauern möge, und ich fürchte nichts mehr, als dass er gestört wird. Alles Böse, was mir die Menschen zugefügt haben, geht mich nichts mehr an; allein die Furcht vor dem, was sie mir noch zufügen könnten, vermag mich in Aufruhr zu versetzen; doch dank der Gewissheit, dass sie keine weitere Angriffsfläche finden, um mich mit beständiger Pein zu schlagen, lache ich über all ihre Winkelzüge und genieße mich selbst, ihnen zum Trotz.

9. {NEUNTE TRÄUMEREI}

Glück ist ein beständiger Zustand, der nicht für den Mensch auf Erden geschaffen scheint. Alles hienieden ist in einem ständigen Fluss, der allem eine bleibende Form verwehrt. Alles um uns herum ist Wechsel. Wir wechseln selbst, und keiner kann davon ausgehen, dass er ~~heute liebt, was er morgen lieben wird~~ morgen noch lieben wird, was er heute liebt. So sind all unsere Pläne, in diesem Leben selig zu werden, eitles Hirngespinst. ~~Ich habe wenig glückliche Menschen gesehen~~ Genießen wir das Glück des Geistes, wenn es sich einmal zeigt; hüten wir uns, es durch Fehltritte zu verjagen, aber lassen wir die Finger von allen Vorhaben, es an uns zu ketten, denn solche Vorhaben sind reiner Wahn. Ich habe nur wenige glückliche Menschen gesehen, vielleicht sogar keinen einzigen; oft aber sah ich zufriedene Herzen, und von allem, was mir je ins Auge gesprungen ist, hat mich nichts so befriedet wie dies. Ich glaube, dass dies eine natürliche Folge des Einflusses der Sinnesempfindungen auf meine inneren Empfindungen ist. Glück trägt keine äußerliche Merkzeichen; um es zu kennen, müsste man im Herzen eines glücklichen Menschen lesen können; Zufriedenheit hingegen liest man in den Augen, der Haltung, im Klang der Stimme, im Auftreten, und sie überträgt sich allem Anschein nach auf den, der ihr begegnet. Gibt es eine süßere Freude, als zu sehen, wie sich das Volk an einem Festtag ganz der Freude weiht und alle Herzen im strahlenden Glanz des Vergnügens schmelzen, das rasch, aber tiefdringend durch die Wolken des Lebens hervorbricht?

9.

Vor drei Tagen kam Hr. P. in ungewohnter Eile herbei, um mir das Lob auf Mad{am}e Geoffrin durch M. d'Alembert zu zeigen. Der Lektüre ging langes und helles Lachen über die spottträchtigen Neologismen dieses Stücks sowie über die mutwilligen Wortspiele voraus, von denen es, wie er sagte, nur so strotzt. Er begann, von Lachen geschüttelt, die Lesung, ich hörte mit solchem Ernst zu, dass er sich fassen konnte, und als er fortwährend sah, dass ich es ihm in keiner Weise gleich tat, endigte auch er mit dem Lachen. Die längste und ausgefeilteste Passage dieses Stücks ~~war eine Bemerkung~~ drehte sich um das Vergnügen, das Mad{am}e G. daran nahm, Kinder zu sehen und sie zum Babbeln zu bringen. Der Verfasser leitete aus dieser Veranlagung zu Recht einen Beweis für ihre Gutnatur ab. Doch dabei ließ er es nicht bewenden, sondern bezichtigte all jene, die diesen Hang nicht teilen, so entschieden eines schlechten Naturells und der Boshaftigkeit, dass er sich zu der Behauptung verstieg: Wohl alle, die man aufs Schafott führt oder aufs Rad flicht, würden, wenn man sie danach befragte, ohne Ausnahme zugeben, dass sie Kinder nie liebten. Diese Behauptungen fielen an der Stelle, an die sie gesetzt waren, merkwürdig aus dem Rahmen. Selbst wenn man dies für wahr halten sollte, war dies der Ort, um es zu sagen?, und tat es Not, das Lob einer achtbaren Frau durch Bilder von Folter und Übeltätern zu besudeln? Ich konnte den Anlass zu dieser schmutzigen Behauptung leicht erkennen, und als Hr. P. mit Lesen geendet hatte, hob ich heraus, was mir an diesem Lob gut getroffen schien, setzte aber hinzu, dass der Verfasser beim Schreiben nicht Freundschaft in seinem Herzen trug, sondern Hass.

Am nächsten Tags war das Wetter recht schön, wenn auch kalt, ich tat einen Gang bis zur *école militaire*, da ich darauf rechnete, dort Moos in voller Blüte zu finden. Beim Gehen sann ich träumend über den Besuch des Vortags nach und über die Schrift von M. d'Alembert, wobei ich auf den Gedanken verfiel, dass diese episodische Einlage nicht ohne Hintergedanken dazwischen gesetzt worden war, und allein schon die Aufmerksamkeit, mir diese Druckbögen zuzutragen, ausgerechnet mir, dem man sonst alles verschweigt, zeigte mir deutlich genug, worum es sich drehte. Ich hatte meine Kinder den Findelkindern anvertraut, dies allein genügte schon, um mich in einen entarteten Vater zu travestieren, und indem man daraus einen weiteren Gedanken spann und pflegte, hatte man daraus nach und nach die augenfällige Konsequenz abgeleitet, dass ich Kinder hassen würde~~; mehr brauchte es nicht / und folglich war ich ein Übeltäter und der Strafe würdig~~; indem ich in Gedanken die Kette dieser Abstufungen abschnurren ließ, überkam mich Bewunderung über die menschliche Kunstfertigkeit, Weiß in Schwarz zu verkehren. Denn wie ich wohl glaube, hat nie noch ein Mensch mit mehr Liebe zugesehen, wie kleine Bengel herumtollen und spielen, und oft habe ich auf offener Straße und bei Spaziergängen innegehalten, um ihre Keckereien und ihre Spielchen mit einer Anteilnahme zu verfolgen, wie sie noch nie jemand geteilt. Just am Tag, als Hr. P. kam, hatte ich eine Stunde vor seinem Besuch bereits denjenigen der zwei Kleinen von Soussoi, den jüngsten Kindern meines Quartierherrn, wobei das ältere ~~sechs~~ sieben Jahre zählen mochte; sie hatten sich so herzlich umhalst, und ich hatte ihre Liebkosungen so zärtlich erwidert, dass sie sich trotz der Alterskluft bei mir aufrichtig wohl zu fühlen schienen, und was mich anbetrifft, so war ich vor Wonne in Wolken versetzt, weil sie mein altes Antlitz nicht abgestoßen hatte. ~~mein altes Antlitz stieß sie nicht ab; wir verließen uns ganz fröhlich und als gute Freunde~~ Das jüngere schien sogar so gerne mit mir zu Gange zu sein, dass ich ihm, mehr Kind als es selbst, bereits innig zugetan war, und ich ließ es mit soviel Reue ziehen als wäre es mein eigenes Kind gewesen.

Ich verstehe, der Vorwurf, dass ich meine Kinder den Findelkindern anvertraute, mochte durch kleine Schliche leicht zur Anklage zugespitzt werden, ich sei ein entarteter Vater und würde Kinder hassen. Indes, fest steht, dass ich ihnen diesen Schritt zugemutet hatte, weil für sie ein Schicksal zu befürchten stand, das tausendmal schlimmer und durch kein anderes Mittel zu verhindern gewesen wäre. Wäre es mir wirklich gleichgültig gewesen, was aus ihnen wird, hätte ich sie, da ich sie in meiner Lage unmöglich selber erziehen konnte, zur Erziehung ihrer Mutter überlassen müssen, die sie verhätschelt, sowie ihrer Familie, die sie zu Monstern herangebildet hätte. Allein der Gedanke macht mich noch heute schaudern. Was Mohammed mit Seïde tat, ist nichts im Vergleich zu dem, ~~was man in dieser Sache unternommen~~ wie man sie gegen mich beeinflusst hätte, und die Fallen, die man mir später in dieser Hinsicht stellte, bestätigten hinlänglich, dass der Plan dazu bereits geschmiedet war. In Wahrheit: Ich war noch weit davon entfernt, all diese gräuelreichen Ränke zu erahnen, aber ich wusste, dass die Erziehung bei den Findelkindern am wenigsten Gefahren für sie barg, und so brachte ich sie dorthin. Ich hielte es auch heute noch so, und zwar mit weit weniger Gewissenszweifeln, falls solches Not täte, und ich weiß genau, dass es keinen Vater gibt, der zärtlicher zu ihnen gewesen wäre, als ich, zumal meine natürliche Veranlagung durch den gewohnten Umgang mit ihnen noch befördert worden wäre.

So ich denn in der Kenntnis des menschlichen Herzens irgendwelche Fortschritte gemacht haben sollte, so verdanke ich es dem Vergnügen, das ich genoss, wenn ich Kinder sah und beobachteten konnte, dies allein vermittelte mir diese Kenntnis. Doch ebendies Vergnügen hätte, in meiner Jugend, eine Art Hemmnis gebildet, denn ich spielte mit den Kindern so frohgemut und mit so offenem Herzen, dass ich gar nicht darauf dachte, sie zu studieren. Als ich jedoch älter wurde und merkte, wie ihnen meine hinfällige Erscheinung zunehmend Angst einjagte, nahm ich davon Abstand, sie länger zu belästigen, und es war mir lieber, mich meines Vergnügens zu berauben, als ihre Freude zu trüben, vollauf damit zufrieden, mich am Anblick ihrer Spiele und kleinen Streiche zu laben; für all das, was mir entging, trösteten mich die Lichter, die mir die erworbenen Beobachtungen über die frühesten und unverstellten Regungen der Natur aufsteckten, von denen unsere Gelehrten keine Ahnung haben. Ich versiegelte in meinen Schriften den Beweis, dass ich mich mit solcher

Forschung viel zu eingehend beschäftigt hatte, als dass dies ohne mein Vergnügen hätte geschehen mögen, und es wäre in der Tat die wunderlichste Sache der Welt, wenn die *Héloïse* und der *Émile* das Werk eines M{enschen} wären, der kein Herz für Kinder hätte.

{Die folgende Passage findet sich nicht mehr im Manuskript, auch nicht in der Kopie; sie muss auf einem losen Zettel verlorengegangen sein; wir folgen der Edition von 1782:} Witz des Geistes und Redegewandtheit waren mir noch nie eigen; doch seit meinem Missgeschick sind meine Zunge und mein Kopf mehr und mehr gelähmt. Gedanken und treffende Worte entfliehen mir gleichermaßen, und dabei gibt es nichts, was ein genaueres Auffassungsvermögen und die angemessenere Wahl von Ausdrücken verlangt als die Worte, die man an Kinder richtet. Diese Befangenheit verstärkt sich bei mir noch aufgrund der Aufmerksamkeit solcher Zuhörer sowie der Auslegung und des Gewichts, das sie allem geben, was von einem Menschen stammt, der eigens für Kinder geschrieben hat und deshalb in der Lage sein sollte, ihnen ganz Orakel zu sein. Diese extreme Hemmung und Unfähigkeit, die mir selbst nicht verborgen bleibt, stört mich, lenkt ab, und mir wäre vor einem Monarchen aus Asien wohler als vor einem Kindchen, das man zum Babbeln bringen sollte.

Es gibt noch einen weiteren Hinderungsgrund, der mich heute ihre Nähe scheuen lässt, denn *{Ende dieser nur in der Buchedition von 1782 erhaltenen Passage}* seit meinem Missgeschick sehe ich sie noch immer mit derselben Freude, aber ich bin mit ihnen nicht mehr so innig vertraut. Kinder mögen das Alter nicht, der Anblick der zerfallenden Natur ist ihren Augen ein Gräuel, und der Aberwille, den ich ihnen abmerke, nagt an mir; lieber enthalte ich mich der Liebkosungen, als dass ich ihnen Hemmnis oder gar Ekel einflößen wollte. Dieser Grund, der nur auf wirklich liebende Herzen wirkt, gilt unseren Doktoren und Doktorinnen null und nichts. Mad{am}e Geoffrin scherte sich keinen Deut darum, ob die Kinder gern mit ihr zusammen waren, Hauptsache es bereitete ihr Vergnügen. Für mich aber ist ein solches Vergnügen schlimmer noch als nichts, denn sobald es nicht geteilt wird, scheint es mir negativ zu sein, und ich stehe nicht mehr in Umständen und in einem Alter, dass ich ein kleines Kinderherz mit dem meinen dahinschmelzen sehe. Wäre mir dies noch immer vergönnt, so würde dieses selten und seltener gewordene Gefühl nur noch eindringlicher für mich sein, und genau dies erlebte ich an jenem Morgen, als ich Gefallen daran fand, die Kleinen von Soussoi zu liebkosen, zumal mich die Aufwärterin, die sie im Schlepptau führte, in keiner Weise einschüchterte und ich kaum das Bedürfnis empfand, mich vor ihr bemeistern zu müssen; dazu kam, dass die Lustigkeit, mit der sie sich mir näherten, in keiner Weise von ihnen wich und sie sich allem Anschein nach mit mir keineswegs unwohl fühlten oder langweilten.

Oh! könnte ich noch einmal ein paar Augenblicke ungetrübter Liebkosungen genießen, die von Herzen kommen, und sei es vom Herz eines Kindes, das noch im Strickjäckchen steckt, ach, könnte ich noch in irgendeinem Auge Freude und Vergnügen über das Zusammensein mit mir sehen, wie ich es einst auslöste und oft beobachten durfte, solch flüchtige, aber süße Herzensergießungen würden mich für viel Leid und Pein entschädigen! Ah! nicht länger wäre ich darauf angewiesen, gütige Blicke unter Tieren zu suchen, da sie mir von den Menschen verwehrt werden. Das schließe ich aus den wenigen Beispielen, deren Andenken mir dafür umso teurer ist. Folgt ein weiteres, das ich unter anderen Umständen schon längst vergessen hätte, und gerade der tiefe Eindruck, den es mir hinterließ, zeigt das tiefe Elend. Vor zwei Jahren ging ich in Richtung *nouvelle France* und drang immer weiter vor, dann wandte ich mich nach links, um einen Bogen um Montmartre zu machen, wobei ich durch das Dorf von Clignancourt kam. Ich wanderte, in gedankenlose Träume versunken, ohne mich umzuschauen, als ich jählings spürte, wie etwas meine Knie umfasste. Ich schaue und sehe ein kleines Kind von fünf oder sechs Jahren, das meine Knie mit aller Kraft umklammerte und mich mit einem so traulichen und kosenden Blick bedachte, dass es mir die Eingeweide würgte und ich mir sagte: So also wäre ich von den meinen geherzt worden. ~~Ich umhalste das Kind mehrmals mit soviel~~ Ich nahm das Kind in meine Arme, ~~umhalste~~ küsste es wieder und wieder in einer Art Verzückung und ging dann meines Weges. Beim Gehen merkte ich, dass mir etwas fehlte, und ein schwelendes Bedürfnis ließ mich umkehren. Ich machte mir zum Vorwurf, dass ich das Kind so überstürzt verlassen hatte, ich erblickte in seinem scheinbar grundlosen Tun eine Art Eingebung, die zu würdigen war. Der Versuchung schließlich nachgebend, wandte ich meine Schritte um, renne auf das Kind zu, umhalse es abermals und ~~begann~~ gebe ihm ~~ein Münzstück~~ etwas, womit es sich kleines Backwerk aus Nanterre kaufen könnte, denn durch Zufall befand sich gerade ein Händler in der

Nähe, und ich begann mit ihm zu plaudern. Ich fragte, wo denn sein Vater sei; es wies auf jemanden, der Reifen um Fässer legte. Ich machte gerade Anstalten, mich vom Kind abzuwenden, um ihn anzureden, als ich merkte, wie mir ein Mann mit finsterer Miene zuvorgekommen war, der mich an jene Mücken gemahnte, die man mir ständig an die Fersen heftet. Während ihm dieser M:{ann} etwas ins Ohr flüsterte, sah ich wie sich die Blicke des Fassbinders aufmerksam auf mich hefteten und gar nichts Freundschaftliches mehr hatten. Dies Bild schnürte mir sogleich das Herz ab, und ich verließ Vater und Kind mit höherer Eile, als ich zuvor umgekehrt war, aber unter einem weit weniger angenehmen Aufruhr, der meine Stimmung sogleich erstickte.

Und doch hatte ich sie seither immer wieder gefühlt, bin noch und noch durch Clignancourt gestreift, bangend, dies Kind wiederzusehen, aber ich sah es genauso wenig wieder wie seinen Vater, und diese Begegnung hinterließ in mir eine nachhaltige Erinnerung, in die sich stets Süße und Trauer mischt, wie in alle Emotionen, die zuweilen noch in mein Herz vorzudringen vermögen, ehe es sich zuletzt aus einem Reflex voll Schmerz wieder schließt.

Doch nichts bleibt ohne Entschädigung. Seit meine Freuden seltener und kürzer geworden sind, genieße ich sie viel lebhafter, wenn sie mir zu Teil werden, als zu Zeiten, da sie mir noch geläufig waren ~~und so selten sie sind, sie hinterlassen Erinnerungen; / wenn sie rein und unvermengt waren / hinterlassen sie mir sehr süße Erinnerungen~~; ich käue sie, so zu sagen, durch vielfache Erinnerung wieder, und so selten sie sein mögen, so lange sie nur rein und unvermengt sind, machen sie mich glücklicher, als es jeglicher Wohlstand vermöchte. In der äußersten Armut fühlt man sich schon mit wenig reich. Ein Bettelbube, der einen *Écu* findet, ist davon tiefer beglückt als ein Reicher, der einen ganzen Geldbeutel fände. Ach, lachen würde man, wenn man sehen könnte, welch tiefen Eindruck mir solche geringen Freuden machen, die ich dem wachsamen Auge meiner Peiniger entziehen kann. Eine der letzten Gelegenheiten bot sich vor vier oder fünf Jahren, und jedes Mal, wenn ich daran denke, durchströmt mich Wohligkeit, weil ich sie so gut genutzt.

~~Wir waren~~ Eines Sonntags waren wir, meine Frau und ich, zur Mittagsmahlzeit zur *porte maillot* gegangen. Nach dem Mahl streiften wir durch den *bois de Boulogne* bis zur *muette*; alldort setzten wir uns im Gras in den Schatten und warteten, bis die Sonne sank, um dann in aller Annehmlichkeit über *Passy* zurückzukehren. Rund zwanzig kleine Mädchen, die von einer Art Nonne geleitet wurden, kamen zu uns, die einen setzten sich hin, die anderen tollten um uns herum. Während sie so spielten, zog ein Hippenhändler mit seiner Trommel und seinem Drehrad vorüber, auf der Suche nach Betätigung. Ich sah, wie die kleinen Mädchen begierig nach den Hippen schielten, und zwei oder drei von ihnen, die offenbar über ein paar *Liards* verfügten, baten um ein Spiel. Während die Aufwärterin zögerte und zankte, rief ich den Hippenträger herbei und sprach zu ihm: lassen Sie all diese Demoiselles je und je das Rad drehen, und ich komme für alles auf. Dies Wort löste in der ganzen Gruppe eine Woge von Freude aus, die mir allein schon meine Geldbörse wert gewesen wäre, wenn ich sie voll und ganz dazu verwandt hätte.

Da ich bemerkte, wie sie sich in wirrer Ordnung herandrängten, ließ ich sie unter dem Zuspruch der Aufwärterin auf einer Seite eine Reihe bilden, und sobald sie das Rad gedreht hatten, wechselten sie auf die andere Seite hinüber. Und wiewohl kein Los leer war und somit auch die, die keines ziehen konnten, mindestens einen Hippen gewannen, konnte keine von ihnen ganz unzufrieden sein, und um das Fest noch fröhlicher zu machen, sprach ich heimlich zum Hippenhändler, er möge sein gewohntes Geschick in unüblicherweise Weise einsetzen, damit möglichst viele gute Lose herausfielen, wofür ich alsdann aufkommen wollte. Dank dieser Voraussicht wurden rund hundert Hippen verteilt, wiewohl die jungen Mädchen jeweils nur ein einziges Mal gezogen hatten, denn in diesem Punkt blieb ich strikt und wollte keinerlei Missbrauch befördern oder Bevorzugung zeigen, was nur zu Unzufriedenheit geführt hätte. Meine Frau legte denen, die ein gutes Los gezogen hatte, nahe, ihren Kameradinnen etwas abzugeben, sodass die Anteile fast gleich gestreut waren und die Freude allen gemein wurde.

Die Nonne bat ich, ihres Orts das Glück zu versuchen, wobei ich sehr fürchtete, sie würde mein Angebot angewidert ausschlagen, aber sie willigte voll Anmut ein, drehte wie die Kostgängerinnen das Rad und nahm ohne Ziererei an, was ihr zugefallen war, wofür ich ihr unendlich Dank wusste, denn ich sah darin eine Art Höflichkeit, die mir wohl zu gefallen wusste und mehr Wert schien als jegliche Verstellung. Während dieses ganzen Treibens kam es zu Zwist, der vor meinen Richtstuhl getragen wurde, und die kleinen Mädchen traten reihherum vor, um ihre Klage vorzutragen, und gaben mir Gelegenheit zur Feststellung, dass zwar keines von ihnen sonderlich hübsch war, aber die Freundlichkeit vieler ließ ihre Hässlichkeit vergessen.

Wir schieden endlich, alle waren mit allen zufrieden; und dies wurde zu einem jener Nachmittage meines Lebens, dessen Andenken ich mir mit größter Befriedigung ins Gedächtnis rufe. Das Fest war übrigens keineswegs ruinös, ~~denn es kostete mich keine dreißig *Sols* und ein Fest voll Pomp hätte mich nicht so erfreut~~ und für die dreißig *Sols*, die es mich kostete, gab es mehr als hundert *Écus* Zufriedenheit. So ist es denn wahr, dass wahre Freude ~~richtig aufgefasst~~ sich nicht nach dem Aufwand bemisst und die Lustigkeit mehr die Freundin von Hellern als von Hundertern ist. Ich kehrte des Öfteren zu jenem Platz zurück, und zwar zur nämlichen Stunde, bangend, wieder auf die kleine Truppe zu treffen, aber das kam nie wieder vor.

Dies erinnert mich an eine andere Kurzweil von ähnlicher Art, deren Andenken viel weiter zurückreicht. Es geschah in jener unseligen Zeit, als ich mich unter Reichen und Schriftgelehrten herumtrieb, sodass ich bisweilen gezwungen war, ihre trüben Freuden zu teilen. Ich weilte in der *Chevrette* zur Zeit des Festes für den Hausherrn; seine ganze Familie war zusammengekommen, um ihn hochleben zu lassen, und zu diesem Zweck wurde das ganze Gepränge greller Freuden in Anschlag gebracht. Spiele, Theater, Bankette, Feuerwerk, nichts wurde ausgespart. ~~Ich sah alle Welt~~ Man fand keine Zeit, Atem zu schöpfen, und man begann zu schwindeln, statt sich zu vergnügen. Nach dem Mittagsschmaus trat man auf die Avenue, um frische Luft zu schnappen. Man hielt eine Art Jahrmarkt ab. Es wurde getanzt, die edlen Herren verschmähten es, mit den Bäuerinnen zu tanzen, doch die Damen wahrten ihre Würde. Man verkaufte dort auch Lebkuchenbrot. Ein junger Mann aus unserer Gesellschaft verstieg sich dazu, ein paar Stück zu erstehen, um sie eins ums andere unter die Menge zu werfen, und man fand viel Gefallen daran, zuzuschauen, wie sich diese Landleute darauf stürzten, sich prügelten, sich über den Haufen warfen, um etwas zu ergrabschen, und niemand wollte sich diesen Spaß entgehen lassen. ~~Ich tat es den anderen gleich, um nicht den Eindruck zu erwecken, ich wollte meinen Geldbeutel schonen~~ Lebkuchen flogen also nach links und rechts, Mädchen und Knaben jagten herbei und verrenkten sich, in wüstem Haufen, die Glieder; dies schien der hohen Welt ganz zauberhaft. Ich tat es den andern gleich, aus schlimmer Scham, auch wenn ich mich innerlich nicht so erlustigte wie sie. Doch bald schon wurde ich es leid, meinen Geldbeutel auszuplündern, damit sich Leute zerquetschten, und so ließ ich die nette Gesellschaft stehen und streifte allein über den Jahrmarkt. Die Vielfalt all der Sächelchen vertrieb mir lange die Zeit. Da fielen mir unter all dem Trubel fünf oder sechs Savoyarden ins Auge, eine Jungfer umringend, die in ihrer Auslage noch ein Dutzend mickrige Äpfel liegen hatte, die sie gerne losgeworden wäre. Die Savoyarden hätten sie nur allzu gerne von ihnen befreit, aber sie hatten alle zusammen nur noch zwei oder drei *Liards*, und damit mochte man keine breite Bresche in die Wand aus Äpfeln schlagen. Diese Auslage galt ihnen als Garten der Hesperiden, und das Mädchen war der Drache, der alles bewachte. Diese Komödie vertrieb mir lange die Zeit; endlich führte ich die Auflösung herbei, indem ich dem Mädchen die Äpfel bezahlte ~~die es auf mein Geheiß verteilte~~ und unter die Knaben verteilen ließ. ~~Man mag sich keine reichere Freude vorstellen / Befriedigung als diejenige dieser armen Kinder, außer~~

Da kam ich in den Genuss eines der süßesten Schauspiele, die je das Herz eines Menschen rühren mochten, denn ich sah, wie sich die Freude, vereint mit der Unschuld des Alters, rund um mich ergoss. Denn auch die Schaulustigen teilten sie beim bloßen Anblick, und ich kam sehr billig in diesen Genuss, zuzüglich zu dem, dass all dies mein Werk war.

Indem ich diese Kurzweil mit jener verglich, der ich gerade den Rücken gekehrt hatte, fühlte ich voll Befriedigung das Gefälle, das zwischen gesunden Vorlieben sowie natürlichen Freuden und jenen besteht, die aus Überfluss geboren werden und letztlich nichts anderes sind als Spottlust und Freuden, die einzig und allein der Verachtung entspringen. Denn welche Freude mochte man am Anblick einer Herde von Menschen nehmen, die, vom Elend erniedrigt, einen Haufen bilden, sich ersticken, sich auf brutale Weise die Glieder ausrenken, um in blinder Gier ein paar Brocken Lebkuchenbrot zu raffen, die, von Füßen zertrampelt, in Dreck erstarren?

Ich habe bei mir lange darüber nachgedacht, welcherlei Wollust ich bei solchen Gelegenheiten kostete, und fand, dass sie weniger im Gefühl der Wohltätigkeit als vielmehr in der Freude am Anblick zufriedener Gesichter liegt. Diesem Schauspiel eignet ein Zauber, der zwar tief in mein Herz dringt, aber doch nur Sinnenlust scheint. Würde ich die Befriedigung nicht sehen, würde mir dies nur halbe

Freude bereiten, auch wenn ich sie selbst veranlasst hätte. Es ist dies vielmehr eine uneigennützige Freude, sie hat nichts mit der Rolle zu tun, die ich dabei spielen mochte. Denn bei Festen des Volkes war mir die Lust, fröhliche Gesichter zu erblicken, noch stets die höchste Lockung. Diese Erwartung wurde in Frankreich indes oft genug enttäuscht, denn diese Nation mag sich noch so fröhlich preisen, sie trägt diese Fröhlichkeit nur selten im Antlitz. ~~Ich war immer erstaunt und betrübt~~ Vor Zeiten ging ich oft zu Guinguettes, um das schlichte Volk tanzen zu sehen: Doch diese Tänze waren garstig, das ganze Gebaren so kläglich, so linkisch, dass ich eher betrübt als erheitert von dannen zog. In Genf aber und in der Schweiz, wo sich das Lachen nicht allaugenblicklich in toller Missgunst Luft macht, atmet alles bei ihren Festen Zufriedenheit und Fröhlichkeit, selbst die Armut trägt keinerlei hässliche Tupfer hinein, und der Prunk zeigt sich nie in seinem ganzen Hochmut; das Wohlsein, die Brüderlichkeit, die Eintracht verleiten die Herzen zu Verschmelzung, und in der Entrückung unschuldiger Freude gesellen sich oft genug Unbekannte zueinander, fallen sich in die Arme und laden sich wechselseitig ein, gemeinsam die Freuden des Tages zu genießen. Um mich an diesen lieblichen Festen zu erfreuen, muss ich gar nicht Teil von ihnen sein, es genügt mir, sie zu betrachten; ich teile sie im Schauen; und unter all den fröhlichen Gesichtern gibt es, dessen bin ich gewiss, kein fröhlicheres Herz als das meine.

Wiewohl dies nur ein Vergnügen der Sinne ist, wurzelt es doch im Moralischen, wie der Umstand beweist, dass mich dieser Anblick nicht mit schmeichelnder Lust erfüllt, sondern vor Schmerz und Empörung zerreißt, wenn ich weiß, dass diese Anzeichen von Freude und Fröhlichkeit auf den Gesichtern der Bösen nichts als das Bild ihrer befriedigten Boshaftigkeit darstellen. Die unschuldige Freude ist die einzige, deren Anzeichen meinem Herz schmeicheln. Die der grausamen und spottsüchtigen Freude aber nagen an ihm und betrüben es, selbst wenn ich nichts damit zu tun habe. Gewiss, diese Zeichen sind letztlich nicht genau die gleichen, da sie ja verschiedenen Grundsätzen entspringen: und doch, es sind letztlich auch Zeichen der Freude; und das fühlbare Gefälle ist keineswegs so groß wie der Unterschied zwischen den Regungen, die sie in mir auslösen.

Regungen aus Schmerz und Pein treffen mich noch weit tiefer; so sehr, dass ich sie nicht ertrage, ohne von Empfindungen aufgewühlt zu werden, die unter Umständen noch heftiger wüten als jene, deren Widerspiel sie sind. Die Einbildungskraft steigert die Gefühlsregung und lässt mich mit dem leidenden Wesen eins werden, was mir oft genug Ängste eingibt, die es selbst gar nicht spürt. Ein unzufriedenes Gesicht ist gleichfalls ein Schauspiel, das ich unmöglich ertragen kann, namentlich wenn es Anlass zum Gedanken gibt, dass diese Unzufriedenheit mit mir zu tun haben könnte. Ich kann gar nicht beschreiben, wie viele *Écus* mir die grummelnden und missfreudigen Gesichter von Bediensteten, die mir widerwillig aufwarteten, aus der Tasche klaubten; und dies in Häusern, in die ich mich einst aus Dummheit locken ließ und in denen mich die Hausdiener die Gastfreundschaft ihrer Herren stets teuer bezahlen ließen. Viel zu tief treffen mich sinnlich wahrnehmbare Gegenstände, und insbesondere jene, die das Zeichen von Freude oder Pein tragen, von Güte oder Abneigung, denn ich lasse mich von solchen äußerlichen Ausdrücken beeinflussen, ohne mich alldem anders entziehen zu können als durch Flucht, zumeist. Ein Zeichen, eine Geste, ein Augenwink eines unbekannten Menschen, dies genügt schon, um meine Freuden zu trüben oder mein Leid zu lindern. Ich bin nur bei mir, wenn ich allein bin, sonst bin ich allerwärts der Prellball meiner Umgebung.

Einst lebte ich voll Freude in der Welt, denn ich erblickte in den Augen aller Unbekannten nur Güte oder, im ungünstigsten Fall, Gleichgültigkeit. Heute aber, da man keine Mühe scheut, um dem Volk meine Fratze zu zeigen und als Maske vor mein Naturell zu halten, kann ich den Fuß nicht in die Straße setzen, ohne mich von den schmerzlichsten Gegenständen umstarrt zu sehen; ich hetze mit weiten Schritten in die freie Landschaft hinaus; sobald ich Grün erblicke, beginne ich aufzuatmen. Ist es da noch erstaunlich, dass ich die Einsamkeit liebe? In den Mienen der Menschen erblicke ich stets nur Feindseligkeit, die Natur aber lächelt mich immer an.

Und doch kann ich die Freude nicht leugnen, unter Menschen zu leben, solange ihnen meine Fratze unbekannt ist. Doch ist dies eine Freude, die man mir nur selten vergönnt. Noch vor wenigen Jahren liebte ich es, durch Dörfer zu streifen und am Morgen den Arbeitern zuzuschauen, wie sie ihre Bündel packten, oder den Frauen, die mit ihren Kindern auf den Schwellen saßen. Dieser Anblick hat etwas, ich weiß nicht was, was mir zu Herzen geht. Bisweilen hielt ich inne, ohne es zu merken, um das schlichte Treiben dieser guten Leute zu betrachten, und ich fühlte mich seufzen, ohne zu wissen, warum. Ich weiß gar nicht, ob man mich bei dieser Gefühlsseligkeit beobachtet hat und mir auch diese kleine Freude noch nehmen wollte; aber ~~streife ich durch / ich fühle mich rasch wohl~~ der Wechsel, den ich auf den Gesichtszügen wahrnehme, sobald ich an jemandem vorbeigehe, und die Art, wie man mich anstarrt, zwingen mich zur Einsicht, dass man viel Mühe verwandte, um mir auch noch dieses Inkognito zu rauben. Ein Gleiches widerfuhr mir, und zwar auf weit schlagendere Weise, bei den *Invalides*. Dieses prächtige Gebäude hat mich immer schon in Bann gezogen. Ich kann es nicht anschauen, ohne Mitleid und Verehrung für die Gruppen wackerer Greise zu empfinden, die wie einst jene von Sparta sagen mögen:

Vor Zeiten war ich, ach
Jünger, kühn und wach.

Einer meiner liebsten Spaziergänge führte um die *école militaire*, und voll Freude traf ich auf Schritt und Tritt Invaliden, die sich die einstige militärische Ehre bewahrt hatten und mir im Vorbeigehen salutierten. Ihr Salutieren erstattete ihnen mein Herz hundertfach zurück, es schmeichelte mir und steigerte die Freude, die ich bei ihrem Anblick empfand. Da ich nichts verbergen kann, was mich rührt, erzählte ich oft von den Kriegsversehrten und der Art und Weise, wie mich ihr Anblick rührt. Das war auch schon genug: Bald darauf merkte ich, dass ich ihnen kein Unbekannter mehr war, oder genauer: ich war es noch weit mehr als zuvor, denn jetzt sahen sie mich mit dem gleichen Auge an wie das ganze Publikum. Vorbei mit aller Ehre, Schluss mit Salutieren. Abstoßende Grimassen, gehässige Blicke folgten auf ihre frühere ~~anmutige Haltung~~ Urbanität. Doch die einstige Redlichkeit ihres Handwerks gestattet es ihnen nicht wie allen anderen, ihre Feindseligkeit hinter einer lachenden Maske voll Falsch zu bergen, sondern sie bezeigen mir in aller Offenheit den heftigsten Hass, und darin liegt das Übermaß meines Elends: Ich bin gezwungen, jene am höchsten zu achten, die mir ihre Wut am wenigsten verhehlen.

Seither promeniere ich nicht mehr so frohgemut rund um die *Invalides*; doch da meine Gefühle ihnen gegenüber nicht von den ihrigen mir gegenüber abhängen, begegne ich diesen früheren Verteidigern des Vaterlandes nie ohne Respekt und Anteilnahme: Doch ist es mir hart, dass sie mir die Gerechtigkeit, die ich ihnen widerfahren lasse, so schlecht vergelten. Treffe ich durch Zufall auf einen, der den gemeinen Instruktionen entgangen ist, oder auf einen, der mir, in Unkenntnis meiner Gesichtszüge, keinerlei Aberwille bezeigt, dann entschädigt mich der Salut dieses einen für die grimme Haltung der andern. Die aber vergesse ich, um mich einzig um diesen einen zu bekümmern; und ich male mir aus, dass er wie ich über eine Seele verfügt, die jeglichem Hass verschlossen bleibt. Ein solch freudiges Erlebnis hatte ich noch letztes Jahr, als ich das Wasser querte, um einen Rundgang auf der *Isle aux cignes* zu tun. ~~Es gab da~~ Ein armer alter Invalider wartete in einem Boot auf Begleitung, um hinüberzusetzen. ~~Ich war der einzige~~ Ich machte mich vorstellig und bat den Bootsführer, abzulegen.

Die Strömung war stark, und die Überfahrt zog sich hin. Fast wagte ich es nicht, mein Wort an den Versehrten zu richten, aus Angst, wie gewöhnlich grob angefahren und abgewiesen zu werden, doch seine honette Art ermutigte mich. Wir plauderten. Er schien mir ein Mann von Geist und Gesittung. Sein offener und leutseliger Ton ~~verzauberte~~ überraschte und bezauberte mich, da ich solche Gunst kaum mehr gewohnt bin; meine Überraschung wich, als ich erfuhr, dass er frisch aus der Provinz hier eingetroffen war. Ich merkte, man hatte ihn über mein Gesicht noch nicht ins Bild setzen und instruieren können. Ich nutzte dies Inkognito, um einc Weile mit einem Menschen Konversation zu betreiben, und die Süße, die ich dabei empfand, zeigte mir, wie die Seltenheit selbst den Wert der allergewöhnlichsten Freuden zu steigern vermag. Als ich das Boot verließ, klaubte er seine zwei *Liards* hervor. Ich bezahlte ~~das ganze Gefährt~~ den Preis für die Überfahrt und bat ihn, sie wieder einzustecken, zitternd vor Befürchtung, ihn bockig zu machen. Doch nichts dergleichen: gegenteils, er schien für die erwiesene Aufmerksamkeit ebenso empfänglich wie für eine weitere, als ich ihm aus dem Boot half, da er schon älter war als ich. *{Auf der gegenüberliegenden Seite befindlicher Satz, der meist hier eingefügt wird:}* Das ~~edle und~~ liebenswürdige Vertrauen dieses würdevollen Mannes rührte mich fast zu Tränen des Wohlseins. Wer möchte es für möglich halten, das ich Kind genug war, um über dieses Wohlsein zu weinen? Ich starb vor Lust, ihm eine Münze von vierundachtzig *Sols* in die Hand zu legen, damit er sich Tabak kaufen konnte; ich wagte es nicht. ~~Ich hätte sie gesteckt / ich wollte / ich hätte sie ihm in die Tasche~~

~~gesteckt, ohne dass er es merkte, aber ich bemerkte Leute, die mich beobachteten, mit einem Blick~~ Jene Scham, die mich zurückhielt, hat mich schon oft an guten Taten gehindert, die mich mit Freude erfüllt hätten und von denen ich nur Abstand nahm, indem ich meine Torheit bedauerte. Diesmal fand ich, nachdem ich den alten Invaliden verabschiedet hatte, im Gedanken Trost, dass ich gewissermaßen gegen meine eigenen Prinzipien verstoßen hätte, wenn ich ~~in solche Sachen hartes Geld hineinvermengt~~ in Angelegenheiten der Ehre hartes Geld gemischt hätte, was deren Adel herabwürdigt und alle Uneigennützigkeit in den Schmutz zieht. Man muss den Bedürftigen zu Hilfe eilen, doch im gewöhnlichen Lauf der Dinge sollten wir die natürliche Wohltätigkeit und Urbanität ihr Werk tun lassen, ohne dass sich je wohlfeile und merkantile Überlegungen in die Nähe einer so reinen Quelle wagen, um sie zu verderben oder zu trüben. Es heißt, in Holland lasse sich das Volk bezahlen, um die Uhrzeit mitzuteilen oder den Weg zu weisen. Das muss ein gar klägliches Volk sein, das dieserweise die schlichtesten Pflichten der Menschheit verschachert.

Ich konnte die Feststellung machen, dass man einzig in Europa für Gastfreundschaft einen Preis erheischt. In ganz Asien lässt man Sie unentgeltlich wohnen; freilich verstehe ich, dass man sich nicht so leicht hineinbequemt. Aber gilt es denn nichts, dass man sich sagen kann: Ich bin ein Mensch und werde von Menschen empfangen? Reine Menschlichkeit richtet meine Tafel. Kleine Einbußen erträgt man ohne Pein, wenn das Herz besser bewirtet wird als ~~mein~~ der Körper.

ZEHNTE TRÄUMEREI

Am heutigen Palmsonntag ist es genau fünfzig Jahre her, dass ich Madame de Warens zum ersten Mal begegnete. Sie, die mit dem Jahrhundert geboren war, zählte damals 28 Jahre. Ich noch keine siebzehn, doch mein pochendes Temperament, von dem ich freilich nichts ahnte, hauchte meinem Herzen ungekannte Hitze ein, obwohl es ohnehin vor lauter Leben strotzte. Wenig wunderlich, dass sie zu einem jungen Mann, jäh und doch sanft, bescheiden gar sowie von hübschem Wuchs, Wohlgefallen fasste, und noch weniger, dass mir eine zauberhafte Frau, voll Witz und Anmut, nebst Dankbarkeit ~~verborgene Gefühle der Liebe~~ noch weit zärtlichere Gefühle eingab, was ich nicht recht voneinander unterscheiden mochte. Ungewöhnlicher schon, dass dieser erste Augenblick über mein ganzes Leben entschied und durch eine unausweichliche Verkettung das Schicksal meiner restlichen Tage bestimmte. Meiner Seele, deren glänzendste Gaben sich unter dem Eindruck meiner Sinnesorgane noch nicht herausgebildet hatten, fehlte jegliche feste Gestalt. Sie wartete voll Unruhe auf den Moment, der sie prägen würde, doch so sehr jener Moment durch diese Begegnung näher kam, er trat doch nicht so früh ein, und die Schlichtheit der Sitten, die ich meiner Erziehung dankte, zog diesen herrlichen, wenn auch rasenden Zustand in die Länge, bei dem Liebe und Unschuld im selben Herzen wohnen. Sie hatte mich fern von sich geschickt. Alles mahnte mich an sie, es gab nur eins: zurück. Diese Rückkehr meißelte mein

Schicksal, und noch lange, ehe sie mir gehören sollte, lebte ich nur noch durch sie und für sie. Ach! hätte ich ihrem Herzen so genügt wie sie dem meinigen! Welch friedliche und anmutige Tage hätten wir gemeinsam dahinfließen lassen! Wir verlebten zwar solche Tage, aber sie waren rasend kurz – und welch Schicksal folgte ihnen! Es vergeht kein Tag, an dem ich mir nicht voll Freude und Rührung diese kurze und einzige Zeit meines Lebens in Erinnerung rufe, in der ich rundum ich war, ohne jede Trübung und ohne Hemmnis, und in der ich wirklich sagen konnte: Ich habe gelebt. Wie der Vorsteher der Prätorianergarde, der unter Vespasian in Ungnade gefallen war und einen friedsamen Lebensabend auf dem Land verbrachte, darf ich sagen: »Ich weilte siebzig Jahre auf Erden und habe nur deren sieben gelebt.« Ohne diesen kurzen, aber kostbaren Zeitraum hätte ich nie Gewissheit über mich selbst erlangt, denn den ganzen Rest meines Lebens war ich, schwach und wehrlos, so sehr von den Leidenschaften der anderen geschüttelt, gebeutelt und zerzupft, dass ich, passiv fast in so umstürmtem Leben, kaum ausmachen könnte, was an meinem eigenen Verhalten von mir stammt, so sehr lastet, ohne Unterlass, die harte Notwendigkeit auf mir. Doch während dieser geringen Zahl von Jahren, stets geliebt von einer Frau voll Herzensgüte und Sanftmut, tat ich, was immer ich tun wollte, war ich, was ich immer sein wollte, und indem ich, angespornt von ihren Lektionen und ihrem Beispiel, meine freie Zeit nutzte, vermochte ich meiner noch ganz schlichten und frischen Seele die Form zu verleihen, die ihr am besten zupass kam und die sie forthin bewahren sollte. Der Hang zu ~~Einkehr~~ Einsamkeit und Versenkung entstand in meinem Herzen mitsamt den strömenden und zärtlichen Gefühlen, die ihn nährten. Tumult und Lärm engen sie ein, ersticken sie, Ruhe und Frieden lassen sie aufleben, aufjubeln. Ich muss in mich gehen, um lieben zu können. Ich hielt Maman an, auf dem Land zu leben. Ein abgelegenes Haus am Abhang eines Tales war unsere Zufluchtstätte, und dort ~~verlebte ich die Blüte meiner Jugend~~ genoss ich im Zeitraum von vier oder fünf Jahren ein gelebtes Jahrhundert voll reinem und erfülltem Glück, das mit seinem Zauber alles überstrahlt, was mein jetziges Schicksal an Grauen kennt. Ich war auf eine Freundin nach Maßgabe meines Herzens angewiesen, und hatte sie. Ich wolle auf dem Land leben, und setzte es durch; ~~all meine Gelüste waren befriedigt~~ ich konnte keine Unterjochung leiden und war ganz frei, ja mehr noch als frei, denn ich wurde nur von meine eigenen Neigungen unterjocht und machte, was ich machen wollte. Meine ganze Zeit war ausgefüllt von liebender Sorge oder ländlichen Besorgungen. Ich wünschte nichts weiter als: das Währen dieses süßen Zustandes. ~~Indes stieß ich auf~~ Meine einzige Qual war die Befürchtung, dass er nicht lange dauern würde, und diese Befürchtung, den Zwängen unserer Lage geschuldet, war nicht unbegründet. Von da an sann ich darauf, Ablenkung von dieser Unruhe zu finden und zugleich Wege, um ihren Auswirkungen zu trotzen. Ich dachte, ein Vorrat an Talenten ~~Kenntnissen~~ sei das beste Mittel gegen Armut, und beschloss, meine freie Zeit dahingehend zu nutzen, mich nach Möglichkeit in die Lage zu versetzen, der besten aller Frauen eines Tages jenen Beistand zu geben, den ich von ihr erhalten hatte.

KOMMENTAR

ZUM TITEL

Träumereien eines einsam Schweifenden / Les rêveries du Promeneur Solitaire

Heinrich Meier wirft in seiner Monographie zu den *Träumereien* (*Über das Glück des philosophischen Lebens*, München 2011) der letzten vollständigen Übertragung, freilich unter Weglassung der Spielkarten, vor, dass Ulrich Bossier mit *Träumereien eines einsamen Spaziergängers* (Stuttgart 2003) gleich drei Fehler begehe, da es eigentlich *Die Träumereien des solitären Spaziergängers* heißen müsste. Bei uns also fände er noch mehr »Fehler«.

Doch gerade die Spannung und der Rechtfertigungsdruck des auf dem wiegenden »e« / »i« beharrenden »eines« und vor allem der Verweis auf das Aus-Schweifende dieser Erkundungen an der Schwelle zwischen Wachen und Schlafen, Innen und Außen, haben die Übersetzung, aber auch den Kommentar und die Auswahl von »Parallelgeschichten« aus anderen Werken, tief geprägt und befördert.

Es handelt sich um den Versuch, den Begriff »Spaziergang«, der damals, wie dem Grimmschen Wörterbuch zu entnehmen ist, genauso wie im Französischen noch viel mehr die »Herumstreicherei« sowie »Müßiggang« mithören ließ (so auch in den verwendeten alten Wörterbüchern), anders zu gewichten. Zudem soll im Wort »Schweifen« der pejorative Aspekt des Wortes »rêverie« nachhallen, das, wie Marcel Raymond in der Ausgabe der »Bibliothèque de la Pléiade« belegt, im 18. Jahrhundert durchaus mit »Ausschweifung« und unseriösem Gedankengegaukel assoziert wurde (OC I Einleitung S. LXXVI). Die Verwendung der Schlüsselwörter

»rêverie«, »méditation«, »promenade« wirkt äußerst instabil, als wären es Synonyme eines ebenso unsäglichen wie namenlosen Zustandes. So »informe« wie das ganze Projekt, mit diesem Werk ein »ungestaltes Tagebuch« zu führen.

Rousseau verfasst die einzelnen »promenades« zwischen 1776 und 1778 als sein letztes Werk, wobei die Datierung und Chronologie der einzelnen Gedankengänge eine eigene Wissenschaft ist. Sie stehen im Echoraum seines ganzen Werks und seiner Briefe, was wir mit einer Wahl von »Schweifzügen« aufgreifen wollen, in denen vor allem das noch nie ins Deutsche übersetzte früheste Manuskript der *Confessions* eine Schlüsselrolle spielt, das am wenigsten gezähmt ist und heute in der Bibliothèque der Universität von Neuenburg liegt, in schöner Nachbarschaft mit den Manuskripten zum *Essais sur l'origine des langues* und den *Rêveries* mitsamt ihren Spielkarten. Das Manuskript, das er nach seiner Flucht aus Môtiers seinem Freund Pierre-Alexandre Du Peyrou übergeben hat, bricht mitten in einem Satz ab und lässt das Weiß des Papiers performativ sprechen. Ja, Rousseaus Schreiben war immer auch eine Flucht. (Performativ ist auch das jähe Ende der *Zehnten Träumerei*, als würde alles wieder von vorne beginnen können, Kreise im Wasser …)

Das Exzentrische, außerhalb aller Vernunft Stehende betonen auch zeitgenössische Wörterbücher und reden unter dem Stichwort »rêverie« von: »das Ausschweifen der Gedanken« oder »närrische Gedanken« (1772) oder »seltsame, närrische, ausschweifende Gedanken« und »Wahnwitz, das Irrereden, Fantasieren, Faseln oder Fabeln eines Kranken« (1804). Eine ähnliche Drift bezeugt das Wort »Spaziergang« in Goethes *Werther*, der Rousseaus Schriften zutiefst wahlverwandt war, indem er auf einer einzigen Seite von »weiten Wanderungen«, »die Begier im Menschen sich auszubreiten, neue Entdekkungen zu machen, herumzuschweifen« sowie »Vagabund« spricht (nach dem Erstdruck von 1774). Damit läuft, als Strolch, wie von selbst die lateinische Prägeformel für »träumen« mitten aus dem Freien in unser Wortfeld: »rexvagare«. Rousseau weitet dieses ausschweifende Netz von Bezügen bis hin zur Wortfindung »extravagabundieren«!

»Träumereien« / »promenades«

Die »promenades« umklammern das Leben von JJR, Jean-Jacques Rousseau: Nachdem scine Geburt am 28. Juni 1712 sein erstes Unglück war, da sie, so schreibt er in den *Confessions*, seiner Mutter das Leben kostete, scheint ihn die Erinnerung an die eigenen Eltern, wie sie über die »Treille« – sofort fügt er in der ersten Fuß-Note an: »Der Name einer Promenade« – lustwandelten, als sie neun Jahre jung und schon verliebt waren, auf die Stechbahn eines wandernden Lebens zu werfen, das am 2. Juli 1778 endet, nachdem er, von einem botanisierenden Streifzug erschöpft, auf einen Knall gestürzt und in den Armen seiner Magd und Frau, Thérèse, gestorben ist.

Die einzelnen Teile des Werks sind mit »promenades« überschrieben. Wir wählten zunächst »Schweifereien«, um an den Haupttitel unserer Übersetzung anzuschließen und das Ausschweifende sowie Zügellose dieser wilden Lust am ziellosen Irren herauszustreichen. Doch in der Literatur wird meist auf die »Erste Träumerei« oder die »Fünfte Träumerei« verwiesen. Das ist zwar falsch, aber vielleicht eine bessere Wahl als das korrekte »Spaziergänge«. Auch verlockt die Nähe zur musikalischen Spielart der Träumerei zu diesem Wortwechsel.

Wenig haben Rousseaus »promenades« mit dem zu tun, was man heute, gut ausgeschildert und das Ende des Weges immer schon in Stunden angezeigt, unter Spazier- und Wanderwegen versteht; aber auch wenig mit dem stolz paradierenden Promenieren auf den Boulevards von Paris. Rousseau treibt sich herum, als Kind schon vor den Toren der Stadt, die nächtens geschlossen werden und ihn ausschließen, zusammen mit allen anderen Heimatlosen, Herumirrenden, mit allen Vagabunden auch.

Seine Spaziergänge sind Erkundungen am Rand der Gesellschaft und im Ausschluss aus der menschlichen Gemeinschaft. Vielleicht hätte er jene spezielle Kleidung tragen sollen, die man damals für Promenierende ins Auge fasste, die freiwillig zu Fuß statt hoch zu Ross oder in der Kutsche unterwegs waren, um sie so von den Armen zu unterscheiden, die zum Spazieren gezwungen waren?

Doch nein, lieber noch kleidete er sich in seine Tracht, auf dem Kopf die Armeniermütze und den Bart sprießen lassend, da er ein Zeichen und Wille der Natur sei, ganz Bär werdend und so durchs Dickicht der Wälder, Erinnerungen und Gedanken schweifend. Die Nähe dieses Gehens mit sexueller Ausschweifung oder einfach naiver Schaulust zeigt sich – nebst der exhibitionistischen Szene, die im Anhang unter dem Titel *Im Untergrund schweifen* angeführt ist – schön in drei hart aufeinanderfolgenden Szenen aus dem vierten Buch der *Confessions*, deren erste oft unterschlagen wurde und mit den beiden anderen im Anhang als sechster Schweifzug den Titel trägt: *Im Schwindel der Lust*.

ERSTE TRÄUMEREI

Allda / alldort

Entgegen seiner Absicht, das Buch »nur für mich« zu schreiben, hebt Rousseau mit einer durchaus theatralischen Geste an: »Me voici donc seul sur terre …« Und stellt sich damit auf die Bühne. Die Gegner aber in die andere Ecke: »Les voilà donc étrangers …« Obwohl es ihm ganz darum zu tun ist, zur reinen Selbst-Präsenz zu finden, wie er es beim Aufwachen nach der Ohmacht (*Zweite Träumerei*) oder auf dem Bielersee (*Fünfte Träumerei*) erlebt, will er diese reine Präsenz offenbar doch zeigen, ausstellen, repräsentieren. Für dieses flüchtige Finden des Selbst würde man vielleicht besser die deutschen Wendungen »daselbst« / »dortselbst« ins Spiel bringen.

also

Die Interpreten haben das »donc« als »Vollendung eines ganzen Lebens« gedeutet und als Auftakt einer symphonischen Dichtung gefeiert, indem es die Tonalität nach langen Phasen der Angst vorgibt – oder schlicht als Antwort auf Descartes' »Je pense, donc je suis«. Dieses prekäre »je«, im Spiel mit dem »moi«, dem »soi« und dem »me«, eröffnet das Maskenspiel von Rousseau: Seine öffentliche *persona* sei reine Grimasse, sein Ich dahinter aber nur sehr selten als wahres Selbst fühlbar.

Dieses »donc« referiert also je nach Interpret Rousseaus Ausschluss aus dem Kreis der Lebenden nach dem Unfall, den er in der *Zweite Träumerei* schildert, oder die Resignation, die ihn befreit, nachdem er in den *Confessions*

»alles sagen wollte« (OC I 131), aber von niemandem gehört wurde, da sogar im privaten Kreis beim Vorlesen nur die Marquise d'Egmont mit flüchtigem »Erzittern« darauf antwortete, und wohl auch, wie er in der *Erste Träumerei* meint, von kommenden Generationen nie gehört werden wird, um dann mit »erstickter Stimme« ein Zwiegespräch mit sich selbst in den *Dialogues* zu führen, bis er endlich in den *Träumereien* zurückfindet zum reinen Fluss des Fühlens und Schreibens, von den Erinnerungen hin- und hergewiegt wie am Bielersee: Den *Träumereien* also, wie Michel Foucault in seinem Vorwort zu den *Dialogues* darlegt.

Da Foucault aber den klinischen Diskurs ausschließt, um das Wesen von Rousseaus Werk zu erfassen, wollen wir noch weiter gehen und, wie es Jacques Derrida bei Antonin Artaud tat, die Behauptung wagen, dass auch der kritische Diskurs das Werk nicht in den Griff nehmen kann, dass sich Rousseau den Interpreten entzieht – so wollen wir in diesem Kommentar und Anhang statt akademische Sekundärliteratur hauptsächlich weitere Stellen voll träumender Schweifsucht anführen.

um von ihnen ~~bis~~ zu mir zu gelangen:
Ein zentraler Gedanke, den Rousseau im noch nie übersetzten Neuenburger Manuskript zu den *Confessions* radikal zum Satz zuspitzt: »et cet autre ce sera moi«.

Die meisten Kommentatoren gehen davon aus, dass JJRs Ich das feste Fundament seines Denkens sei; doch es wird unterspült, wie ein Blick in die *Dialogues* zeigt: »Unsere süßeste Daseinsform ist von kollektiven Bezügen abhängig, und unser wahres Ich ist nicht ganz in uns. So jedenfalls will es die

Anlage des Menschen in diesem Leben, und man kann sich selbst nie wirklich genießen ohne den Beistand der anderen. Der solitäre J.J. muss also ein umdüstertes, schweigsames Wesen sein, stets in Missmut lebend.« (OC I 813)

In diesem Spannungsfeld des Ich und des Anderen stehen auch seine verschiedenen Versuche, hinter einem neuen, meist anagrammatisch verwandelten Namen zu verschwinden, also hinter einer Maske aus Buchstaben, die so gut zu Venedig passt wie sein angenommener Name: »Rousselot«, der in eine Geschichte von ungedeckten »Duplikata« und Geldwechseln verwickelt wird. Diesem Spiegelkabinett ist Geoffrey Bennigton nachgegangen: *Dudding. Des noms de Rousseau.*

Keine harmlose Spielerei, wenn man bedenkt, dass der zweite Teil des berühmten *Discours sur l'inégalité parmi les hommes* mit einem Satz anfängt, der ohne ein festes Ich nicht zu denken ist: »Der erste, der, ein Stück Land einfriedend, zu sagen wagte: Dies ist mir, und auf hinlänglich einfältige Leute stieß, es zu glauben, der war der wahre Begründer der Zivilgesellschaft.«

Einen Blick in die essenzielle Einleitung und den Beginn der frühesten Version der *Confessions*, deren Manuskript in Neuenburg liegt und die ersten vier Bücher umfasst, erlaubt der im Anhang übersetzte erste Schweifzug *Dieser andere ist ich.*

Fünfzehn Jahre und mehr schon schwebe ich in dieser absonderlichen Lage

Die Absonderung und »Umzirkung« seines Ichs gipfelt in einer Art »circoncision« in der seine langen Finger beschnitten werden. Das Absonderliche seiner Lage als Sonderling

Europas meint hier ganz konkret auch die Aussonderung durch die Verurteilung des *Émile* und des *Contrat social* im Juni 1762. Also vor vierzehn Jahren und nicht vor fünfzehn.

Heinrich Meier zählt die Stufen dieser Absonderung in seiner monographischen Studie zu den *Träumereien* in kalter Härte auf:

»Im Mai zirkulieren die ersten Exemplare des *Émile* in Paris. Am 7. Juni verurteilt die Theologische Fakultät der Sorbonne das Buch, zwei Tage später folgt die politische Autorität dem Beispiel der Theologen: Die Große Kammer des *Parlement de Paris* spricht die staatliche Verurteilung aus und lässt einen Haftbefehl gegen Rousseau ergehen, der am selben Tag in Richtung Genf flieht. Am 11. Juni wird der *Émile* auf der Treppe des Justizpalastes durch den Scharfrichter verbrannt. Am 18. Juni tritt der *Petit Conseil* in Genf zusammen, um sowohl den *Émile* als auch den *Contrat social* zu verdammen. Auf Antrag des Genfer Staatsanwalts, Jean-Robert Tronchin, werden beide Bücher am 19. Juni öffentlich verbrannt und wird ein Haftbefehl gegen den Autor ausgestellt. Am 23. Juni verbieten die Staaten von Holland und Westfriesland Rousseaus Verleger Rey den Verkauf des *Émile*. Am 1. Juli wird Rousseau der Aufenthalt auf Berner Territorium untersagt. Am selben Tag beginnt die Sorbonne mit der ausführlichen *Censure* des Werkes, die vor allem den zweiten Teil der *Profession de foi* betrifft. Am 8. Juli verbietet Bern den *Émile*. Am 2. August erfolgt das Verbot in den Österreichischen Niederlanden. Am 20. August unterzeichnet der Erzbischof von Paris, Christoph de Beaumont, seinen Hirtenbrief gegen Rousseau, der in den Kirchen der Diözese zur Verlesung kommt und Lektüre wie Besitz des als ›irrig‹,

›gottlos‹, ›blasphemisch‹ und ›häretisch‹ verurteilten Buches unter Strafe gestellt. Am 9. September 1762 wird der *Émile* in Rom auf den Index gesetzt.«

ich tat wohl einen Sprung vom Wachen in den Schlaf
Auf der Schwelle dieser beiden Zustände, deren Zauber schon Diderot im Artikel *Délicieux* in der *Encyclopédie* untersucht hat, erkundet JJR ein Zwischenbewusstsein, in dem die reine Assoziation, wie sie das Botanisieren birgt, ebenso wie die Notate auf Spielkarten des Zufalls, bereits auf die Surrealisten vorausweist.

;

Wenig Satzeichen entfachen so leidenschaftliche Diskussionen wie das »;«, das logisch gesehen auf deutsch oft in einen »:« umfunktioniert werden müsste (und umgekehrt). Jacques Drillon analysiert in seinem *Traité de la ponctuation française* (Paris, 1991) alle Facetten dieses Satzzeichens im Spiegel der Jahrhunderte und meint: Jede literarische Tätigkeit, die dieses Namens würdig sei, zeigt, dass das Semikolon unerlässlich bleibt, obwohl es mit vielen Makeln behaftet ist, die es der kurzsichtigen Verdammung aussetzen: Es ist in erster Linie ein stilistisches Zeichen, dessen Kraft recht moderat bleibt; es ist der »reine Reflex einer Konstruktion«, »mental rigoros«, und baut auf Parallelismus, Akkumulation sowie – im Fall von JJR natürlich entscheidend – Spiegelspiel; es ist nicht zuletzt das Zeichen des Klassizismus: Dies allein genügt schon zu seiner Verdammung. Zwischen Komma und Punkt leitet es den Atem anders, zuweilen übernimmt es auch die logische Form des »:«.

zwei rot ins Manuskript eingefügte Klammern

Die rot gesetzten Klammern stammen wohl von Rousseaus Hand.

Giftmischer

Im Beisein seines Hundes Sultan stürzt sich JJR in Trye zur Ablenkung ins Herborisieren, hoffend, der Prince de Conti würde ihn aus dem ihn umkreisenden Wahn der Allaugen, die ihn ausspähen, erlösen. Er drängt seinen Freund Du Peyrou, ihn zu besuchen, in die Wälder zu streifen. Der aber wird so von Gicht geplant, dass er das Bett hüten muss. JJR, aus den Feldern voller Enziane kommend, pflegt ihn, braut ihm eine Medizin, die vom Weiß ins Gräuliche, ja Schwarze wechselt: Du Peyrou verfällt in Fieberwahn, deliriert – und ein Diener verbreitet das Gerücht, JJR habe seinen Freund vergiftet. JJR schreibt dem Prince de Conti einen Rechtfertigungsbrief. Du Peyrou reist am 3. Januar 1768 ab, denn JJR glaubt seinem Freund nicht mehr recht, etwas ist zerbrochen, als er dessen Worte im Fieberwahn hörte. Mehr und mehr solitär, bleibt ihm nur noch das Buch der Natur, die Blumen. Kurz darauf versucht er, seinen kranken Concierge zu behandeln – der aber die Seele aushaucht. Und schon vergiftet ein neues Gerücht JJRs Leben.

Mörder

Er wurde der Komplizenschaft mit Damiens verdächtigt, dessen Attentat gegen den König (1757) und dessen Hinrichtung durch Vierteilung immer wieder die Phantasie jener Zeit beflügelt – Damiens sei zuletzt ein weißer Greis gewesen, als die Pferde, schwitzend vor Anstrengung, nach langen Mühen endlich das erste Glied abrissen, bis schließlich nur noch der Rumpf übrig blieb. Diderot und Grimm, so meint JJR, hätten die Lücke in seiner verlorenen Korrespondenz von 1756/57 genützt, um ihm eine romanhafte Verwicklung in diesen Komplott mit Hilfe gefälschter Briefe zu unterstellen.

[dass man mir auf der Straße zum Gruß ins Gesicht spukken würde,]

Die einen spucken, wenn sie JJR sehen, wie er schon in den *Dialogues* notiert, die anderen weinen, wie die Spielkarten zeigen. So oder so bringt sein Anblick die Sekrete in Fluss und auch die »secrets«, die Geheimnisse.

Als Objekt der Verachtung wird das Subjekt zum Abjekt, zum Ausgestoßenen, Ausgespuckten. Rousseau versucht seit jeher, aus dem Sinn-Gestänge der Konsonanten auszubrechen, hinein in den phallischen Fluss der Atemsäule, er will ganz »jekt« werden, Welle und Woge, Wurf des Zufalls. Vagabund und letztlich auch: Auswurf der Gesellschaft.

Umschwung

R. bezieht sich auf die oben erwähnte Verdammung seiner Bücher 1762 und auf sein Leben als »Voyageur perpétuel« auf ständiger Flucht quer durch Europa.

Wahn, der mehr als zehn Jahre brauchte

Damit würde JJR sein »Delirium« auf die Zeit in England und das Zerwürfnis mit David Hume datieren, 1766. Freilich zeigt sich der Wahn bereits am 1762 im Nachhall der Verdammung seiner Bücher.

bot ihnen ständig neue Blößen

Wir hätten lieber »Angriffsflächen« übersetzt, aber das erotische Moment von Entblößung wird von Paul de Man betont.

Es ist keine zwei Monate her / unvorhergesehenes Ereignis

Der Tod vom Prince de Conti am 2. August 1776? Also die letzte schützende Hand seines Lebens? Er wendet sich in einem verzweifelten Rundschreiben an alle Franzosen, die noch »die Wahrheit lieben«. Als ein paar Schaulustige das Schreiben lasen und sagten: Das ist nicht an uns gerichtet, bemerkte JJR in einem Anflug von verzweifeltem Humor – das ist das erste wahre Wort, das ich in Frankreich hörte.

Komplott

Zu Beginn des zweiten Teils der *Confessions* referiert er die wichtigsten Stationen der allgemeinen Verschwörung, was schließlich in folgendem Eindruck gipfelt:

»Die Decken, unter denen ich weile, haben Augen, die Mauern, die mich umringen, haben Ohren, von Spionen und scheelsüchtigen sowie wachen Überwachern eingekreist, werfe ich, abgelenkt und voll Unruhe, ununterbrochen Wörter aufs Papier, wobei ich kaum Zeit finde, sie durchzulesen, geschweige denn sie zu korrigieren. Ich weiß, allen ungeheuerlichen Schranken zum Trotz, die man ohne Unterlass rund um mich herum errichtet, fürchtet man nach wie vor, dass die Wahrheit durch einen Spalt hinaustreten könnte. Doch wie nur könnte ich das erreichen?« (OC I 279)

Ähnliche Bilder tauchen im Musterbeispiel dieser endlosen Litaneien auf, im Brief an M. Saint-Germain von 1770, nach dem Motto: »Was für arme Blinde wir sind«, folgt der Hilferuf:

»Wo sind Sie, wackerer Saint-Germain? wann kann ich Sie in die Arme schließen und mich am Feuer Ihres Mutes wärmen, denn ich brauche das, um die Härte meines Schicksals zu ertragen. Grausam ist es für einen der leutseligsten aller Menschen, dieserweise zum Schreck von Seinesgleichen geworden zu sein, und das als Dank für seine zarte Anhänglichkeit. Und da er den Grund dieser Raserei nicht kennt, kann er sie auch nicht heilen! Wie! der unerbittliche Ingrimm der Böslinge kann also alle Köpfe verdrehen und die Herzen einer ganzen Nation, einer ganzen Generation ändern? kann für schwarz ausgeben, was weiß ist; den verhasst machen, den man lieben sollte? {…}

Um sich besser an seiner Rache zu sättigen, wollte {der Herzog von Choiseul} weder meinen Tod, der meinem Missgeschick ein Ende gesetzt hätte, noch meine Haft, was mir immerhin Ruhe verschafft hätte. Er hat die größte Marter für eine stolze und vor Ehrliebe glühende Seele ergrübelt, nämlich Verachtung und Schande. {…} Er hat mich in ein Schreckungeheuer travestiert, {…} mich allerwärts in die Fänge seiner Sendlinge getrieben.«

Man verbreitet die Verleumdung, »dass ich die Pflanzen nur studiere, um darin Gifte zu finden«. Man trägt ihm nach, dass er seine lukrative Stelle als Kassenverwalter des Finanziers Franceuil aus Verachtung für Luxus aufgegeben habe, dass er nach einer Orgie mit Grimm, die seiner Frau zugetragen wurde, sich mit ihr versöhnte, weshalb man das Gerücht verschlimmerte und ihn als »Vergewaltiger der keuschen Vertier« anschwärzte sowie als »entarteten Vater«, der seine Kinder ins Findelhaus warf, obwohl er doch die Kinder nur aus dem eigenen schwarzen Schatten befreien wollte, der auch ihr Leben überdüstert hätte – selbst das Wort »rieseln« (»ruisseler«), das ihm aufgrund der Nähe zu seinem Namen in der Gegenwart von Flüssen und Bächen immer Trost spendet, wird verkehrt, denn Diderot lässt »den Kelch der Schande« über seinen Kopf »rieseln«!

Er wird von einer Mauer des Schweigens eingeschlossen, als hätten selbst die schwatzsüchtigen »Frauen keine Zunge mehr«. Auf Reisen eile ihm sein Ruf voraus, doch um ihn zu verspotten wie Sancho Pansa, würde er überall mit Bücklingen empfangen. Und überhaupt: Gefälschte Schriften kreisen ihn ein, wobei niemand über »Differenz und Identität des Stils richten« könne, denn sie gehen von Diderot aus, dem Autor, an dessen Diktion er einst seinen eigenen Stil geübt hatte, von diesem Diderot, der aufgrund seiner Beziehung zu Künstlern und Mechanikern, die er im Zusammenhang mit der *Encyclopédie* kennengelernt hatte, nicht nur seinen Stil, nein: auch seine Handschrift nachmachen könne – während der »Zyklop« Choiseul als Kriegsminister einen Angriff auf Korsika startet, die letzte Insel, die in ihrer Autarkie noch ins Gute zurückfinden könnte.

Choiseul hat ihn »isoliert«, ihm nach und nach alle Freunde abwendig gemacht, ihn mit Spionen eingekreist, das Gerücht verbreitet, »ich würde vergiften und morden«, obwohl doch: »die Bretter, auf denen ich stehe, Augen haben, die Mauern, die mich umringen, Ohren haben, obwohl ich keinen Schritt machen kann, der nicht abgezählt würde, keine Fingerbewegung, die nicht notiert würde«. Darüber würden die kundschaftenden »Mücken« ein »Protokoll« führen, dem auf gewisse Weise die Rede vom »Protokoll« seiner *Träumereien* antworten wird.

Dialogues

Wahnwitziges Zwiegespräch von Rousseaus Selbst mit seinem anderen Selbst, einem Franzosen, der alle Vorwürfe gegen den paradoxen Autor glaubt (*Rousseau juge de Jean-Jacques*, 1772-76 entstanden, wie die *Träumereien* 1782 postum veröffentlicht). Die drei Dialoge umschreiben JJRs Naturell, seine Gewohnheiten und zuletzt seine Werke. Nach dem Scheitern seiner stundenlangen Vorlesung der *Confessions* träumt er sich in eine andere Welt hinaus, wohin ihm viele gefolgt sind, von Arthur Young bis Schopenhauer.

»Malt euch eine Welt aus, der unseren ähnlich und doch ganz verschieden. Die Natur ist die gleiche wie auf unserer Erde, aber ihre Haushaltung ist viel deutlicher spürbar, die Ordnung besser ausgezeichnet, das Schaustück wunderbarer; die Formen sind eleganter, die Farben lebhafter, die Düfte schmeichelnder, alle Gegenstände erregen mehr Anteilnahme. Die ganze Natur ist so schön, dass ihre Betrachtung die Seele voll Liebe zu diesem rührenden Gemälde erfüllt und ihr den Wunsch eingibt, mit diesem System in Konkurrenz zu treten, aus Angst, die Harmonie zu stören, daraus erwächst eine exquisite Empfindsamkeit.« (*Dialogues* OC I 807)

Im weiteren Verlauf der *Dialogues* erkundet er die Empfindsamkeit, die all dem zugrunde liegt und als zweiter Schweifzug *Blicke des Blöden* im Anhang zu lesen ist.

Nachwelt

Am 24. Februar 1776 dringt er in die Pariser Kirche Notre-Dame, denn er will seine Schriften in sicherere Hände als die seiner Verleger oder seiner Leser legen: In Gottes Hand, schön auf den Altar gebettet. Doch das Gitter zum Chor ist heruntergelassen, er kann nicht zum Altar vordringen. Vorsehung? Zufall? Komplott? Er irrt durch Paris, von Angst gepeinigt, zuletzt flüchtet er sich in seine Wohnung, von Schmerz zerschabt. Wem also sein Werk anvertrauen? Er händigt es Condillac aus, einem alten Freund und Vorbild für die sensible Moral, die ihm vorschwebt, doch der mäkelt am Buch rum, am Aufbau, als würde es sich um ein normales Manuskript halten und nicht um den reinen Spiegel einer zerspalteten Seele.

Da taucht Brooke Boothby auf, am 6. April, ihm übergibt er, als hätte die Vorsehung den Engländer geschickt, eine Kopie, doch kaum verliert er ihn aus den Augen, wird er schon wieder von Argwohn befallen – war er ein Sendling seiner Peiniger? Er will ein Rundschreiben *À tout Français aimant encore la justice et la vérité* in Umlauf bringen. Was gleichfalls scheitert. Immer enger umzirkt und eingekreist, beschließt er, nur noch für sich zu schreiben und sein Ich zu suchen.

kollektiven Körper

Ob im *Contrat social* oder in den *Dialogues*, JJR sagt: Das Individuum, im Urzustand rundum glücklich und vollumfänglich bei sich, kann nur durch eine »mutilation«, eine entstellende Verstümmelung, in den kollektiven Körper der Gesellschaften eingefügt werden. Diese Verstümmelung könnte allein der Glaube aufheben, doch auch er wird von den Institutionen der Kirche verstümmelt.

Oratorianer

Eine 1611 in Paris gegründete Vereinigung von Laien und Priestern im Dienst von Lehre und Wissenschaft. Am 27. Mai 1762 überreicht er noch seinen *Émile* an die »Messieurs de l'oratoire de Montmorenci«, aber sie gehen bereits auf Distanz. Er pflegte Umgang mit mehreren Oratorianern, darunter ein gewisser Mandard und ein Père Alamanni. Bei Marquis de Sade tritt der »Allchemist« Almani auf, der eine Rede gegen die »Rabenmutter Natur« hält, die uns in ihre Netze schlingt und uns immer Lüste eingibt, deren Befriedigung nie zu haben ist, eine wilde Rede ganz gegen jenen »modernen Philosophen«, »der sich als Liebhaber der Natur« bezeichnet, »ich bin lieber ihr Schinder«. Und Schänder: Almani schändet nicht nur Frauen und Kinder, sondern einen Vulkan, erregt den Lavafluss, um ihn mit seinem Spermafluss zu löschen. Die Unmöglichkeit dieses Unterfangens zeigt die Allgewalt des Begehrens, das das Unmögliche will. (*Justine & Juliette*, München 1993)

die Ärzte, die ich in der Tat angegriffen habe

Der Baron d'Holbach und die besten Ärzte versuchten vergeblich, JJRs Schwindelanfälle und seine Inkontinenz zu behandeln. Zuletzt vertraut er nur noch langen Nadeln, die er sich einführt, um den Schmerz und den Urinfluss zu besänftigen – er schreibt in seinem *Testament*:

»Meine Harnverstopfungen kommen nicht in Schüben wie bei jenen, die an Gallenstein leiden und bald durch ganz freie Kanäle, bald gar nicht urinieren. Mein Leid ist chronisch. Ich uriniere nie durch freie Kanäle, nie aber auch wird der Urin in seinem Lauf ganz gehindert, sondern er ist stets mehr oder weniger gehemmt, nie ganz frei, so dass ich unter innerer Unruhe leide, unter einem fast ständigen Bedürfnis, das ich nie wirklich befriedigen kann. {…} Es gibt eine Hemmnis in der Harnröhre und die eiter-ziehenden Röhren von M. Daran haben mir bisweilen Linderung verschafft, aber ihr langer Gebrauch hat mich nicht erlöst, sondern mir geschadet, und da das Einführen von Tag zu Tag schwieriger wurde, mussten sie von Tag zu Tag dünner werden, {…} und da das Hindernis, das sich ihrer Einführung widersetzte, sich immer tiefer in die Blase zurückzog, musste ich von Jahr zu Jahr längere Röhren in Anschlag bringen, und da sie gerade in letzter Zeit nicht mehr lang genug waren, musste ich sie selbst verlängern.«

Da schon in Diderots *Encyclopédie* ein Lob auf diese Röhren gesungen wird, bleibt wenigstens dieser Kanal zu seinem Freund/Feind unverstopft. Im Übrigen streitet JJR jede venerische Krankheit ab, denn selbst in Venedig, wo er sich einmal zu einer Orgie mit Prostituierten verführen ließ, wurde er, nach wochenlangem Warten, erlöst, da sich keine Anzeichen einer Syphilis zeigten. Er bittet die Ärzte, die nie etwas von seinem Leid verstanden, nach seinem Tod den Kadaver zu öffnen.

Was denn auch geschieht: »Der Magen ist voll von Milchkaffee, den M. Rousseau, seiner Gewohnheit gemäß, um sieben Uhr in der Früh im Beisein seiner Frau eingenommen hat«. Im »Unterleib suchten wir aufmerksam nach dem Grund der Schwierigkeiten beim Urinieren, die M. Rousseau während verschiedener Epochen seines Lebens empfand und die bisweilen wiederkehrten, wenn er lange in einer rüttelnden Kutsche gesessen hatte. Doch wir konnten weder in den Nieren, noch in der Blase, auch nicht in der Harnröhre etwas finden, noch auch in den Geschlechtsorganen und Samenkanälen, keinerlei Punkt war krank oder widernatürlich.«

Immerhin stoßen sie auf »acht Zoll milchig-wässrige Substanz zwischen dem Hirn und den Membranen, die es decken«. (CC XL *Appendice* 685) Ein Zeitzeuge aus Strasbourg berichtet von seiner Begegnung mit JJR und von der Leibesöffnung nach dem Tod: »Unter der Hirnschale fanden sich einige Tropfen ganz hellen Wassers. Diese mussten natürlich immer auf das Hirn drücken, und ihm einen beständigen dumpfen Schmerz verursachen, dessen wahre Quelle er unmöglich vermuthen konnte. Er suchte also die Ursachen seiner Leiden außer sich. Er wurde argwöhnisch, unruhig, ungesellig, und kämpfte mit Ungeheuren, die nur in seiner Einbildung existirten. Von dieser Art scheinen mir Vorwürfe zu seyn, die er dem edlen Hume machte, der ihn doch wirklich schätzte und liebte. Großer Gott! Kann der ganze Charakter eines großen Mannes durch zwey Tropfen Wasser verstimmt werden?« (CC XXVII *Appendice* 425)

unerschütterlich wie nur Gott

JJR vergleicht sich oft und gern mit Gott …

die ich einst meine *Confessions* nannte

Autobiographisches Hauptwerk, 1765-1770 entstanden und 1782/89 veröffentlicht, wobei JJR verschiedene Abschriften anfertigte und verschiedenen Händen anvertraute, um diese Selbstbiographie den künftigen Generationen vorzulegen. Schon zu seinen Lebzeiten und vor allem nach seinem Tod stieg die Nervosität in Paris, mit der man dieser Veröffentlichung entgegenfieberte.

JJR befürchtete selbstredend arge Fälschungen, weshalb er die früheste Abschrift seinem Freund Du Peyrou übergab, sie liegt heute in der Bibliothek der Universität von Neuenburg und ist spontaner, gerade bei der frühen Erfahrung von Liebe mit Goton und beim Entdecken der Lust, von weiblicher Hand bestraft zu werden, freier. Leider findet sich kein Anlass, die letztere Stelle rund um Madame Lambercier anzuführen.

Meditationen / täglichen Promenaden

Zwar ist in JJRs Preisschrift über den vorgeblichen Fortschritt der Menschheit zu lesen: »Der Mensch, der meditiert, ist ein entartetes Tier.« Doch meint dort das »méditer« eher »nachdenken«, während er für den hier gemeinten Zustand eigentlich kein Wort findet, ihn einmal mit Meditieren, dann mir Nachdenken und Reflektieren oder eben doch am treffendsten mit Träumen umschreibt. Die tägliche Übung erlaubt ihm, in immergleichen Abläufen ekstatische Zustände herbeizuführen, wie er sie schon im *Dritten Brief an Malherbes* vom 26. Januar 1762 beschrieben hat, was im Anhang als fünfter Schweifzug unter dem Titel *Im Fluchtwinkel der Phantasie* zu finden ist.

beim Durchlesen werde ich jedes Mal wieder in die ein-

stige Verzückung versetzt

So hält ihn schon das Schreiben im »avant-goût du plaisir«, in ständiger Vorlust. In den Fragmenten zu seiner *Art de jouir*, einer Art Gegenprogramm zu Julien d'Offray LaMettries Lustthesen des maschinenmäßigen Materialismus, meint er schlicht und unübersetzbar: »En me disant, j'ai jouï, je jouïs encore.«

So wird die Schrift zum Ersatz der Onanie, und damit zum Ersatz eines Ersatzes. Und das Lesen zum Ersatz des ersetzten Ersatzes. Diese Kette hat Jacques Derrida in seiner *Grammatologie* erkundet. Sie umfasst auch Rousseaus Frau und, wie seine Gegner sagen, misshandelte Magd: Thérèse. (s.u. *Fünfte Träumerei* unter: »Thérèse«)

In Venedig lernt er allerlei Mädchen mit einem Z im Namen kennen, sie nennen ihn Zanetto und heißen Anzoletta oder Zulietta und ziehen ihn auf, indem sie mit Blick auf die Pistole auf dem Nachtkästchen meinen, dass er wohl über Waffen verfüge, die Wichtigeres abfeuern könnten. Doch leider nein, bald »promenieren« sie, wie es heißt, durchs Zimmer, von seinem Liebesfeuer enttäuscht und raten ihm, er möge sich doch besser der Geometrie widmen: »Zanetto, lascia le Donne e studia la matematica.« So wird er zum Supplement zurückverwiesen und ruft sich jene Stunden der Lust wieder und wieder ins Gedächtnis, wenn er seine Schriften durchliest.

lose, wie die Ideen von gestern für gewöhnlich mit denen von heute zusammenhängen

Schon im Neuenburger Manuskript zu den *Confessions* fordert er: »Es täte für das, was ich zu sagen habe, Not, eine Sprache zu erfinden, die ebenso neuartig ist wie mein

Vorhaben: Denn welchen Tonfall, welchen Stil soll man wählen, um das ungeheure Chaos von so unterschiedlichen, so widersprüchlichen, bald ganz schmutzigen, bald ganz erhabenen Gefühlen zu entnebeln, von denen ich ohne Unterlass in Aufruhr versetzt werde? {…} Mein unebenmäßiger und natürlicher Stil, bald rasend, bald wolkig, bald weise, bald wahnhaft, bald ernst, bald froh, wird für sich selbst einen Teil meiner Geschichte ausmachen.« (*Confessions* MsN 9/11)

Appendix

In der Genfer Manuskriptversion der *Confessions* notiert er explizit: »Ich habe diesem Projekt entsagt.«

Schmelzgefäß der Feindseligkeit

Der durch und durch chemische Charakter dieser Passage wurde von den bisherigen Übersetzern unterdrückt, vielleicht auch weil er im Widerspruch zu den Aussagen in der *Achten Träumerei* steht (s.u. unter: »Chemie«).

Methode

Absage an Descartes' methodischen Gang. Er setzt ihm den Zufall des Spazierens entgegen.

Ich werde das Barometer in meine Seele tauchen

Die banale Version dieser Metapher findet sich im Bericht eines Spaziergangs mit Bernardin de Saint-Pierre (*La vie et les ouvrages de Jean-Jacques Rousseau*, Paris 1907): »Er stand morgens um fünf Uhr früh auf und begann bis halb acht Musiknoten zu kopieren, dann frühstückte er und befasste sich während des Frühstücks damit, die Pflanzen, die er am Vortag gepflückt hatte, auf dem Papier zu ordnen; nach dem Frühstück kopierte er nochmals Noten. Er aß um halb eins zu Mittag. Um halb zwei nahm er seinen Kaffee, meist im Café der *Champs-Élysées*, wo wir uns trafen. Dieses Café war ein kleiner Pavillon im Garten der Mme la Duchesse de Bourbon, einst das Badehaus der Marquise de Pompadour. Dann ging er auf dem Land herborisieren, den Hut unterm Arm, auch wenn die Sonne schien und die Hundstage herrschten. Er behauptete, die Einwirkung der Sonne würde ihm gut tun. Ich erinnerte ihn daran, dass die Völker des Mittelmeers ihre Köpfe bedeckten, wie die Turbane der Türken {…}, dass die Natur in heißen Ländern breitblättrige Bäume sprießen ließ, {…} doch all diese Einwände waren fruchtlos, er hielt mir Gewohnheit und Erfahrung entgegen. Indes, ich schreibe diesen glühenden Spaziergängen eine Krankheit zu, die er im Sommer 1777 durchmachte. Es war ein Aufstoßen der Galle mit Erbrechen und Nervenkrämpfen, wie er sie, so sagte er, noch nie empfunden hätte. Seine letzte Krankheit, die im folgenden Jahr kam, in derselben Jahreszeit und nach den gleichen Anstrengungen, mochte die gleiche Ursache haben. So sehr er die Sonne liebte, so sehr fürchtete er den Regen. Wenn es regnete, ging er nicht hinaus. ›Ich bin‹, so sagte er mir, ›das genaue Gegenteil des wakkeren Männchens in Schweizer Barometern: wenn es hineingeht, gehe ich hinaus, wenn es herausspringt, kehre ich heim.‹«

Montaigne

Montaigne vermerkt im Vorwort seiner *Essais* (1580) an den Leser jedoch, er habe keinen anderen Zweck verfolgt als einen häuslichen und privaten, er schreibe für seine Verwandten und Freunde, nicht aber um um die Gunst der Welt zu buhlen.

JJR, dem seine schimpfenden Gegner wieder und wieder unterstellen, nichts weiter als ein Abkupferer von Montesquieu und Montaigne zu sein, hält Montaignes *Essais* schon in der Neuenburger Version der *Confessions* entgegen:

»Niemand kann das Leben eines Menschen niederschreiben als er selbst: seine innerliche Wesensart, sein wahres Leben kennt nur er selbst; doch beim Schreiben verbirgt er es; unter dem Titel seines Lebens trägt er seine Apologie vor; er zeigt sich so, wie er gesehen werden möchte, nicht aber so, wie er ist. Die Aufrichtigsten bleiben zwar wahr bei allem, was sie sagen, aber sie lügen durch Auslassungen, und das, was sie verschweigen, verändert das, was sie vorgeblich eingestehen so sehr, dass sie durch das bloße Aussprechen von Teilwahrheiten gar nichts mehr besagen.

Ich setzte Montaigne an den Kopf all dieser Aufrichtig-Falschen, die täuschen, indem sie Wahres sagen. Er zeigt sich mit Fehlern, aber er schreibt sich nur liebenswürdige zu; es gibt aber kaum einen Menschen, der nicht hassenswerte hätte. Montaigne malt sich voll Ähnlichkeit, aber im Profil. Wer weiß, ob nicht irgendein Schmiss seine Wange entstellt oder ein Triefauge auf der uns verborgenen Seite seine Physiognomie nicht vollständig verändert hätte. Ein eitlerer, aber aufrichtiger Mann als Montaigne war Cardan. Leider ist ebendieser Cardan so toll, dass man aus seinen Träumereien keinerlei Lehre ziehen kann.« (*Confessions* MsN 3f.)

ZWEITE TRÄUMEREI

Gedanken ohne Gegenstreben / ein getreuliches Protokoll führen

Gegenentwurf zum Protokoll der Komplott-Führer (s.o. *Erste Träumerei* zu »Komplott«).

Ein weiteres Gegenprotokoll beschwört er in den *Confessions*: »Oh könnte man ein Protokoll von allen Träumen eines Fieberkranken halten, was für große und erhabene Sachen sähe man bisweilen seinem Wahn entweichen.« (OC I 294)

Diesen Wahn, in dem die Gedanken sich ohne Gegenstreben entfalten, streifte JJR 1749, wie im Anhang unter dem vierten Schweifzug *Extravagabundieren* nachzuschlagen ist.

Wiederkäuen

Sollte eigentlich mit »Reminiszenz« übersetzt werden, um die Diskussion über das Gedächtnis bei Condillac etc. einzubeziehen, doch lockte Nietzsche hier ins Freie.

Es passt auch zur Wiederkehr der ewiggleichen Anekdoten in den Briefen, den *Confessions*, den *Dialogues* – nun aber geschieht etwas ganz Neues:

24sten Oktober 1776

Ein denkwürdiger Tag, vielleicht auch, weil der Unfall JJRs Tod beschleunigte, jedenfalls wird er in der »Weltpresse« seinen Niederschlag finden, so etwa am 16. November im *Post- und Ordinari Schaffhauser Samstags Zeitung*: »Vor einigen Tagen kam Herr Joh. Jacob Rousseau von Menil-le-montant, bey Paris, wieder zurück, als ein Dähnischer Hund, der so schnell als möglich vor einer Kutsche zu 6 Pferden herliege, ihne umstürzte, so dass er einen traurigen Fall gethan. Alle Zähne des oberen Gebisses sind zerbrochen, der Kinnbacken selbst übel zugerichtet, die Hände und die Knie erbärmlich zerrissen worden. Man hat ihne alsobald in ein benachbartes Hauss getragen, um ihme mit Hülfe zu begegnen; es hat aber 3 viertel Stunden gedauret, bis er sich selbst wieder gekennet. Dieser berühmte Mann wurde endlich nach seinem eigenen Quartier gebracht, und man sorget noch immer für dessen Leben. Ganz Paris nimmt den lebhaftesten Anteil an seinem Unglück, und es ist ein rechtes Geläufe nach seinem Hause, um zu fragen, wie er sich befinde.«

chemin-verd / Charonne

Rousseau flüchtet zwar möglichst oft aus Paris mit seinen »schmutzigen und stinkenden Gassen«, die ihm schon beim ersten Besuch 1731 in Auge und Nase stachen (OC I 159). Doch die *Träumereien* sind paradoxerweise in Paris entstanden, also mitten in der Stadt, so wie man ja laut JJR besser im Winter über den Frühling schreibt und in der Bastille das Gemälde der Freiheit entwirft. Und so sind seine Spaziergänge durch die Landschaft immer auch Spaziergänge durch die Stadt, die man leicht rekonstruieren kann.

»Normale« Spaziergänger lockten die Tanzlokale und Guinguettes vor den Toren der Stadt, an denen die Steuern erhoben wurden. Sonst promenierten die Pariser entweder rechts der *Seine* über die *Champs-Élysées* oder die *Grands Boulevards*, die sich bis zur *Bastille* erstreckten, oder links der *Seine* über die *Neuen Boulevards* von den *Invalides* aus. Die berühmtesten Guinguettes sind laut dem *Géographe parisien* von 1769 die *Roulle*, die *Nouvelle-France*, die *Porcherons*, die

Haute-Borne sowie die *Große* und *Kleine Charonne*, nicht mit dem gleichnamigen Dorf zu verwechseln.

JJR startet in der *Rue Plâtrière* (heute *Rue Jean-Jacques Rousseau*) unweit der Kirche *Saint-Eustache* im Quartier der Markt-Hallen. Von seiner Wohnung aus gelangte Rousseau durch eine Bresche gegenüber der *Rue du Pont aux Choux* oder über die *Porte Saint Antoine* bei der *Bastille* auf die *Rue du Chemin-Vert*, die ihn zwischen den Mauern von Gärten hinauf führt ins Freie der Felder.

Zunächst die *Contrescarpe* (heute *Rue Amelot*) hinunter und wieder hinauf auf Hügel, wo heute der Friedhof *Père-Lachaise* Neugierige an Gräber lockt. Dessen Gebiet war damals ebenfalls von Mauern umschlossen, aber noch weniger ausladend. Gleichwohl musste man ihn umrunden, um ins Dorf Charonne zu gelangen, wo heute nur noch der Name *Rue des Prairies* an die früheren Weideflächen erinnert. Damals aber war Charonne ein kleines Dorf vor Paris, das, glaubt man Reiseführern der Zeit, mit Rebstöcken bepflanzt war, dazwischen ein Weiher, der die Brunnen von *Ménilmontant* speiste, wie man dem *Guide des Amateurs et Étrangers* von Tiéry entnimmt (Paris, 1787). Von dort oben betrachtete einst Louis XIV die *Schlacht der Faubourg Saint-Antoine* während der Fronde 1652. Zurück über hübsch mit Bäumen gesäumte Straßen gelangt JJR unvermerkt in die Besitzungen des Marquis de Saint-Fargeau.

picris hieracioides / bupleurum falcatum / cerastium aquaticum / Korbblütler / Schirmblütler

Vom eigenen Wahn aus England verjagt, widmet sich JJR 1768, ganz gegen den Willen seines neuen Gönners Graf

Mirabeau, der Botanik und durchstreift drei Jahre lang das südliche und südöstliche Frankreich – wieder einmal unter einem (anagrammatischen) Pseudonym, also unter der Maske eines anderen Namens: »Renou«. Das klingt an »loup-garou« an, als harmlos weidender Werwolf also schleicht Renou-Rousseau zwischen Schirmblütlern und Maskenblütlern herum – eine Gattungsbezeichnung, die leider aus der Mode gekommen ist, wie Ruth Schneebeli-Graf in ihrem Werk über Rousseaus *Zehn botanische Lehrbriefe für eine Freundin* erklärt.

JJRs nach dem Unfall »gespaltene Lippe« erinnert an die »Blüten mit Lippen, die so heißen, weil der untere Teil gespalten ist«, wobei die anderen »aufgesperrten Rachen gleichen«. Und so gibt es in dieser »Sippe«, wie JJR in einem Brief bemerkt: »zwei Familien, die Lippen-Blütler und die Masken- oder Rachenblütler (Maske = lat. *persona* – ein sehr passender Name für die meisten Leute, die sich als wichtige Personen aufspielen …).«

mein Herbarium

Das Herbar ist ein Tagebuch abgelegter Träume und auch ein Ersatz: »Wenn man den ganzen Tag«, so schreibt er einmal seinem Freund Du Peyrou, »im Freien auf Wiesen und Feldern nach Pflanzen suchte, ist es ein Leichtes, abends allein im Bett zu schlafen. Manche Forscher empfinden mehr Lust bei der Analyse einer hübschen Blume als bei der eines hübschen Mädchens.«

Nun, einem solchen Mädchen widmet er dann ein eigenes Herbarium. Madeleine-Cathérine Delessert Boy de la Tour (1747-1816), der zweiten Tochter einer Kaufmannsfamilie aus Lyon, die ihm Geld und, im Herbst, seine geliebten Edelkastanien zusandte. 1771-74 schreibt er dieser zärtlichen »Kusine« seine *Lettres élémentaires sur la Botanique.*

Der Lehrgang beginnt dummerweise im Spätsommer, weshalb er erst mal das Fachvokabular klärt, den Unterschied auch von Blume, Blüte und Krone. Und, um beim Ersatz zu bleiben, über die »Säule« plaudert, die aufragt – über den »Stempel« mit seinen geschwollenen Ovarien sowie dem darauf wachsenden Griffel, der von einer Narbe geziert wird. Hier ist das ganze phantasmatische Schreiben von Rousseau ins Bild gesetzt: Der phallische Griffel, der die Narbe, die die Schrift in seinem Leben geschlagen hat, vielleicht doch noch heilt …

Er beschreibt in seinen botanischen Briefen, wie man ein Herbar anlegt, man braucht dafür »50 graue Bogen von gleicher Größe« und gleichviel weißes, gut geleimtes Papier und eine Presse; die Blumen pflückt man am besten in den trockenen Stunden zwischen elf Uhr am Morgen und fünf Uhr am Nachmittag.

Er vermacht dann sein »Heu« ihrer Schwester, es stammt aus dem Val de Travers bei Môtiers. Da diese Schwester, Emilie-Julie Boy de la Tour, den Berner Nicolaus Willading heiratete, deren gemeinsame Tochter wiederum einen gewissen Herrn Faesi in Zürich ehelichte, gelangte das Herbar aus JJRs Händen in die Zentralbibliothek Zürich: 101 Pflanzen werden zunächst mit zarten Schriftzügen benannt und nummeriert. Dann schön eingerahmt, mal mit rotem Farbgrund unterlegt. So spannen sich Netze von Blattwerken wie Rhizome über die Seiten, dann wieder erinnern dunkle Kreuze an die Kreuz-Spielkarten, die JJR auf seinen Wanderungen auch dabei hatte und gleichsam unter die Blumen mischte.

welk vor Traurigkeit und sorgendorr

Ohne auf die Anspielung an die Figur Sorger aus Peter Handkes *Langsame Heimkehr* (Frf.a.M., 1979) sowie auf Hölderlins Vokabular über JJR (»sorgenlosarm«) einzugehen, sei auf Briefe an die Herzogin von Portland verwiesen. Er schreibt ihr am 20. Oktober 1766:

»Die Zeit drängt, meine Befähigungen erlöschen, mir fehlen Augen wie Gedächtnis, und anstatt danach zu streben, eines Tages die Botanik zu kennen, hoffe ich höchstens, so trefflich zu herborisieren wie die Schafe, die unter meinen Fenster vorbeiziehen, und mein Heu so gut vom Spreu zu trennen wie sie.« Er fügt dann noch, was hier nicht fehlen darf, hinzu: »Ich habe ihnen Plaudereien und Träumereien versprochen, und damit nun genug. Es sind winterliche Herborisierungen; wenn es auf Erden nichts mehr gibt, herborisiere ich in meinem Kopf, und leider finde ich da nur schlechtes Kraut.« (CC XXXI Brief 5725)

menil-montant / galant jardinier / haut- borne

s.o. unter: »*chemin verd* / Charonne«

Doggenhund

Er stürmt der Kutsche von M. de Saint-Fargeau voraus, dem Präsidenten der *Chambre des Vacations* und ein rigoroser Jansenist. In den Geheimbriefen eines Zeitzeugen namens Métra kann man am 23. November 1776 nachlesen, dass er »von seinem kleinen Häuschen kam, wo er sich den ganzen Tag mit seiner Mätresse verlustierte«. Man klagt aufgrund dieses Unfalls die Reichen an, die in ihrer Luxus-Sucht Hunde vor Kutschen hetzten und damit die Armen zu Fall bringen.

erste Empfindung

Oft mit Montaigne *Essais* II, Kapitel VI in Zusammenhang gebracht.

Die wohl wichtigste Ekstase seines Lebens ereignete sich 1749 auf dem Spazierweg nach Vincennes, wo er seinen eingekerkerten Freund Diderot besuchen wollte, und auf dem über die Preisfrage der Akademie nachdachte, ob die Zivilisation den Menschen glücklicher gemacht habe. Einen Bruchteil seiner ekstatischen Erleuchtung hat JJR dann in seinem *Discours* niedergelegt. Den Rest kann man ahnen, wenn man im Anhang den dritten Schweifzug *Die Illumination* liest.

haute-borne

War bekannt für seine Cabarets, s.o. unter: »*chemin-verd* / Charonne«.

Temple

Man sieht den ehemaligen Sitz des Templerordens noch auf alten Stichen, heute demoliert.

rue Plâtrière

Dort lebt JJR mit Therèse, seinem Hund und einem Zeisig, dessen Käfig zum Botanisieren einlädt. Zuweilen nisten zwei Schwalben in seinem Zimmer, die er nicht behelligen will, bis die Jungen geschlüpft sind. Auf den kargen Besitz – ein mit Siamois-Baumwolle überzogenes Bett, ein paar Strohsessel und ein Tisch –, ist er sehr stolz, zur Erinnerung hängt an der Wand die Karte von Montmorency, wie man aus den Angaben verschiedener Zeitzeugen rekonstruieren kann. Hat er vielleicht auch eine Hass-Karte angebracht, wie an die Türen anderer Kammern?

»Die Philosophen, die ich demaskierte – wollen mich um jeden Preis ins Verderben stürzen, und es wird ihnen gelingen.

Die Bischöfe, stolz auf ihre Abkunft und ihren Stand – schätzen mich durchaus, da sie mich nicht fürchten müssen, und ehren sich selbst, indem sie mir eine gewisse Gunst bezeugen.

Die Pfaffen, an die Philosophen verkauft – bellen hinter mir her, um jenen den Hof zu machen.

Die Schöngeister – rächen sich durch Beschimpfungen, da sie meine Erhabenheit fühlen.

Das Volk, das mein Abgott war – sieht in mir nur eine schlecht gebürstete Perücke und einen gesuchten Verbrecher.

Die Frauen, von zwei Kalt-Pissern genarrt, die für sie nur Verachtung haben – verraten den Mann, der Besseres von ihnen verdient hätte.« (OC I 1184)

Geheimschloss

JJR hatte es angebracht, damit sich unliebsame Besucher zuerst an seine Nachbarn, darunter ein Gemäldehändler, wenden mussten. Als Star seiner Zeit musste er sich vom Geläufe seiner Bewunderer retten.

Getrümmers

Ein Freund seiner letzten Jahre, Corancez, berichtet über seinen Zustand: »Ich eile am nächsten Morgen zu ihm. Beim Eintreten empfängt mich ein Geruch von Fieber, der wirklich ganz grässlich war. Er lag im Bett. Ich trete zu ihm: Nie werde ich sein Gesicht vergessen. Nebst der Schwellung aller Teile des Gesichts, was, wie man sich denken kann, alle Wesenszüge stark veränderte, hatte er auf die Wunden an den Lippen kleine Papierbinden kleben lassen: die Wunden waren lang, so dass die Binden von der Nase bis zum Kinn reichten.«

Monsieur Lenoir

Jean-Charles-Pierre Lenoir (1732-1807) war auch das schwarze Schaf des Marquis de Sade, der in seinen Briefen den Kot aus den Schuhsohlen kratzte, die der übelwollende Polizist bei seinen Sumpfgängen der Korruption aufgefangen hatte. Nun, Lenoir schildert den Hergang ganz anders. Er habe JJR einen Geldbetrag als Schmerzensgeld zukommen lassen wollen. Auch sei JJR nicht von irgendwelchen Unbekannten gerettet, sondern sofort auf eine Polizeiwache gebracht worden, wo ihn der Kommissar verbunden und nach einem Wundarzt gerufen habe, ehe er ihn nach Hause begleiten ließ. (CC XL *Appendice* 664)

Madame d'Ormoy / ihre Tochter

Die Präsidentin Chaumet d'Ormoy (1732?-1791). Ihr Roman war zugleich ihr Erstling und verwies im Titel auf Rousseaus Werk: *les Malheurs de la jeune Émilie pour servir d'instruction aux âmes vertueuses et sensibles – Vom Missgeschick der jungen Emilie zur Instruktion der tugendhaften und empfindsamen Seele.* (Ihre Tochter hieß Jeanne Félicité (1765-1830) und verfasste ein Werk mit dem Titel *Bergeries.*)

Im Vorwort schreibt Madame d'Ormoy, sie habe aus der Absicht heraus, die Tugenden der jungen Frauen »meines Geschlechts« zu befördern, diesen Roman verfasst, den sie selbst für »schwach« halte, wobei sie ohnehin »zutiefst der Überzeugung« sei, dass eine Frau nie schreiben sollte – in einigen Übersetzungen der *Träumereien* wird Rousseaus eigener Seitenhieb gegen Autorenfrauen übrigens unterdrückt. Nun, sie schreibt weiter:

»Monsieur Rousseau denkt sogar, dass es auch ein Mann nur unter Zwang tun sollte; freilich hätte das Publikum viel verloren, wenn er nie geschrieben hätte: ich kenne keine Person, deren Seele empfindsamer wäre; er ist ein Weiser. Er ist glücklich, seine Philosophie ist außergewöhnlich. Ich gestehe, dass dieser berühmte Mann mein Held ist: doch da das Lob seiner Tugenden eine vulgäre Feder überfordert und diejenige einer Frau ein allzu dünner Pinsel ist, um sein Porträt zu zeichnen, schweige ich und bescheide mich zufrieden, ihn zu bewundern, indem ich ihm in der Tiefe meines Herzens die Hommage mache, die er verdient. Seine Bescheidenheit möge mir verzeihen: So sehr er Schmeichelei verachtet, so sehr muss er die Sprache der Wahrheit gelten lassen.«

Im Exemplar von Marie-Antoinette (BNF Rés. Y^{2} 1631-2) fand sich ein Verweis auf die »Seite 149 nach dem Wort *Steuern*«: Dort findet man: »Wenn die Herrscher wüssten, wie viel Leid in ihrem Namen verübt wird, sie würden darüber seufzen, Könige zu sein. Das Königtum besteht im

Wunsch, das Volk glücklich zu machen; dies ist die Aufgabe eines tugendhaften Königs: doch die Wahrheit dringt nur selten bis zum Thron vor; man müht sich, all jene, die sie sagen könnten, von ihm fernzuhalten: sein Volk verhungert, doch man malt ihm ein glückseliges Bild vom Volk.«

ich sei nach meinem Sturz gestorben

Voltaire schreibt in einem Brief vom 26. Dezember 1776: »Jean-Jacques hat gut daran getan, zu sterben. Man munkelt, es sei nicht wahr, dass ihn ein Hund umgebracht habe; er ist von den Wunden, die ihm sein Kamerad der Hund zugefügt hat, geheilt; aber es heißt, er hätte am 12. Dezember das Fest der *Escalade* in Paris mit einem alten Genfer namens Romilly gefeiert; er aß wie ein Teufel, woraus er sich eine Magenverstimmung einfing, er starb wie ein Hund.«

König

Als er nach dem Erfolg der Darbietung des *Devin du Village* beim König Audienz hat, schweift er zum Entsetzen aller Freunde ins Offene. Der König singt vor Trauer nur noch eine Melodie aus dem *Devin*: »Ich verlor meinen Diener; verlor all mein Glück.«

Courrier d'Avignon

Dort stand am 20. Dezember 1776: »M. Jean-Jacques Rousseau ist an den Folgen seines Sturzes gestorben. Er lebte in Armut und starb auf elende Weise; so hat die Einzigartigkeit seines Schicksals ihn bis ins Grab begleitet. Leider dürfen wir uns nicht über die Talente dieses beredten Autors verbreiten; unsere Leser fühlen gewiss, dass uns der Missbrauch, den er mit ihnen trieb, rigoroses Schweigen auferlegt. Gleichwohl gibt es allen Anlass zu glauben, dass das Publikum dereinst nichts von seinem Leben verpassen und sogar den Namen des Hundes erfahren wird, der ihn umbrachte.«

jener Manuskripte, die man in der Tat finden könnte, getreulich drucken

Robert Darnton zeigte, dass JJRs Werk zusammen mit den libertinen, also von ihm verabscheuten Romane, die »Bestsellerlisten« der damaligen Zeit anführte, das heißt, man riss sich um die Raubdrucke, welche unter anderem von Neuenburg ausgingen und über die Berge und durch die Täler des Juras nach Paris geschmuggelt wurden, in denen JJR Blumen pflückte.

JJR beklagt sich nicht nur über Raubdrucke, sondern darüber, dass er etwa von seinem europaweit berühmt-berüchtigten *Discours* »keinen *Sous*« sah und sein eigener Verleger mit Werken wie *Émile chrétien* des Pastors Jean-Henri-Samuel Formey oder mit Fälschungen des *Contrat social* Geld scheffelte, die mit einer plumpen Autorschaft gezeichnet sind, die man wohl als Witz auf eine berüchtigte Fußnote zu Affe und Mensch aus dem *Discours* auffassen darf: »J. J. ROUSSEAU, bis zum heutigen Tag ein zivilisierter Mensch und Bürger von Genf, jetzt aber ORANG-OUTANG.«

um zum gemeinsamen Komplott beizutragen –, diese universale Einmütigkeit

s.o. *Erste Träumerei* unter: »Komplott«

Augustin

Diese Vorstellung findet sich nicht beim Heiligen Augustinus, sondern bei Fénelon, dessen Frömmelei JJR ja nacheiferte, und zwar in den *Explications des Maximes des Saints*, wo sich Fénelon vorstellt, wie die gerechten Seelen beim jüngsten Gericht verdampfen oder der ewigen Höllenpein anheimfallen, so etwa der heilige Gregor von Nazianz oder der heilige Chrysostomus – doch würden sie darüber nicht murren.

Der Verweis auf Augustin erklärt sich vielleicht aus einer verschwiegenen Nähe: Augustin hat ebenfalls im Alter von sechzehn Jahren einen lebensprägenden Diebstahl begangen, freilich aus reiner Lust an der Sünde, während JJRs Objekt die Marion aus der *Vierte Träumerei* war …

DRITTE TRÄUMEREI

***Ich werde alt und lerne noch immer dazu.* / Solon**

Plutarch, dessen Spuren in den *Träumereien* immer wieder hervorgehoben werden, schrieb im *Leben von Solon* diesen Vers, den JJR nach der Übersetzung von Amyot zitiert.

Plutarch steht im Mittelpunkt seines Lese-Lebens, das ganz an römisch-spartanischem Vorbild geschult ist, wie man im Neuenburger Manuskript der *Confessions* nachlesen kann:

»Ich fühlte, bevor ich dachte; dies ist das übliche Los der Menschheit; ich aber erfuhr dies mehr denn jeder andere. Ich weiß nicht mehr, was ich bis zum Alter von fünf oder sechs Jahren machte: ich weiß nicht, wie ich lesen lernte; mir scheint, dass ich es immer schon konnte. Ich erinnere mich hingegen an meine frühesten Lektüren und an die Wirkungen, die sie auf mich zeitigten. Seit dieser Zeit verfüge ich, ohne Unterbruch, über ein Bewusstsein meiner selbst. Meine Mutter hinterließ uns Romane. Mein Vater und ich lasen sie nach dem Abendbrot. Zunächst handelte es sich einzig darum, mich dank kurzweiliger Bücher im Lesen zu üben; doch bald schon nahmen wir so sehr Anteil an ihnen, dass wir uns wechselweise ohne jedes Erschlaffen vorlasen und ganze Nächte mit dieser Beschäftigung zubrachten. Wir konnten jeweils erst mit dem Ende des Bandes aufhören. So manches Mal hörte mein Vater bei Anbruch des Tages die Schwalben und sagte beschämt: Gehen wir zu Bett, ich bin ja mehr Kind als du selbst.

In kurzer Zeit hatte ich dank dieser fährnisreichen Methode nicht nur eine unglaubliche Leichtigkeit im

Lesen erlangt, sondern ein für mein Alter vollkommen einzigartiges Verständnis aller Leidenschaften. Noch hatte ich keine Vorstellung von den Sachen selbst, doch die Gefühle waren mir schon bekannt. Noch hatte ich keine gefasst, und doch schon alle gefühlt. {…}

Die Romane endeten im Sommer 1719. Im Winter darauf war alles anders. Die Bibliothek meiner Mutter war ausgeschöpft, und so nahmen wir zum Teil ihres eigenen Vaters Zuflucht, der uns zugefallen war. Zum Glück fanden sich dort gute Werke: Die *Histoire de l'Église et de l'Empire* von Sueur, die Abhandlung von Bossuet über die universale Geschichte, die berühmten Menschen von Plutarch, die *Geschichte von Venedig* von Nani, die *Metamorphosen* von Ovid, die *Welten* von Fontenelle, seine *Dialoge der Toten* und etwelche Bände von Molière, sie wurden ins Kabinett meines Vaters getragen, und ich las sie ihm alle an Tagen der Arbeit vor. Aus dieser kleinen Sammlung bildeten sich, so zu sagen, die ersten Züge meiner Seele heraus, und zwar jene, deren Spuren am wenigsten verwischt wurden. Insbesondere Plutarch genoss meinen Vorzug. Die Lust, die ich empfand, wenn ich ihn wieder und wieder las, ohne Unterlass, heilte mich ein wenig von den Romanen, der Stil von Amyot {dem Übersetzer} entwöhnte mich von demjenigen von la Calprenade, und bald schon gab ich *Agesilas*, *Brutus*, *Aristid* den Vorzug vor *Orondatus*, *Artamenes* und *Juba*.

Diese fesselnden Lektüren sowie die Diskussionen, zu denen sie zwischen meinem Vater und mir Anlass gaben, bildeten rasch jenen freien und republikanischen Geist aus, diesen unzähmbaren und stolzen Charakter, dem alles Joch und alle Knechtschaft zur Ungeduld wird, was mich zeit meines

Lebens in Situationen, wo ich ihm am allerwenigsten hätte die Zügel schießen lassen sollen, allerlei Qualen eintrug. Ohne Unterlass mit Rom und Athen befasst, so zu sagen unter jenen großen Männern lebend, selbst ein Mitbürger einer Republik sowie der Sohn eines Vaters, dessen Liebe zur Freiheit seine allerheftigste Leidenschaft ausmachte, entflammte ich mich an seinem Vorbild, ich wurde Grieche oder Römer, ich wurde zu den Personen, deren Leben ich las: Die Schilderung von Zügen voll Beharrlichkeit und Unerschrockenheit, die mich beeindruckten, ließen meine Augen funkeln und meine Stimme fester werden. Eines Tages, als mir mein Vater zu Tisch die Abenteuer von Scaevola erzählte, war alle Welt in Schreck versetzt, als man sah, wie ich die Hand vorstreckte, um sie über ein Pechflamme zu halten und so die Kraft der Handlung, die ich beschrieb, zu repräsentieren.« (*Confessions* MsN 17ff., vgl. OC I 8f.)

Seelsorger voll Weisheit

Pasteur Lambercier übernahm dies von 1722 bis 1724, doch wichtiger war für den kleinen Jean-Jacques Madame Lambercier und ihr Hintern sowie ihre strafende Hand.

machte ich aus mir einen Katholiken

Der Bericht dieser Bekehrung in Turin vom März 1728 ist nicht eben angetan, die Vertreter des richtigen Glaubens von ihrem Kampf gegen den Freigeist Rousseau abzubringen: Er schreibt im Neuenburger Manuskript der *Confessions*:

»Einer der beiden Banditen, die sich als Mauren ausgaben, fasste eine Neigung zu mir. Er suchte meine Nähe, unterhielt sich mit mir in seinem franken Kauderwelsch, leistete mir kleine Gefälligkeiten, zu Tisch teilte er mit mir seine Portion Wein, er gab mir viele Küsse mit einer Inbrunst, die mir sehr ungelegen kam, mich aber auch zutiefst rührte. Bei aller Furcht, die ich von Natur aus vor diesem Gesicht wie aus Lebkuchen mit einem langen Schmiss fasste, aber auch vor diesem glühenden Blick, der eher wild denn sanft schien, litt ich diese Küsse und sagte bei mir selbst: der arme Mann hat zu mir eine sehr lebhafte Freundschaft gefasst, es wäre falsch von mir, sie zurückzuweisen. Nach und nach ging er zu innigerem Umgang über und hielt mir so absonderliche Reden, dass ich bisweilen dachte, sein Kopf sei verdreht. Eines abends wollte er mit mir zu Bett; ich widersetzte mich, da mein Bett zu schmal war; er drängte mich, in das seinige zu steigen, was ich abermals verweigerte; denn der Elende war so unsauber und so sehr die Beute des Tabaks, den er kaute, dass es mir den Magen hob.

Des nächsten Tags, als wir in aller Früh zusammen im Gemeinschaftssaal saßen: da begann er wieder mit seinen Liebkosungen, aber mit so heftigen Bewegungen, dass er Schreck verbreitete. Schließlich wollte er nach und nach zu den unsaubersten Traulichkeiten übergehen und mich dazu zwingen, meine Hand dazu zu veranlassen, es ihm gleich zu tun. Ich löste mich überstürzt, indem ich einen Sprung nach vorn tat, jedoch ohne irgend Empörung oder Zorn zu zeigen, denn ich hatte nicht die mindeste Idee, was er da trieb, und doch bezeugte ich meine Überraschung und meinen Aberwille mit soviel Nachdruck, dass er mich los ließ; doch während er sich ohne jede Achtung vor dem Altar und dem Kruzifix, die vor ihm standen, weiterhin wie ein Wilder gebärdete, sehe ich etwas Richtung Cheminée spritzen und zu Boden tropfen, etwas, ich weiß nicht was, Klebriges und Weißes, das mir den Magen hebt. Ich stürze auf den Balkon hinaus, fühle mich kurz vor dem Elend und tiefer bewegt, tiefer aufgewühlt, ja tiefer erschreckt als je zuvor in meinem Leben.«

Die Erinnerung an diesen »schmutzigen Afrikaner« spiegelt sich zum einen in der verbotenen Lust zur Maurin namens Marion sowie bei der Prozession im Zusammenhang mit seiner Bekehrung, wo er »von Kopf bis Fuß in Weiß gekleidet« ist.

Madame de Warens

s.u. *Zehnte Träumerei* unter: »Warens«

Fénelon

s.o. *Zweite Träumerei* unter: »Augustin«

vierzigstes Jahr

1762. Vgl. seine Briefe an Malherbes (s.u. *Vierte Träumerei* unter: »erste Empfindung«) und den Skandal rund um *Émile* (s.o. *Erste Träumerei* unter: »fünfzehn Jahre schon«).

Reformation / Ich gab den Posten auf

Mehr noch als seine Schriften habe, so vermutet JJR in den *Confessions*, diese Reform den Hass aller auf sein Haupt gezogen, das er bald unter der Armeniermütze bergen musste.

In den *Confessions* schildert er, wie er als Asket der Moderne nur noch Noten kopieren will, Zehntausende von Seiten zu einem Hundelohn, und dafür die finanzträchtige Stelle als Kassier bei M. Franceuil aufgibt, der ihn vom Fieber befallen wähnt, herbeieilt, beschwatzt –

doch JJR bleibt standhaft: »Ich ließ Goldgeflitter und weiße Strümpfe, ich nahm eine runde Perücke, ich legte den Degen ab, ich verkaufte mein Uhr und sagte mir mit unsäglicher Freude: Dem Himmel sei Dank, ich muss nicht mehr wissen, wie spät es ist.« (*Confessions* OC I 363)

Eine große Revolution

Und bereitet mit seinen Schriften die französische vor …

eine neue moralisch-geistige Welt, die sich meinen Blicken eröffnete

Die Illumination von Vincennes 1749? (s. im Anhang *Die Illumination*)

Gloriole

Die Abwendung von der Gloriole hin zu »Büschen und Bächen bei meinen einsamen Spaziergängen« eröffnet das neunte Buch der *Confessions.*

dem begonnenen Werk

Wohl die *Profession de foi du Vicaire savoyard*, das 1762 im fünften Buch des *Émile* eingefügt wird und dessen erste Entwürfe bis ins Jahr 1757 zurückreichen. Diese Schrift entfesselt den Hass aller Kirchendiener gegen ihn.

Ich lebte damals unter den modernen Philosophen / ~~herrschsüchtige~~ glühende Missionare des ~~Unglaubens~~ Atheismus

Ohne auf meine eigene Arbeit zusammen mit Michael Pfister über die Vernetzungen und Verstrickungen der materialistischen Philosophen und Pornosophen verweisen zu wollen, möchte ich diesen in kurzen Anmerkungen kaum zu erhellenden Wirrwarr nicht auflösen, aber interessierte Leser an die unglaublich anschauliche und JJR ins schlechtmöglichste Licht rückende und mich gerade deshalb so bezaubernde Schrift *Böse Philosophen – ein Salon in Paris und das vergessene Erbe der Aufklärung* von Philipp Blom verweisen.

Wie kaum jemand entfaltet Philipp Blom die dialektischen Blüten der Aufklärung so anschaulich wie aktuell. Man wähnt sich in einem Pariser Salon, unweit der Tuilerien, ab und zu klappert bei einer gewagten These von Diderot ein Porzellantässchen, dann wieder rauscht ein Rock durch Raum und Zeit – und schon stehen wir mitten im Jetzt: Was wäre denn Aufklärung, radikal? Und wie steht es um das radikal Böse seit de Sade?

VIERTE TRÄUMEREI

Wie man von seinen Feinden Nutzen hat.

Im *Rheinisches Museum für Philologie*, 1896, findet sich unter dem Titel: »Zwei neu aufgefundene Schriften der graecosyrischen Literatur« folgende Übersetzung mit der für JJR besonders aufschlussreichen Passage:

»Dein Feind vollführt seine Beobachtung nicht bloß so obenhin; denn es dringt ja sein Blick bis hinein in die Wände deines Hauses und sein scharfes Gesicht spaltet die Steine deiner Stockwerke, aber er holt auch das heraus, was deine Freunde über dich denken (eig.: er plündert die Gesinnung deiner Freunde) und vermittelst deiner Verwandten beobachtet er deine Handlungen und sucht, deine Geheimnisse deinen Lieben zu entlocken vermittelst Schmeicheleien, die er ihnen entgegenbringt. {...} Aber ganz besonders haftet ihr Blick an den Fehltritten der von ihnen Gehassten und von allerorten her spähen sie sie aus. Und wie die Geier vermittelst des Geruches sich auf den Leichnamen zusammenfinden, indem sie gesunde Körper überhaupt gar nicht bemerken, so stoßen die Feinde auf das ungesunde Betragen und auf die todten Werke herab und finden sich über ihnen zusammen, um sich an sie heranzumachen und sie zu zerfleischen. Und dies ist nutzbringend? Sogar sehr nützlich ist es, – unser Freund.

{...} Und beachte wohl, – unser Freund, den sehr weisen und nutzbringenden Ausspruch, den Diogenes gethan hat. Denn als er von jemand gefragt wurde: ›Wie kann ich mich an meinem Feinde rächen?‹ – da antwortete er und sprach zu ihm: ›Dadurch kannst du dich an ihm rächen, dass du gut und edel bist.‹«

eine Sendschrift von Abbé Rozier

1768 herborisierte JJR mit dem Abbé François Rozier in der Umgebung von Lyon. Rozier gab seit 1771 das *Journal de physique et d'histoire naturelle* heraus und arbeitete zusammen mit dem von JJR geschätzten Botaniker de la Tourette an den *Démonstrations élémentaires de botanique* (1766). Er veröffentlichte ein durchaus ernst gemeintes Lob von JJR nach dessen Tod.

Vielleicht erklärt sich die Skepsis von JJR aus dem Kontext: In Roziers Nummer *Observations sur la physique* wird sein Lob auf die Akademien, das JJR ohnehin widerstrebt, durch die Ankündigung der Gründung einer *Société des arts* in Genf angekündigt, JJRs Geburtstadt, aus der er ausgeriegelt ist. Darunter werden die Preisfragen aufgelistet: »Ursache der schlechten Kornernte auf dem Genfer Boden« (20 Louis) und ein »besseres Reglement für die Verwahrung von Bettlern, Vagabunden und Verbrechern jeden Alters und jeden Geschlechts, die zu öffentlichen Arbeiten verurteilt wurden (16 Louis).«

vitam vero impendenti, Rozier

»Für den, der das Leben der Wahrheit weiht, Rozier.«

Sonst taucht der Spruch immer wie folgt auf: *vitam impendere vero*. Nach Juvenal, *Satiren* IV, 91: »Ille igitur numquam direxit brachia contra / Torrentem, nec civis erat, qui libera posset / Verba animi proferre, et vitam impendere vero.« Der dreimalige Konsul Q. Vibius Crispus am Hof des Tyrannen Domitian wollte also nie gegen den Strom schwimmen, äußerte aber auch nie, was er auf dem Herzen hatte und setzte sein Leben nie für die Wahrheit ein.

Diese Maxime hat JJR an den Beginn der *Lettres de la montagne* gesetzt; Schopenhauer wird sie über den Anfang seiner Genialenrepublik der *Parerga und Paralipomena* stellen.

eine garstige Lüge

In der ausgiebigen Diskussion zwischen Jacques Derrida und Paul de Man, die ersterer bis über den Tod des letzteren hinaus führte (vgl. den fast schon romanhaften Essay *Le ruban de machine à écrire*), spielt diese Episode die Hauptrolle, weshalb die noch nie übersetzte Version aus dem Neuenburger Manuskript vollständig angeführt sei.

Rousseau weilt in Turin bei einer Familie von Madame de Vercellis, die keine Kinder aber den Comte de Roque zum Erben sowie allerlei Bedienstete hatte wie Mademoiselle Pontal, deren Mutter, nach einem Brustkrebs, mit den Worten stirbt, solange eine Frau furzt, ist sie nicht tot. Während der Auflösung des Haushalts kommt etwas abhanden:

»Ich trat nicht aus dem Haus, wie ich es betreten hatte. Ich trug lange Erinnerungen an ein Verbrechen mit mir fort und das unerträgliche Gewicht von Reue, die mein Gewissen noch vierzig Jahre danach belastet und deren bitteres Gefühl keineswegs schwächer geworden ist, sondern mich im Alter mehr und mehr verstört. Wer möchte glauben, dass der Fehltritt eines Kindes so grause Folgen zeitigen mag? Ich habe unter Umständen ein liebenswürdiges, anständiges Mädchen, das gewiss viel mehr wert ist als ich selbst, in tödliches Elend gestürzt.

Es ist kaum zu vermeiden, dass die Auflösung einer Haushaltung allerlei Verwirrung stiftet, wobei dies und das abirrt; doch dank der Treue der Domestiken und der Wachsamkeit von M. und Mad{ame}e Lorenzi fehlte im Inventar nichts. Allein Mad{moise}lle Pontal verlor ein kleines rosa-silbernes Band, das schon alt war. Dieses Haarband führte mich in Versuchung; ich stahl es, und da ich es gar nicht versteckte, wurde es bald schon gefunden; man wollte wissen, wo ich es her hatte; ich sagte, Marion hätte es mir geschenkt. Marion war eine junge Maurin, die Mad{ame}e de Vercellis zu ihrer Köchin genommen hatte, nachdem sie kein Essen für andere mehr bereiten musste und ihre eigene Köchin entlassen hatte, da sie eher gute Bouillon als feines Ragout brauchte. Nun aber war Marion nicht nur hübsch, sondern hatte jene frische Hautfarbe, die man nur in den Bergen findet, und verfügt noch dazu über einen so sittsamen und sanftmütige Ausdruck, dass man sie nicht betrachten konnte, ohne sie zu lieben. Überdem ein braves, keusches Mädchen und von viel erprobter Treue. Deshalb die Überraschung, als ich ihren Namen nannte. Man setzte keineswegs mehr Vertrauen in mich als in sie und hielt es für unerlässlich, zu überprüfen, wer von uns beiden schelmischer sei. Man rief sie herbei, als man zahlreich versammelt war, darunter der Comte de la Roque. Sie trifft ein, man zeigt ihr das Band, ich bezichtige sie frech, sie bleibt stumm und starr, wirft mir einen Blick zu, der selbst Dämonen entwaffnet hätte, aber mein barbarisches Herz hielt ihm stand. Schließlich leugnet sie entschieden, aber ohne Nachdruck, wendet sich an mich, beschwört mich, in mich zu gehen und nicht ein unschuldiges Mädchen zu entehren, das mir nie irgend Böses tat, ich aber, mit höllischer Schamlosigkeit, ich bekräftige meine Erklärung und sage ihr ins Gesicht, dass sie mir das Band geschenkt habe. Das arme Ding beginnt zu weinen und sagt mir einzig folgende Worte: *Ah! Rousseau, ich hielt Sie für einen aufrichtigen Charakter; Sie machen mich recht sehr unglücklich; doch möchte ich nicht an Ihrer Stelle sein.* Das wars auch schon; sie verteidigte sich weiterhin voll Einfalt, Standhaftigkeit, doch ohne irgendeine Beschimpfung an meine Adresse zu wagen – diese gesittete Zurückhaltung tat ihr, im Vergleich zu meinem entschiedenen Tonfall, Tort. Es schien wider die Natur, ihr zum einen so diabolische Verwegenheit und zum anderen so engelsgleiche Sanftmut zu unterstellen. Man schien sie nicht durch und durch zu verurteilen, aber das Vorurteil sprach für mich. Aufgrund der Haushaltssorgen neigte man ohnehin dazu, sich von uns allen zu trennen und machte sich nicht die Mühe, die Angelegenheit zu vertiefen: der Comte de la Roque entließ uns alle beide und beschränkte sich auf die Bemerkung, dass das Gewissen des Schuldigen die Unschuld rächen werde. Seine Vorhersage war nicht umsonst getan, sie geht Tag für Tag in Erfüllung. Doch meine Strafe ist nicht nur innerlich, denn David Hume fügt mir heute lediglich das zu, was ich einst der armen Marion antat.

Ich weiß nicht, was aus diesem Opfer meiner Verleumdung geworden ist. Aber aller Anschein hält dafür, dass sie nach all dem nicht mehr so leicht eine Anstellung finden mochte. Sie trug, so oder so, eine schweres Schandmal ihrer Ehre davon. Der Diebstahl war zwar nur eine Bagatelle, aber eben doch ein Diebstahl, und schlimmer noch: um einen jungen Knaben zu verführen; und überdem ließ das hartnäckige Leugnen wenig Hoffnung für jene, in der sich so viel Laster angesammelt hatte. Ich halte Elend und Verachtung gar nicht für die größten Gefahren, denen ich sie aussetzte. Wer weiß, wozu sie die Entmutigung und die besudelte Unschuld treiben mochten? So unerträglich die Reue, sie unglücklich gemacht zu haben, so unermesslich die Reue, dass ich sie ins Schamlose stürzte, wo sie mir gegenüber doch so ehrbar blieb!

Diese grausame Erinnerung behelligt mich zuweilen und bestürzt mich so sehr, dass ich in meiner Schlaflosigkeit sehe, wie das unselige Mädchen zu mir kommt, um mir mein Verbrechen vorzuwerfen, als wäre es noch ganz frisch. Hundert Mal meinte ich sie in der Tiefe meines Herzens zu hören: du spielst den honetten Mann, aber du bist lediglich ein Ruchloser. Ich vermag nicht zu sagen, wie schlimm diese Vorstellung alle Lobreden vergiftet hat, die ich erhielt, und wie oft sie mir die Ehrung durch Menschen zur Marter machte. Das geht bisweilen so weit, dass ich es als eine Bestätigung meines Verbrechens ansehe, dass ich darunter leide, wenn man Gutes von mir denkt. Doch konnte ich mein Herz nie im Schoß eines Freundes ergießen; selbst innigste Intimität hat mir dies niemanden gegenüber erlaubt, nicht einmal gegenüber Mad{am}e de Warens. Ich ging nie weiter, als jemandem das Geständnis zu machen, dass ich mir eine gräuliche Tat vorzuwerfen habe, nie aber sagte ich, worin sie bestand; denn wenn ich jemanden kennen würde, der unter den genau gleichen Umständen eine solche Tat begangen hätte, so wäre es mir, wie ich wohl spüre, unmöglich, vor ihm etwas anderes als Abscheu zu empfinden. Diese Bürde wiegt also bis zum heutigen Tag ohne Entlastung auf meinem Gewissen, und ich darf sagen, dass das Begehren, mich davon zu befreien, in gewisser Weise viel dazu beitrug, dass ich den Entschluss fasste, meine Bekenntnisse zu schreiben.

Ich ging bei demjenigen, das ich just abgelegt, ganz offenherzig zu Werk, und man wird gewiss nicht der Ansicht zuneigen, dass ich hier die Schwärze meines Verbrechens beschönigt hätte. Doch würde ich mein Ziel nur halb erreichen, wenn ich nicht desgleichen meine innerliche Einstellung preisgäbe und befürchten müsste, mich zu entschuldigen, indem ich mich lediglich an die Wahrheit hielte. Nie war die Boshaftigkeit meinem Herzen so fern wie in jenem grausamen Augenblick. Als ich dieses unselige Mädchen bezichtigte, da war, so bizarr das scheinen mag, in Tat und Wahrheit meine Neigung zu ihr der Grund. Sie war mir in Gedanken gegenwärtig; ich wälzte die Schuld auf das erste Objekt ab, das sich mir aufdrängte; ich beschuldigte sie, just das getan zu haben, was ich tun wollte, und mir das Band geschenkt zu haben, weil ich mich mit der Absicht trug, es ihr zu schenken. Als ich sie dann sah, wie sie vor uns erschien, da zerriss es mir das Herz; doch die Gegenwart von so viel ~~Welt~~ Menschen war stärker als meine Gewissensbisse. Ich fürchtete nicht die Strafe, ich fürchtete die Beschämung; und zwar fürchtete ich sie mehr als den Tod, mehr als das Verbrechen, mehr als alles in der Welt. Ich hätte versinken und im Innersten der Erde ersticken mögen; die unbezwingliche Scham schwemmte alles mit sich fort, allein die Scham trieb mich zu dieser Schandtat, und je mehr ich zum Verbrecher wurde, umso stärker bannte mich der Schreck, es einzugestehen. Ich sah nur noch das Entsetzen, als Dieb ertappt, zum Lügner, Verleumder erklärt zu werden; ein allumfassender Aufruhr raubte mir alle anderen Empfindungen. Hätte man mich für einen Moment in mir selbst Einkehr halten lassen, ich hätte ganz gewiss alles zugegeben. Hätte mich nach der Gegenüberstellung M. de la Roque zur Seite genommen und mir gesagt, ich solle das Mädchen nicht ins Verderben schicken: Falls Sie schuldig sind, dann gestehen Sie es mir, so hätte ich, dessen bin ich vollkommen gewiss, augenblicks gestanden. Niemals, weder in diesem fatalen Augenblick noch in irgendeinem anderen, schlich sich ein vorsätzliches Verbrechen in mein Herz. Das Alter verdient auch noch unsere gerechte Aufmerksamkeit. Ich war kaum der Kindheit entwachsen, oder besser: ich stand noch mitten in ihr. In der Jugend ist wahre Herzensschwärze ruchloser als in jedem anderen Alter, was daran aber Schwäche ist, ist alles andere als verbrecherisch, und das war im Grunde genau mein Frevel. So schmerzt mich diese Erinnerung auch weniger wegen des Verbrechens als wegen des Bösen, das es auslösen mochte. Und wofern es sich, wie ich glaube, um ein Verbrechen handelt, das gesühnt werden kann, so ist es das bereits durch all das Unglück meines Lebens, das ich oft voll Langmut ertrug, indem ich es als meine gerechte Strafe erachtete. Das wars, was ich zu diesem Punkt zu sagen hatte: es möge mir verstattet sein, nie mehr davon zu handeln.« (*Confessions* MsN 110ff., vgl. OC I 84ff.)

in einem Buch der Philosophie

Es handelt sich um Helvétius' 1758 anonym veröffentlichte Bibel der Materialisten *De l'esprit*, wo JJR in seinem Exemplar die Stelle anstrich: »M. de Fontenelle hat die Lüge wie folgt definiert: eine Wahrheit verschweigen, die man offenlegen muss. Ein Mann steigt aus dem Bett einer Frau, er trifft auf den Gatten: Woher kommen Sie?, fragt ihn jener. Was soll man ihm antworten?, schuldet man ihm alsdann die Wahrheit? Nein, meint M. de Fontenelle, denn die Wahrheit nützt niemandem.« Und JJR setzt hinzu: »witziges Beispiel! Als ob einer, der keinen Skrupel hat, mit der Frau eines anderen zu schlafen, sich wegen einer Lüge Skrupel machen würde! Ein Ehebrecher mag zum Lügen angehalten sein; ein Mann des Guten aber will nicht Lügner noch Ehebrecher sein.«

Im Februar 1767 macht er sich in einem Brief an Davenport Sorgen, seine seltene Erstausgabe von *De l'esprit* könnte in falsche Hände fallen, die seine Randbemerkungen missdeuten würden. Gewiss, denn man hat schon unter den Aufklärern seine *Lettres de la montagne* als Attacke gegen Hélvetius interpretiert, mit der er sich bei den Hugenotten einschmeicheln wollte, so dass man sich umso mehr über die Steine freute, die die Bigotten in Môtiers gegen sein Fenster sandten …

wo die Wahrheit rigoros geschuldet wird

Von Füllwörtern bis zu Leitwörtern spielt natürlich Kants Vokabular hinein, der früh schon von der »Moral-Tarantel« Rousseau gestochen wurde, wie Nietzsche anmerkt, der als wandernder Schatten, von Kopf bis zu den Fußspitzen von Illuminationen überrieselt wie Rousseau selbst, mit der Feder tanzend, über alles Schwere hinweg, eigentlich die uneingestandene Nähe zu dem Vagabunden hätte sehen müssen, doch ihn lockte das Rattern gegen die Rückkehr zur Natur: Rousseau, Ressentiment, Rache, Romantik!

Erdichtung / Fiktion

Schlüssel zum Verständnis von Paul de Mans Interpretation, freilich muss man dann Erdichtung wie an den folgenden Stellen mit »Fiktion« (üb)ersetzen.

Temple de Gnide

Das 1725 erschienene Werk erregte einigen Skandal, weshalb Montesquieu lange seine Autorschaft abstritt. Im »Vorwort des Übersetzers« liest man: »Ein Botschafter von Frankreich in der Ottomanischen Pforte, der für seine Liebe zu Schriften bekannt ist, hat mehrere griechische Handschriften angekauft, die er nach Frankreich nahm. Etwelche dieser Manuskripte sind in meine Hände gefallen, darunter stieß ich auf das Werk, dessen Übersetzung ich hiermit vorlege … Man kennt nicht den Namen des Autors, noch die Epoche, in der er lebte. Alles, was man sage kann, ist, dass er nicht früher als Sappho lebte, da er in seinem Werk von ihr handelt.«

In gleicher Weise behauptet Rousseau von den Briefen aus der *Nouvelle Héloïse*, sie seien »Briefe zweier Liebender aus einer kleinen Stadt am Fuß der Alpen, versammelt und veröffentlicht von Jean-Jacques Rousseau«, womit er sich bloß als Herausgeber, nicht als Autor zu erkennen gibt. Auch das *Glaubensbekenntnis des Savoyardischen Vikars*, das in *Émile* über 200 Seiten einnimmt, sei ihm nur zugeflogen …

Foulquier / seinem Freund Benoît bei der bewirtenden Dame Vacassin

François-Joseph de Foulquier (1744-1789) war JJR aufgrund seiner Liebe zur Musik bekannt, wichtiger aber scheint, dass die paar darauffolgenden Worte von Du Peyrou sorgfältig geschwärzt wurden – man wird nie wissen, warum.

Pierre-Antoine Benoît wird mit dem Marquis de Girardin die *Consolations des misères de ma vie* edieren. Vacassin wohl eher: Vaucassin.

alles zu sagen

»Ich schulde dem Leser eine Entschuldigung für all die nackten Einzelheiten {…}, doch im Unterfangen, mich in voller Gänze dem Publikum zu zeigen, darf ihm nichts dunkel oder verborgen bleiben. Es tut Not, dass er mich bis in die heimlichsten Winkel begleitet, in alle Irrungen meines Herzens, in alles Elend meines Lebens, dass er mich keinen Augenblick aus den Augen verliert; aus Angst, dass er in meinem Bericht die kleinste Lücke findet, die kleinste Leere, wobei er sich fragt: was hat er denn in jener Zeit getan?, wird er mir zum Vorwurf machen, dass ich nicht alles sagte.« (*Confessions* OC I 85)

im Profil abkupferte

s.o. *Erste Träumerei* unter: »Montaigne«

***Paquis*-Anlagen bei M. Fazy / Fabrik für *Indienne*-Stoffe**

Es gab damals drei *Indienne*-Stoff-Fabriken, zwei in Eaux-Vives und eine im Pâquis, die Antoine Fazy gehörte. Er hat die Fertigkeit zur Herstellung farbig bemalter Stoffe mit Gemälden in Holland erworben, wie schon sein Onkel Daniel Vasserot, der diese Industrie 1691 in Genf einführte. Er heiratete 1719 Clermonde Rousseau, eine Tante von JJR.

Trockenräume

Ein System aus horizontal gespannten Fäden, auf denen die Stoffe getrocknet wurden.

Narben

Im Spiegel der Liebe zu Hieben auf den Hintern (»la fessée«), die Umzirkung auf einer Insel (»circonscription«) und die Bekenntnisse (»confession«) könnte man aufgrund der vielfältigen Narben im Stil einer unbewussten »circoncision« die drei autobiographischen Hauptwerke als eigentliche »circonfession« betrachten.

Auf einer Reise durch Savoyen, »wo die Frauen so schön sind«, macht er die Bekanntschaft einer Nachbarin von liebkosender Lebhaftigkeit, »etwas mager zwar wie die meisten Mädchen ihres Alters«, doch eines Morgens ist es fast um ihn geschehen, als sie im Déshabillé vorbeistreift, denn »ich fürchte nichts so sehr auf der Welt wie eine junge Person im Déshabillé«, doch er kann sich ablenken: »Sie trug auf dem Busen die Narbe einer Verbrühung mit heißem Wasser, das ein blaues Tuch nicht zur Gänze bedeckte; diese Marke zog meine Aufmerksamkeit auf sich, die bald nur noch der Narbe galt.« Hier aber verweist die Narbe auf die verbotene Lust der langen phallischen Finger.

Magnanima menzogna! or quando è il vero

Großherzige Lüge! welche Wahrheit wäre so schön, um sie dir vorzuziehen?

Just diese Zeilen ließ JJR in seiner Übersetzung von Tassos *Gerusalemme Liberata*, II, XXII weg. Um Christen zu retten gesteht Sophronie ein Verbrechen, dessen sie unschuldig ist. In seinem Versuch, dieses Werk zu übersetzen, bringt Rousseau seine Thérèse zum Weinen, als er beim Schein des Kaminfeuers diese Szene vorliest, und fällt später, als er sie sich mit seiner krächzenden Stimme vorsingt, selbst ins Schluchzen, wie er am 28. November 1768 einem Freund schreibt … Umso mehr erstaunt, dass ausgerechnet diese Wendung in seiner Übersetzung fehlt. Fügt er sie so gleichsam nach?

im *plain-palais* eine Partie Paille-Maille mit einem meiner Kameraden namens Pleince

Damals lag der Plainpalais nicht mitten in der Stadt, sondern war so zu sagen noch eine *banlieue* von Genf, das Spiel Paille-Maille gleicht dem Krocket, der Freund mit dem alliterierenden Namen scheint nicht identifiziert zu sein.

fernab von gut und böse

Ab hier sind letzten Abschnitte später von JJR beigefügt.

FÜNFTE TRÄUMEREI

St. Petersinsel / *Isle de la Motte* / Steinigung von Môtiers Das Buch von Sigismund Wagner aus dem Jahr 1795 über JJRs Zeit auf der Petersinsel und den beginnenden Kult rund um diesen mythischen Aufenthalt wurde 1926 von Pierre Kohler wieder aufgelegt und erweitert und in gewisser Weise von Barbara Piattis Studie *Rousseaus Garten* (2001) abgelöst.

Nach seiner Steinigung von Môtiers blieben Rousseau nicht mehr viele Fluchtwinkel: In Paris hatte man seine Schriften verbrannt und selbst in Genf, wo er endlich wieder als Bürger Aufnahme gefunden hatte, nachdem er der katholischen Religion abgeschworen hatte und in den Schoß Calvins zurückgekehrt war, selbst in Genf also hatte man seine Schriften verbrannt. So blieb ihm nur ein Gebiet, das Friedrich II. unterstand, jenem Fürsten-Philosophen, der gerade den radikalen Materialisten und Sensualisten, den erbittertsten Feinden Rousseaus also, Asyl geboten hatte, aber auch Voltaire, dem intimsten Gegner. Dieser Friedrich, den Rousseau indirekt angegriffen hatte mit der Formulierung: »er sei ein Philosoph und regiere als Fürst«, also: er beachte die philosophischen Einsichten nicht mehr, sobald es um das Kalkül der Macht gehe, dieser Friedrich war Schirmherr von Neuenburg. Dieses kleine Gebiet in der Schweiz bot Rousseau eine Fluchtstätte.

Doch in Môtiers, einem Dorf im Val-de-Travers mitten im Jura, wandelte er in seiner Armeniertracht unter Bauern herum, herborisierte, besuchte tiefe Höhlen und feuerte mit seinen *Lettres de la montagne* gegen eine Schrift aus Voltaires giftiger Feder und stellte viele Dogmen der Religion in Frage, sodass ihn der zuständige Pfarrer Montmollin nach und nach aus dem Kirchenschiff herauszudrängen suchte und eine Predigt hielt, die unschwer auf JJR abzielte und die Leute im Dorf dazu brachte, von ihm nur noch als dem »Anti-Christen« zu sprechen. Mehr und mehr begegnete JJR im lichten Jura finsteren Blicken und Leuten, die mit Steinen nach ihm warfen. Von fern zunächst, doch kamen sie immer näher, um zuletzt die Scheiben seines Hauses einzuwerfen.

So verließ JJR am 6. September fluchtartig Môtiers und eilte auf die St. Petersinsel, wo er am 9. ankam. Die Insel war damals in der Tat noch ein richtiges Eiland – erst 1875 sollte der Spiegel des Sees um über zwei Meter abgesenkt werden, seither ist sie eine Halbinsel. *Ilse de la motte* meint ein Erdhäufchen, wobei »motte« auch mit dem weiblichen Geschlechtsorgan in Verbindung gebracht werden kann.

Sein Aufenthalt wird in ganz Europa kommentiert, etwa im November 1765 im *London Magazine*: »Mr. Monmoulin minister at Motie-Travers {…} where Mr Rousseau had retired, has incensed his congregation from the pulpit in such a manner against the unhappy philosopher, that they attacked his house, and broke all his windows; and one man thinking Rousseau's principles dishonourable to religion, pretended that God had appeared to him in a dream, and ordered him to assassinate poor Jean Jaques.

However, with all his fanaticism, he thought it better to inform the public of this order, than to execute it himself. Rousseau is now retired to an island in the lake of Bienne, where there is but one house; it is very pleasant, and the philosopher had been in the practise of going there now and then to pass some days in solitude. He tells his visitors he is like some poor wearied dog, who no sooner gets out of one place and lies down in another, than some idle boy gives him a kick and rouses him. –

Geneva, Nov. 9. Poor Rousseau is now expelled from all Switzerland. An infernal spirit of intolerance and of revenge, hath set both priests and magistrates upon him.«

weit wilder und romantischer

Einer der frühesten Belege des Wortes für Landschaften, später folgt dann noch »romangemahnend«, was eine Art Selbstkritik beinhaltet, hatte er doch die *Nouvelle Héloïse* am Genfersee angesiedelt und nicht hier.

Schon in den *Confessions* bezeichnet er seine Einbildungskraft als »romantisch« – er gab gerade zu, dass er bis ins Alter von neunzehn Jahren keinen sexuellen Umgang pflegte und, seit er als Kind die wilden Exzesse in Straßengräben beobachtet hatte, zeitlebens Abscheu vor Huren empfand – womit wir doch noch einen Teil der zentral anders gefärbten Stelle aus dem Neuenburger *Confessions*-Manuskript rund um Mme Lambercier anführen können:

»Oder waren meine Sitten nur deshalb in geordneten Bahnen verlaufen, weil ich verdorbene Vorlieben hatte? Diese Schlussfolgerung wäre übertrieben und ungerecht. Ein scheues Naturell, ein zartes Herz, eine romantische Vorstellungskraft mischen Liebe und Zurückhaltung in all meine Begierden: ein verlässlicher Hang zu Anstand und Dezenz, eine Abneigung vor Schamlosigkeit, Ausschweifung und sämtlichen Exzessen waren in mir die Frucht einer durch und durch gesunden und sittsame Erziehung, wenn auch sehr durchmischt und wenig befolgt; doch aufgrund eines sanften und empfindsamen Charakters in Bezug auf Scham, raubten die Begierden, die sie verbarg, den anderen Kraft. Ohnehin dazu neigend, mich mehr an die Person als an ihr Geschlecht zu heften, ohnehin eingeschüchtert vor lauter Angst zu missfallen, entfesselte ich mich für Akte der Unterwerfung; so fand ich ein Mittel, um mich von einer gewissen Seite dem Objekt meiner Lüsternheit zu nähern, indem ich die Haltung eines bittenden Liebhabers mit derjenigen eines bestraften Schülers tauschte. Kniefällig vor einer herrschsüchtigen Mätresse war mir die süßte Gunst. Man merkt wohl, dass diese Art, Liebe zu machen, mir keine raschen Fortschritte erlaubte und die Tugend derer, die ihr Gegenstand waren, nicht sonderlich gefährdete.« (*Confessions* MsN 26f.)

Der Unterschied von »romantisch« und »romanhaft« wird vom Freund und Gönner Marquis de Girardin diskutiert: In *Composition des paysages* erläutert er den Einfluss der Landschaften auf unsere Sinne und unser Denken. Er unterscheidet eine pittoreske, poetische und romantische Situation: »Die pittoreske Situation bezaubert das Auge, die poetische Situation fesselt Geist und Gedächtnis, indem sie in uns arkadische Szenen auferstehen lässt; und so die eine wie die andere Komposition auch von einem Maler oder Dichter geformt werden kann, gibt es eine weitere Situation, wie sie nur die Natur selbst bietet: es ist dies die romantische. (Anmerkung: Ich ziehe das englische Wort »Romantique« unserem »Romanesque« vor, da es eher die Fabel eines Romans bezeichnet, das andere aber die Situation selbst sowie den rührenden Eindruck, den wir empfinden.)«

Girardins Werk erschien kurz vor dem 25. April 1777. Da Rousseau wohl zuvor mit dem Autor darüber diskutierte, kann man diese *Träumerei* in jene Tage datieren. Die *Zehnte Träumerei* verfasst JJR dann am 12. April 1778, kurz bevor er Paris für immer verlässt, das heißt zumindest bis zur Rückführung seiner Asche am 11. Oktober 1794 in das *Panthéon*. Er wohnt dann in Ermenonville beim Marquis de Girardin. Ihm ist es auch zu verdanken, dass er alle Zettel und Notizen von JJR rettete, darunter die drei letzten *Träumereien*. Und die Spielkarten.

1782 erscheinen dank seiner Bemühungen die *Rêveries* zum ersten Mal in verschiedenen Versionen: Als Band X der *Collection complète des œuvres de J.-J. Rousseau* (in-4°, ab 1780), als zweiter Teil der *Confessions*, die man noch *Mémoires* nannte. Eine Edition in-8°, die in doppelt so vielen Bänden erscheint, liefert die *Rêveries* allein, logischerweise als Band XX. Eine Edition in-12° folgt mit den *Rêveries* als Band XXI. Der größte Erfolg blieb aber der allerersten, schon im Mai 1782 vom Pariser Buchhändler Panckoucke in 2 Bänden vorgelegten Edition beschieden.

Insel / Eiland

Die Inselseligkeit zeigt sich in seiner Vorliebe für *Robinson Crusoe*, den er im *Émile* jedem Kind als allererste Lektüre empfiehlt. Diese Sehnsucht nach dem Insulären zeigt sich auch in seiner Verklärung von Korsika im *Contrat social*, wo er meint, Korsika werde »Europa noch in Erstaunen versetzen«. Doch die Verfassung für Korsika und eine Reise auf die Insel, die man ihm kurz vor seiner Flucht auf die Petersinsel anträgt, kommen doch nicht zustande.

Hospital

JJR schreibt am 1. Oktober einem gewissen Pierre Guy: »Die kleine Insel, auf der ich weile, scheint geeignet, um hier meinen Rückzug zu nehmen. Sie ist sehr lieblich; man trifft weder auf Leute der Kirche noch auf Banditen, die von ihnen aufgehetzt werden. Die ganze Bevölkerung besteht aus einem einzigen Haus, das von sehr anständigen Menschen bewohnt wird, sie sind fröhlich und leicht im Umgang, und man findet bei ihnen alles, was es zum Leben braucht. Die einzige Schwierigkeit ist, dass die Insel und das Haus den Herren von Bern gehört, die zugleich Besitzer und Herrscher sind; und, wie Sie wissen, haben diese Ehrwürden mir vor drei Jahren den Aufenthalt in ihren Gebieten verboten.«

Und in der Tat schreibt der Geheimrat von Bern an Emmanuel von Graffenried, Herr von Worb, am 10. Oktober »dem vernemmen nach soll sich der bekante Jean Jaques Rousseau auf der St Peters Insul im ambt Nÿdauw beinden; Wir haben dahero der nothwendigkeit zu seÿn befunden, Euch befelchlichen aufzutragen, Ihme wann Er sich noch allda aufhielte, zu verdeuten, dass er sich von da wegg- und auss Ihrgn. Landen begen thüe.« (CC XXVII Brief 4713)

Verweser

Vielleicht wäre, wie ein Blick in die Korrespondenz von Schweizer Beobachtern von damals zeigt, »Schaffner« zeitgerechter. Nun, er hieß Gabriel Engel und war auch ein solcher; er lebte mit seiner Frau Salome und Kindern auf der Insel.

Die Insel ließ sich von Rousseau umso leichter in Bezirke unterteilen, als sie durchaus militärisch und streng angeordnet war, in strenge Flächen unterteilt, wie aus einem alten Plan hervorgeht, den Barbara Piatti ihrem Werk *Rousseaus Garten* beilegte.

England

Erste Briefe von David Hume locken schon früh von der Petersinsel in einen sichereren Hafen. JJRs Trauseligkeit erlebt bei Hume ein Trauma. Ganz aus der Sicht von Rousseau schildert diese Reise Albert Jansen 1885:

»Die dicke schwere Luft, die bei den Eingeborenen den Spleen oder die Melancholie erzeugt, musste dem Fremdling desto schädlicher werden, je geringer die Widerstandsfähigkeit seines Körpers und Geistes war. {...} Sehr bald empfand er den ›düstern Einfluss der Luft‹. Er litt an Schlaflosigkeit; oft konnte er ganze Nächte lang kein Auge schließen, und seine Seele marterte sich mit den traurigsten Gedanken und Vorstellungen. {...} David Hume war eine kalte Natur, kleinlich und eitel, spielte dieser den Vormund, den Tyrannen, das Schicksal seines Schutzbefohlenen. Er erschlich oder erzwang alle seine Geheimnisse, er besorgte seine Briefe und Geschäfte; er verfügte über sein Thun und Lassen, bestimmte seinen Umgang, zeigte ihn der Gesellschaft und ließ ihn malen und meißeln; er drängte ihm eigene oder fremde Geschenke auf, {...} es schmeichelte ihm, vor aller Welt so edel, hilfereich und gut zu erscheinen, aber es schmeichelte ihm noch mehr, dass Rousseau seinen Schutz demjenigen gekrönter Häupter vorzog, und am meisten, dass der Mann, der als so wild und ungesellig, scheu, misstrauisch und abstoßend verschrien war, ihm alles anvertraute und sich von ihm leiten ließ wie ein Kind.

Hinter seinem Rücken ihn dafür lobend, wollte er natürlich nur sich selber rühmen, und damit keiner glaubte, dass er der Getäuschte wäre, so äußerte er sich gelegentlich auch scharf und bitter. {…} Hume hat den Leuten gesagt, dass Rousseau sich Dinge anlöge und andichtete, um interessanter zu erscheinen, dass er sich deshalb ärmer stellte, als er wäre, und vorgäbe krank und gebrochen zu sein, obgleich er sich wohl und rüstig fühlte. {…} Die Feinde seines Schützlings waren seine Correspondenten und Freunde. Er hatte sich mit Grimm eingelassen, schickte Holbach vertrauliche Berichte, schmeichelte d'Alembert und Diderot.«

Ein objektives Bild kann sich nun jeder Leser anhand der neuen Edition des spektakulären Zerwürfnisses zwischen Hume und JJR machen: *»Leben Sie wohl für immer« Die Affäre Hume-Rousseau in Briefen und Zeitdokumenten.*

ein ewiges Gefängnis

Am 20. Oktober, nachdem er erfahren hatte, dass er die Insel verlassen muss, bemerkt er in einem Schreiben an M. de Graffenried: »Ich wage den Wunsch und Vorschlag, dass man besser über mich verfügt, wenn man mich in ewiger Haft hält, statt mich unablässig über die Erde irren zu lassen. Sie mögen mich in eines ihrer Schlösser oder einen anderen Ort ihrer Staaten stecken, den sie nach Gutdünken wählen. Ich werde dort auf meine Kosten leben und gebe mein Wort, niemandem zur Last zu fallen. Ich unterwerfe mich auch der Bedingung, über kein Papier, keine Feder, noch eine Verbindung nach außen zu verfügen, außer wenn es absolute Not erfordert, und auch dann nur über Kanäle, die von mir entgolten werden. Eins nur: Man lasse mir die Freiheit, mit ein paar Büchern zuweilen in einem Garten zu spazieren, dann will ich zufrieden sein.«

~~nur zwei Monate~~ kaum mehr als zwei Monate

Verschlimmbesserung, der Aufenthalt währte nur sechseinhalb Wochen: vom 9. September bis zum 26. Oktober.

far niente

In seinen *Dialogues* bezichtigt er sich selbst: »Jean-Jacques ist frech, faul, wie alle kontemplativen Seelen; doch diese Faulheit nistet allein in seinem Kopf … Er hält absoluten Müßiggang nicht aus: seine Hände müssen tätig sein, seine Füße, seine Finger auch, sein ganzer Körper muss tätig sein, während sein Kopf ruht. Daraus entspringt seine Leidenschaft für das Spazierengehen; er ist dabei in Bewegung, ohne dass er denken muss. {…} In der Träumerei ist man nicht aktiv, die Bilder prägen sich dem Hirn ein, vermischen sich wie im Traum, ohne Zutat des Willens; man überlässt sich ganz dem Gehen, in untätigem Genuss. {…} Aus diesem Hang zu süßen Träumereien schreiben sich schweifend alle Neigungen, alle Vorlieben, alle Gewohnheiten von Jean-Jacques her, seine Laster auch sowie die Tugenden, über die er verfügen mag.«

Als unselige Briefe mich zwangen

Zum einen hofft er immer wieder auf Sturm, Eis und Wellen, damit keine Boote die Insel erreichen, doch sie beginnen Extraboote mit Briefen nach ihm zu schicken, was er vehement ablehnt, es sei zu teuer und er würde sonst bald unter einer Lawine von Briefen begraben; dann wieder, nur drei Tage später, bestellt er am 18. September bei Du Peyrou ein Boot voller Früchte, beklagt sich, dass der Versuch mit den Rasierklingen nur halb gelungen sei und verlangt »eine Flasche Tinte«.

Heu / Ivernois / *Flora petrinsularis*

Als er in Môtiers in seinem Bauernhaus weilte, mit seiner Frau, also ganz so wie er sich das Lebensglück in den *Confessions* ausmalt (ein Haus auf dem Land, eine Frau, eine Kuh), unternimmt er mit Jean-Antoine d'Ivernois ausgedehnte Streifzüge durch Wald und Wiesen, muss ihm aber schon am 1. August 1765 mitteilen:

»Ich bin ganz Narr der Botanik: sie beherrscht all meine Tage. Ich trage nur noch Heu im Hirn, ich werde selbst eines Morgens zu einer Pflanze werden, jedenfalls schlage ich in Môtiers schon Wurzeln, trotz des Oberpriesters, der den Pöbel aufhetzt, um mich wegzujagen.«

so sehr ins Kleinste gehend / in kleine Quadrate eingeteilt

Rousseaus Sicht der Pflanzen gehe »ins Enge«, schreibt Goethe in *Der Verfasser teilt die Geschichte seiner botanischen Studien mit*, die 1831 in der französischen Version seiner *Metamorphose der Pflanzen* erschien, auch eine Huldigung an JJR, auf dessen Spuren er bis auf die Petersinsel reiste. Man kann sie heute zwar leicht mit einem Klick finden, aber sie verdient doch, ausführlich angeführt zu werden:

»Indessen sich dergestalt meine botanischen Kenntnisse und Einsichten in lebenslustiger Geselligkeit erweiterten, ward ich eines einsiedlerischen Pflanzenfreundes gewahr, der mit Ernst und Fleiß sich diesem Fache gewidmet hatte.

Wer wollte nicht dem im höchsten Sinne verehrten *Johann Jacob Rousseau* auf seinen einsamen Wanderungen folgen, wo er, mit dem Menschengeschlecht verfeindet, seine Aufmerksamkeit der Pflanzen- und Blumenwelt zuwendet, und in echter gradsinniger Geisteskraft sich mit den still reizenden Naturkindern vertraut macht.

Aus seinen frühern Jahren ist mir nicht bekannt, dass er zu Blumen und Pflanzen andere Anmutungen gehabt als solche, welche eigentlich nur auf Gesinnung, Neigung, zärtliche Erinnerungen hindeuteten; seinen entschiedenen Äußerungen aber zufolge mag er erst nach einem stürmischen Autor-Leben, auf der St.-Peters-Insel, im Bieler See, auf dies Naturreich in seiner Fülle aufmerksam geworden sein. In England nachher, bemerkt man, hat er sich schon freier und weiter umgesehn; sein Verhältnis zu Pflanzenfreunden und -kennern, besonders zu der Herzogin von Portland, mag einen Scharfblick mehr in die Breite gewiesen haben, und ein Geist wie der seinige, der den Nationen Gesetz und Ordnung vorzuschreiben sich berufen fühlt, musste doch zur Vermutung gelangen, dass in dem unermesslichen Pflanzenreiche keine so große Mannigfaltigkeit von Formen erscheinen könnte, ohne dass ein Grundgesetz, es sei auch noch so verborgen, sie wieder sämtlich zur Einheit zurückbrächte. Er versenkt sich in dieses Reich, nimmt es ernstlich in sich auf, fühlt, dass ein gewisser methodischer Gang durch das Ganze möglich sei, getraut sich aber nicht damit hervorzutreten. Wie er sich selbst darüber ausspricht, wird immer ein Gewinn sein zu vernehmen.

›Was mich betrifft, ich bin in diesem Studium ein Schüler und nicht gegründet; indem ich herborisiere, denk'ich mehr mich zu zerstreuen und zu vergnügen als zu unterrichten, und ich kann bei meinen zögernden Betrachtungen den anmaßlichen Gedanken nicht fassen, andere zu unterrichten in dem, was ich selbst nicht weiß.‹

›Doch ich gestehe, die Schwierigkeiten, die ich bei dem Studium der Pflanzen fand, führten mich auf einige Vorstellungen, wie sich wohl Mittel finden ließen dasselbe zu erleichtern und andern nützlich zu machen, und zwar indem man den Faden eines Pflanzensystems durch eine mehr schritthaltende, weniger den Sinnen entrückte Methode zu verfolgen wüsste als es Tournefort getan und alle seine Nachfolger, selbst Linné nicht ausgenommen. Vielleicht ist mein Gedanke nicht ausführbar; wir sprechen darüber, wenn ich die Ehre habe Sie wieder zu sehen.‹

{…} Er legt die Pflanzenteile einzeln vor, lehrt sie unterscheiden und benennen. Kaum aber hat er hierauf die ganze Blume aus den Teilen wiederhergestellt und sie benannt, teils durch Trivialnamen kenntlich gemacht, teils die Linnéische Terminologie ehrenhaft, ihren ganzen Wert bekennend, eingeführt; so gibt er alsobald eine breitere Übersicht ganzer Massen. Nach und nach führt er uns vor: Liliaceen, Siliquosen und Silikulosen, Rachen- und Maskenblumen, Umbellen und Kompositen zuletzt, und indem er auf diesem Wege die Unterschiede in steigender Mannigfaltigkeit und Verschränkung anschaulich macht, führt er uns unmerklich einer vollständigen erfreulichen Übersicht entgegen. {…} Bei deren Überblick bemerkt man mit Vergnügen, wie einheimisch ländlich er bei seinen Studien verfahren, indem nur Pflanzen vorgestellt sind, welche er auf seinen Spaziergängen unmittelbar konnte gewahr werden.

Seine Methode: das Pflanzenreich ins Engere zu bringen, neigt sich, wie wir oben gesehen haben, offenbar zur Einteilung nach Familien; und da ich in jener Zeit auch schon zu Betrachtungen dieser Art hingeleitet war, so machte sein Vortrag auf mich einen desto größern Eindruck. {…}

Soll ich nun über jene Zustände mit Bewusstsein deutlich werden, so denke man mich als einen gebornen Dichter, der seine Worte, seine Ausdrücke unmittelbar an den jedesmaligen Gegenständen zu bilden trachtet, um ihnen einigermaßen genugzutun.«

Habakuk

In Wahrheit das Buch *Baruch*, wie Louis Racine in *Mémoires sur la Vie de Jean Racine* über La Fontaine berichtet: »Mein Vater führte ihn eines Tages in die Kirche und gab ihm, als er merkte, wie ihm der Gottesdienst lang wurde, zur Beschäftigung eine Bibel mit den Büchern der Kleinen Propheten. Er stößt auf die Gebete der Juden in *Baruch* und war voller Bewunderung und sagte zu meinem Vater: ›Dieser Baruch war wirklich noch ein Genie: wer war er denn?‹ Wenn er an den folgenden Tagen auf der Straße jemanden traf, den er kannte, erhob er nach den üblichen Komplimenten die Stimme und sagte: ›Haben sie Baruch gelesen? Das war noch ein Genie.‹« Doch in *Habakuk* findet sich die Vision Gottes, der die Gottlosen vernichtet: »Sein Glanz war wie Licht / Hörner in seinen Händen / dort verborgen ist seine Macht.« Und erinnert damit an die Gabelung der Staubfäden der Braunelle, die wie Hörner herausragen.

Thérèse

Marie-Thérèse Le Vasseur (1721-1801), von vielen Biographen verteufelt, so sehr, dass man ihr unterstellt, die Wut, bei einem Besuch von Escherny in Môtiers nicht zu Tisch gelassen worden zu sein, hätte sie verleitet, gemeinsam mit der Bevölkerung gegen Rousseau zu hetzen und Steine gegen das Haus zu werfen, oder – die mildere Variante – die Steine eigenhändig im Zimmer zu arrangieren ... Auch spätere Umbrüche in seinem Leben werden ihr zugeschrieben. JJR sah in ihr jedenfalls, so die abwechselnden Rollen, in denen sie auch in den *Träumereien* auftaucht, eine Gefährtin, eine Dienstmagd und seine Frau, die ihm dummerweise fünf Kinder gebar. Vor allem aber war sie ihm: ein Supplement.

Doch was supplementiert sie wirklich, nur die geliebte »maman« de Warens? Oder auch junge Mädchen? Sie »kann nicht die *zwölf* Monate herzählen«, stellt er sie in den *Confessions* bloß – wenige Seiten zuvor stand Rousseau in Venedig vor einem Mädchen, sanft, blond und: *zwölf* Jahre jung; verlockt zwar, doch auch abgeschreckt wie vor einem »schändlichen Inzest«. Gerade hatte er sich wochenlang davor gefürchtet, sich mit Syphilis angesteckt zu haben, in einer seiner venezianischen Liebesnächte voll Wahn und Sinnenlust; jetzt meint er wieder, sein weibliches Gegenüber, die junge scheue Wäscherin, wolle ihn anstecken und zögere deshalb die Vereinigung heraus. Doch diesmal ist es: Thérèses Jungfernschaft.

rittlings auf hohen Bäumen

Er schickt in der Tat eine Kiste Reinettes Äpfel seinem treuen Du Peyrou im Austausch gegen Kaffee. Diese Episode des Philosophen in den Bäumen war ein beliebtes Sujet auf den Bildern von Schweizer Kleinmeistern, die Rousseaus Aufenthalt so populär gemacht haben. Man findet auch Bilder von der Überfahrt mit den Kaninchen oder von der Falltür in seinem Zimmer, durch die er angeblich vor Besuchen geflüchtet sei – W.G. Sebald betrauert in seinem Aufsatz: In all den Tagen, die er auf der Insel weilte, »hat keiner sich über die Glasvitrine gebeugt, um die Schriftzüge Rousseaus zu entziffern, keiner hat bemerkt, dass die bleichen, bis zu zwei Fuß breiten Fichtenbretter des Bodens gegen die Mitte des Zimmers so abgetreten sind, dass sie eine flache Kuhle bilden, und dass die Stellen um die harten Äste herum beinahe einen Zoll herausstehen aus dem übrigen Holz«. Nun, vielleicht war das eher im Sinne des einsam Schweifenden als der Geburtstagsrummel 2012.

Fluss und Rückfluss

Und so fließen, zumindest im französischen Original, endlich Bilder, Philosophie, Rhythmus der Sätze und Klangstruktur der Wörter ineinander und bilden die Verzückungsspitze seines Werks. Wie anders klingt da die Version seines Aufenthaltes auf der Petersinsel am Schluss des letzten, zwölften Buchs der *Confessions*. Die Episode wird dort breiter erzählt, nimmt auch mehr Raum ein, und man erfährt viele biographische Details von Interesse: Wie er zuvor schon mit Du Peyrou über die Insel lustwandelte und den Plan fasste, hier vielleicht sein Leben zu beschließen, wenn nur die politischen Wirren mit Bern nicht wären, in die sich auch der Text mühsam-lang verwirrt. Man stolpert über die kehligen Konsonanten von Schweizern

(»Herr Kirkebergher«), die ihm Hilfe und Heimstatt anbieten, als er vertrieben wird, etwa in Biel, doch hinter dem Hotel liegen stinkende Tierhäute.

All das erfährt man, auch die Chronologie: Statt Fluss und Rückfluss liefert er eine lineare Abfolge, wie er die Insel entdeckte, betrat, wie er Thérèse nachkommen ließ, die Bücher auch, sie auspackt und im Zimmer arrangiert, um sich dann an ihnen zu langweilen und botanisieren zu gehen (wie viel suggestiver ist hier die Wendung, sie »eingekoffert« zu lassen). Er listet die Briefpartner, die von Choiseul gesteuerten Feinde und seine Freunde auf, die ihm wiederum Geld versprechen, Jahresrenten. Alles wird aufgerechnet und berichtet. Gerade beim Ausflug auf das Wasser zeigt sich die fundamentale Differenz der beiden Versionen – um den abgehackten Atem der *Confessions* zu spüren, müsste man alle zwanzig oder dreißig Seiten übersetzen, aber dann legte sich diese Version wie ein Deckbild über das fast ungreifbare Fließen der *Rêveries*, weshalb wir nur eine kurze Passage anführen wollen, in der mitten ins Ozeanische ein Hund springt und sich Rousseau als Robinson selbst karikiert:

»Schon immer liebte ich das Wasser leidenschaftlich, sein Anblick stürzt mich in eine köstliche Träumerei, wiewohl oft ohne jeden scharf umrissenen Gegenstand. {…} Wenn die Luft ruhig lag, ging ich nach Tisch unvermittelt fort, um mich allein in ein kleines Boot zu werfen, das mich der Verweser mit einem einzigen Ruder zu steuern gelernt hatte; ich stieß ins freie Wasser vor. Der Moment, in dem ich mich schweifen ließ, schenkte mir eine Freude, die bis ans Erzittern grenzte, ohne dass ich den Grund dafür wirklich begreifen oder benennen könnte, wenn es denn vielleicht nicht eine heimliche Seligkeit war, in diesem Zustand allem Zugriff der Bösen entzogen zu sein. Dann irrte ich allein über diesen See, näherte mich bisweilen dem Ufer, doch ohne je zu landen. Oft überließ ich mein Boot dem Willen des Windes und Wassers, ich schwelgte in sachleeren Träumereien, die ebenso blöd wie süß waren. Ich rief bisweilen voll Rührung: o Natur, o meine Mutter, jetzt stehe ich ganz unter deinem alleinigen Schutz; es gibt hier keinen geschickten und gerissenen Menschen, der sich zwischen dich und mich drängen könnte. So trieb ich fast eine halbe Meile vom Land ab; ich wünschte, dieser See würde sich zum Ozean weiten. Doch da ich meinem armen Hund lieb sein wollte, der nicht so gern wie ich langen Halt auf dem Wasser machte, verfolgte ich für gewöhnlich mit diesen Promenaden ein genaues Ziel; und zwar an der kleinen Insel anzulegen, dort eine oder zwei Stunden zu spazieren oder mich auf der Spitze eines Hügels auf dem Gras auszustrecken, um mich an der Wonne zu laben, diesen See und seine Umgebung zu bewundern, um alle Kräuter, die sich in Griffweite fanden, zu untersuchen und zu zerpflücken, und um wie ein neuer Robinson eine imaginäre Bleibe auf dieser kleinen Insel zu bauen.« (OC I 644f.)

nach fünfzehn Jahren

Die Träumerei widersteht dem Kalkül der Vernunft, es handelte sich um zwölf Jahre.

eines Rinnsals, das murmelnd über Kies rieselt

In Ermenonville hat der Marquis de Girardin einen idealischen Ort für Rousseau eingerichtet und das Bild für kommende Generationen ins Romantisch-Rührselige geneigt:

»Als Rousseau im Wald ankam, stieg er von der Kutsche, um zu Fuß ins Haus zu gehen, so groß war seine Freude, dass man ihn nicht in der Kutsche zurückhalten konnte. Nein, meint er, ich habe schon so lange keinen Baum mehr gesehen, der nicht von Rauch und Staub bedeckt war, und die hier sind so frisch! Ich will ihnen so nahe sein, wie möglich: möchte keinen einzigen verpassen. So ging er fast eine Meile zu Fuß. {…}

Sobald ein kleiner Vogel, den er mit väterlicher Sorgsicht an sein Fenster lockte, alldort den Aufgang der Sonne begrüßte, stand er auf, um zur Sonne zu beten, {…} er sammelte ein paar Pflanzen, die er sorgfältig zu seinen teuren Vögeln trug, die er seine Musiker nannte. {…} Am meisten verzauberte es ihn, wenn er nach dem Willen der Natur, seiner Phantasie oder zuweilen auch des Zufalls herumirren konnte. Bald spazierte er über fruchtbare Wiesen, bald über Weiden, die mit tausend Blumen geschmückt waren, die je und je ihren Verdienst hatten; bald stieg er auf Abhänge oder lief über Weiden, die von Fruchtbäumen beschattet wurden. Am meisten aber, vor allem in der Gluthitze des Tages, drang er in die Tiefen der Wälder vor; dann wieder spazierte er träumerisch am Ufer des Wassers oder kletterte auf waldreiche Berge, die über das Dorf ragten. Je wilder das Land, umso mehr fesselte es ihn, aber er fand darin den echten und ehrlichen Stempel der Natur. Felsen, Tannen, struppiger Wacholder mahnten seine reiche Phantasie an die romantischen Situationen des geliebten Landes seiner Kindheit und brachten ihm die seligen Ufer von *Vevai* und die verliebten Felsen der *Meillerie* vor Augen. Eines Tages entdeckte er an einem Ort, den wir das Mahnmal vergangener Lieben nannten, eine in den Fels gegrabene Hütte mit allerlei Inschriften, die in das Gestein graviert waren, die bis ans Ufer eines Sees reichten, dessen Lage ihn an denjenigen von Genf gemahnte; schon sah ich, wie sich seine Augen mit Tränen füllten.«

Bastille

»Wenn ich den Frühling beschreiben will, muss es Winter sein; wenn ich eine schöne Landschaft beschreiben will, muss ich zwischen Mauern sitzen, und ich habe schon hundert Mal erzählt, dass ich, wenn man mich in die Bastille brächte, das Gemälde der Freiheit entwürfe.« (*Confessions* OC I 172)

romangemahnende Gestade

s.o. unter: »weit wilder und romantischer«

in Nichtstuerei schwelgen

Im Bericht von der Petersinsel aus dem zwölften Buch der *Confession* heißt es:

»Der Müßiggang in gesellschaftlichen Kreisen ist tödlich, weil er erzwungen ist. Derjenige der Einsamkeit ist zauberhaft, weil er ungebunden und freiwillig ist. In Gesellschaft ist es mir ein Graus, nichts zu tun, weil ich dazu genötigt werde. Ich muss da sitzen, auf einen Stuhl genagelt oder wie ein Pfahl hingepflanzt, ohne Fuß oder Pfote zu rühren, wage es nicht, zu laufen, zu hüpfen, zu singen, zu schreien oder herumzufuchteln, wenn mir danach ist, wage es nicht einmal, zu träumen; ich habe ineins alle Langeweile des Müßigen und die Marter des Zwangs; verpflichtet, auf alle Dummheiten zu achten, die man sich so sagt, und auf alle

Komplimente, die man sich macht, um meines Orts meine Rätsel und Lügen nicht zu versäumen. Und das nennt Ihr Müßiggang? Es ist Zwangsarbeit.

Müßiggang, wie ich ihn liebe, ist derjenige eines Nichtstuers, der mit überkreuzten Armen in totaler Untätigkeit dasitzt und weder denkt noch handelt. Es ist die Haltung eines Kindes, das ohne Unterlass in Bewegung ist, ohne wirklich etwas zu tun, und eines Maulhelden, der ins Ferne jagt, während seine Arme ganz still liegen. Ich liebe es, mich mit Nichtigkeiten zu beschäftigen, hundert Sachen anzufangen und keine zu einem Ende zu bringen, zu kommen und zu gehen, wie es mir mein Kopf vornickt, alle Augenblicke meine Projekte zu ändern, eine Fliege in all ihrem Tun zu verfolgen, einen Felsen zu entwurzeln, um zu sehen, was sich unter ihm verbirgt, und nach zehn Minuten ohne jede Reue von ihm abzulassen, kurz: den ganzen Tag ohne Sinn und Ordnung zu faulenzen und in allen Belangen nur die Launen des Moments zu befolgen.« (OC I 640f.)

Fläche von klarem und kristallinem Wasser

Wenn das Harte zum Weichen wird und der Kristall kein Hindernis mehr bietet, sondern ganz Durchsicht ist, dann hat JJRs Werk zu sich selbst gefunden, zu jenem lichten Kristall, den Jean Starobinski im Zentrum seines Sehnens erblickte und in dem die Welt der Widerstände mit der Reinheit der Herzen verschmilzt. Im »alten Lied«, das man auf der Petersinsel zuweilen singt, klingen die frühesten Vokale an, als die Sprache noch nicht Werkzeug und Mittel war, sondern unmittelbarer Ausdruck von Furcht, Leidenschaft und Liebe.

über den neuen Boulevard kommend, um entlang der *Bièvre* gegen *Gentilli* hin zu herborisieren, kurz vor dem Schlagbaum *d'Enfer*

Nachdem er die *Île de la Cité* durchwandert hat, gelangt JJR über den *Chemin d'Orléans* an die *Rue d'Enfer* (zum Teil der heutige *Boulevard Saint-Michel*), an der Schranke vorbei, wo an der heutigen *Place Denfert-Rochereau* die Fruchthändlerin hockt, den *Boulevard Raspail* hinüber in die *Avenue de Maine* und der *Bièvre* entlang, wobei der Fluss heute ganz in den Untergrund verdrängt ist und nach der *Gare d'Austerlitz* in die *Seine* mündet.

Türken

Findet sich nicht in *Émile*, sondern in den *Confessions*, gleich nach einer Litanei, in der er als umgekehrter Don Juan die Liste der verpassten Liebschaften durchgeht.

von Geburt gut und empfindsam

Bereits Schiller hatte in der Abhandlung *Über naive und sentimentalische Dichtung* eine mangelnde »ästhetische Freiheit« Rousseaus als den unaufgelösten Konflikt von »Leidenschaft« und »Abstraktion« diagnostiziert. Rousseaus »kranke Empfindlichkeit, die über ihn herrschet«, bleibt in einem »angespannten« Verhältnis zu seiner »Denkkraft, die seiner Imagination Fesseln anlegt«.

JJR prägte damit eine Epoche, die beim Lesen der *Nouvelle Héloïse* vor lauter Weinen das Buch Bediensteten weiterreichen musste, da der Text hinter Tränen verschwand – so sehen damals schon die Beobachter JJR als Vorläufer des *Werther*. Etwa Julie von Bondeli in einem Schreiben an Leonard Usteri vom 12. Januar 1775: »Mais revenons en a Göte [sic], Werther est un St. Preux, plus ardent, plus sombre et plus überspant [sic] encore que lui.« So, damit wären, wie es sich gehört, Goethe und Schiller in einem Atemzug vereint.

Comte des Charmettes

François-Joseph de Conzié, Comte des Charmettes und Baron d'Arenthon (1707-1789), war, als JJR ihn in Lyon kennenlernte, von sanftem Charakter und wollte die Anfangsgründe der Musik studieren, doch da er dafür keine Begabung zeigte, sprechen sie von Philosophie und Voltaire. Er war eng mit Madame de Warens befreundet und drängt sie, in seine Nachbarschaft zu ziehen. Doch schon 1768 schreibt JJR, dass er schlimme Sachen vernommen hätte, die ihm das Herz zerreißen. Auch er sei von ihm abgefallen.

der Choiseulschen Hinterlisten

Étienne-François duc de Choiseul-Amboise (1719-1785), Kriegsminister und Erzfeind von Rousseau. (s.o. *Erste Träumerei* unter: »Komplott«)

Abbé Palais

Mit dem Jesuiten, der ein »guter Organist war«, spielt JJR für Madame de Warens kleine Konzerte.

Abbé de Binis

Abbé de Binis, Botschafter von Frankreich in Venedig mit einem Auftritt im achten Buch der *Confessions*.

Moultou

Paul Moultou (1725-1787) wendet sich aus Gewissenszweifeln von seinem Pastoren-Beruf ab und wird Advokat in Genf während der Verurteilung des *Émile.* Er besucht JJR nach Aberkennung seiner Genfer Bürgerschaft in Môtiers, ein besonders bedeutsames Symbol, da er die Vaterstadt ins Gebirge trägt.

Diese Wendung ist zwischen die Zeilen gesetzt – zweifelt JJR bei diesem Vorwurf? Als ihn Moutou besucht, verläuft das Gespräch zunächst ganz starrsinnig:

»Rousseau (Moultou starr anstarrend): M. Moultou, Sie haben sich sehr verändert.

Moultou: Das ist wahr, ich war lange krank und spüre es noch jetzt.

Rousseau (desgleichen): M. Moultou, Sie haben sich sehr verändert.

Moultou: Wie ich schon sagte, Monsieur, ich bin gerade von langem Darniederliegen genesen. Ich habe viel gelitten, kein Wunder, dass mein Gesicht noch Spuren davon trägt.

Rousseau (mit immer mehr Nachdruck): M. Moultou, Sie haben sich sehr verändert.

Moultou: Ah! Monsieur, ich glaube, ich beginne Sie zu verstehen. Sie sorgen sich nicht wegen meines Gesichts, Sie klagen mein Herz an.« (CC XL *Appendice* 667)

Sie bleiben eine Weile allein, als Thérèse wieder auftritt, liegen sie sich gerührt in den Armen und JJR drängt seinem Freund einen Stapel Manuskripte auf, um sie unverfälscht den kommenden Generationen zu überliefern, darunter eine Kopie der *Confessions* am 11. Mai 1778 – danach scheint JJR diese Passage mit Bleistift durchgestrichen zu haben.

zwanzig Jahre Erfahrung

Wieder Verweis auf das Zerwürfnis mit Diderot 1757.

Ring des Gyges

Weshalb sollte man sich einen solchen Ring wünschen, weshalb die »Abirrungen fürchten«, falls man durch alle Spalten hindurchsehen könnte, wenn man doch viel mehr selbst gesehen werden will? Dies jedenfalls ist die Regung von JJR, als er, jung noch, die Wonne jenes »gefährlichen Supplements« entdeckt hatte, das man trivial Masturbation nennt. Vorher war sein Sehnen, angestachelt von den Romanen, noch ungezielt und konnte keine Befriedigung erlangen. Er scheute öffentliche Mädchen und jene Bücher, die man, wie er mit einer prägenden Formel beschrieb, »nur mit einer Hand liest«.

Er irrte noch vor den Toren Genfs, ohne zu wissen wohin und warum. Die Tore der Stadt wurden geschlossen, als er sich so im Freien verloren hatte, er hetzte mit pochendem Herz zurück und war doch – zu spät. Vor den Toren »biss ich ins Gras«.

Nun hat diese ziellose Kraft des Begehrens ihr Ziel gefunden. Ausgerechnet nach der Episode mit Marion, die seinen Kopf so beschäftigte, dass er ihr den Raub eines Liebes-Bandes unterstellte, direkt an jene lebenslange Wunde von Wunsch und Scham anschließend und das dritte Buch der *Confessions* eröffnend, liest man in der frühesten, ungezähmtesten Version, dem Neuenburger Manuskript, eine weitere Variante zu Voyeurismus und Exhibitionismus, wie sie sich bei Rousseaus lebenslanger Ersatz-Lust zeigt, dem Wandern – sie ist im Anhang als siebter Schweifzug *Im Untergrund schweifen* angeführt.

ein paar Wunder zu wirken

JJR berichtet in den *Lettres de la montagne*, die ihn zumindest in Môtier zum Anti-Christen stempelten: »Ich sah in Venedig, 1743, eine ganz neue Art von Schicksals-Losen. Wer sie befragen wollte, musste in eine Kammer treten und dort, falls ihm dies genehm war, allein verweilen. Dort zog er aus einem Buch voll weißer Blätter eins nach seiner Wahl; dann hielt er das Blatt vor sich hin und fragte, nicht mit lauter Stimme, sondern rein geistig, was er wissen wollte. Dann faltete er das weiße Blatt, steckte es in einen Umschlag, versiegelte es und legte es, so versiegelt, in ein Buch; nachdem er bestimmte recht barocke Formeln aufgesagt hatte, ohne dabei das Buch aus den Augen zu verlieren, holte er das Papier daraus hervor, kontrollierte das Siegel, öffnete es und fand darin die geschriebene Antwort.

Der Magier, der derlei Schicksalslose praktizierte, war der erste Sekretär der französischen Botschaft und nannte sich J.J. Rousseau.

Ich begnügte mich damit, Hexer zu sein, weil ich bescheiden bin, denn hätte ich den Ehrgeiz gehabt, Prophet zu werden, wer hätte mich daran verhindern können?« (OC III 738)

Legenda Aurea

Jacques de Voragines *Légende dorée* (um 1261/66) erzählt das Leben von 180 Weisen.

Saint-Médard

1727 war der Diakon François de Pâris im Friedhof Saint-Médard zu Grabe gebettet worden, an dem sich dann 1730

Wunderheilungen vollzogen, im wilden Wirbel von konvulsivischen Tänzern, was 1732 zur Schließung des Friedhofs und allerlei Anekdoten führte.

vor ihnen fliehen und nicht in ihrer Mitte in Verfinsterung verschwinden

JJR reizt immer: die Flucht. Das zweite Buch der *Confessions* beginnt im ersten Satz mit dem köstlichen Projekt zu fliehen. Es ist der Anstoss allen Wanderns und Schweifens.

SIEBTE TRÄUMEREI

Doktor d'Ivernois

Von Jean-Antoine d'Ivernois wird JJR 1764 in die Botanik eingeführt. Er verfasste den *Catalogue méthodique des plantes qui croissent naturellement dans la souveraineté de Neuchâtel et Valangin* und JJR eifert mit seiner *Flora petrinsularis*, die nie das Licht der Welt erblickt, seinem Freund nach.

herborisiert

Das Wort entlehnt bei Goethe. Bei aller Bescheidenheit bestellt JJR am 15. Oktober bei Du Peyrou: »Für meine Herbarien brauche ich eine Lage Goldpapier; ich ziehe dasjenige vor, das eine glatte Fläche hat und nicht mit Rankenwerk verziert ist.«

Herbarium ~~verkauft~~ abgegeben

JJR legte mehrere Herbarien an:

Das sogenannte *Große Herbar* mit zehn Folio-Pappbänden und rund 2000 Pflanzen, von denen er aber nur einen Teil selber gesammelt hat: »Ich habe eine schöne Kiste machen lassen. Dieses Herbar wird in Zukunft meine einzige Bibliothek sein. Und falls man mir diese Freude nicht auch noch raubt, werde ich den Menschen trotzen, da sie mich nicht mehr unglücklich machen können.« Er verkaufte es, deshalb ist diese Streichung wichtig, dem Engländer Daniel Malthus

Das *Wuart-Herbar* aus 11 Bänden, das er bis zu seinem Tod behielt und seit der Bombardierung von Berlin im Zweiten Weltkrieg aus dem Botanischen Museum in Berlin verschwunden ist.

Ab November 1771 will er Herbarien erstellen, um damit etwas Geld zu verdienen, doch bringt er bis zum 18. April 1773 nur zwei kleine Herbarien zustande.

Am 8. Mai 1774 schickt er das sogenannte *Kleine Herbar* mit 168 Pflanzen für Madeleine Delessert ab.

Die Sammelwut und das botanische Fieber befällt ihn wieder 1777, er legt ein Herbar in 6 Heften an, und ein letztes 1778. Das letzte enthält die Pflanzen von Ermenonville, die er kurz vor seinem Tod für die Tochter des Marquis de Girardin sammelte – es weist nur 13 Blätter auf.

Einmal schickt er ein paar getrocknete Blätter an Malherbes. Die Briefe an Malherbes bleiben für die Nachwelt wichtiger, auch wenn Starobinski mit Recht den Zartsinn der Geste bemerkt, dass JJR mit diesen getrockneten Blättern ein unverfälschtes Schrift-Bild seines Herzens an Freunde versendet.

das *Regnum vegetabile* von Murray

J.A. Murray verfasste das Vorwort der Ausgabe von Linnés *Systema naturae*, die 1774 in Göttingen unter dem Titel *Systema vegetabilium* erschien.

Indien / Gauchheil

JJR schreibt damals einem Freund: »Ich will alle Gewächse der Alpen, Ebenen, der Meere und alle Bäume von Indien sammeln und ablegen. Doch ich beginne zunächst auf gut Glück mit unserem Acker-Gauchheil, dem Kerbel, dem Boretsch und dem Geiskraut.«

»Gauchheil, auch Geckenheil oder Narrenheil genannt, oder gar: Vernunftkraut, Wutkraut, ›*wegen ihrer kraft gegen die melancholie‹ (auch gegen die hundewut, die drehkrankheit)*«, wie das Grimmsche Wörterbuch weiß.

Theophrast / Dioscurides

Antike Vorläufer der Heilpflanzen-Arznei, wobei JJR Theophrast immer als einzigen philosophischen Arzt der Antike apostrophiert und sich über das Chaos ärgert, das Dioscurides mit seinen Beschreibungen ausgelöst hat. (s.o. *Zweite Träumerei* unter: »*picris hieracioides / bupleurum falcatum*«)

eines Gartens in London

»Symmetrie ist die Feindin der Natur und Mannigfaltigkeit. Deshalb soll man nicht gerade Wege anlegen, sondern solche, die etwas Ungezieltes haben, wie der Gang eines müßigen Menschen, der bald nach rechts, bald nach links ausschert.«

Mit dieser Schilderung in der *Nouvelle Héloïse*, wo der Garten selbst zum Schweifenden wird, zeigt er sich als einer der ersten, die die englischen Gärten rühmen, was ihn später eng mit der Herzogin von Portland (1715-1785) verband, deren Gartenpark in Bullstrode, Buckinghamshire, von Daniel Solander beaufsichtigt wurde, einem Schüler von Linné und damit in der richtigen Linie liegend.

Man taufte diesen beiden Blumennarren zuliebe die Portlandrosen und neben der *Rousseauxia DC* eine *Roussea simplex, Smith* aus der Familie der *Saxifragaceae* (Steinbrechgewächse, mittlerweile der Unterfamilie der *Bexiaceae* untergeordnet), ein Kletterstrauch, der auf Mauritius zu Hause ist.

keinen Jungfernkranz für eine Schäferin zwischen Kräutern für Einläufe

Oft wiederholter Witz, etwa in einem Brief an die Präsidentin de Verna, oder in einem Lob auf die Engländer, die den Duft der Weinrosen so lieben, dass sie sie anpflanzen, während die Franzosen im prächtigsten Blumenteppich nur »Wundpflaster und Klistiere« erblicken.

Fünfzehn Jahre Erfahrung machten mich aus Schaden klug

Hier erscheint im Jojo des Jammerns wieder das Jahr 1762 als Beginn aller Verfolgungen.

Mineralien

Wie sich das »Gold« und Geld zwischen »mich und die begehrte Sache drängt«, so bringt von allen drei Reichen der Natur dasjenige der Mineralien den Menschen am meisten von sich selbst ab. In den Eingeweiden der Erde, so analysiert JJR schon in seinen Preisschriften über Fortschritt und Ungleichheit, schlummern Supplemente, die zur Verhärtung der Gesellschaft und der Herzen führt. Doch wie immer bei Rousseau: Wo die Gefahr ist, ist das Rettende auch:

Ganz fasziniert zitiert W.G. Sebald in seinem Aufsatz über Rousseau auf der Petersinsel die Vorstellung eines Menschen aus mineralischem Glas. Ein gewisser Johann Joachim Becker berichtet in seiner 1669 erschienen Studie *Physica subterranea*, dass er seine »Glaserde« nicht bloß dem mineralischen Reich, sondern auch der Asche von Tieren und Pflanzen entnimmt: »Er versichert, dass sie eine schmelzbare, glasbildende Erde enthalten, aus der man Vasen machen kann, schöner als das schönste Porzellan. Mittels Verfahren, die er streng geheimhält, hat er Experimente angestellt, die ihn überzeugt haben, dass der Mensch aus Glas ist und wie alle Tiere wieder zu Glas werden kann, {…} man könnte die Asche seiner Ahnen bewahren, indem man binnen weniger Stunden aus abscheulichen, widerlichen Leichen saubere und leuchtende Vasen aus schönem durchsichtigen Glase machen könnte, das nicht so grünlich wäre wie das pflanzliche Gras, sondern von milchiger Weiße, mit einem leichten narzissenfarbenen Ton.«

Damit käme Rousseaus Suche zu einem Ende: Er könnte direkt in den Herzen der anderen lesen, müsste ihr Denken nicht mehr aus ihre äußeren maschinenmäßigen Bewegungen rechnend ableiten, und auch in seinem Herzen würde man endlich Lauteres lesen. Er hätte das Werk der Materialisten, den Menschen als Maschine, den »homme-plante« auch, also den Pflanzen-Menschen, mit einem Mineralienmensch übertroffen, geformt vom Atem und den Vokalen, ein reines Glasgebläse.

Chemie

Er verfasste zwar 1747 *Institutions chimiques*, wandte sich dann aber ganz davon ab – im Gegensatz zu Madame de Warens: »Wiewohl sie über etwelche Vordersätze der Philosophie und Physik verfügte, verlor sie nie jenen Hang, den ihr ihr Vater zur empirischen Medizin und zur Chemie eingeflößt hatte. Sie braute Tinkturen, Elixiere, Balsam, Pülverchen; und gab vor, über allerlei Geheimnisse zu verfügen. Ein paar Charlatane nützten diese Schwäche aus, belagerten sie, ruinierten sie, verzehrten mit ihren Arzneien und ihren Schmelzöfen ihre Talente, ihr Leben, ihre Anmut, ja sie ließen ihren Geist ausdorren, mit dem sie in besseren Kreisen hohe Freude ausgelöst hätte.« (*Confessions* OC I 75)

Amphitheatrum

Vielleicht sah er eins 1737, als er bei einem Arzt in Pension wohnte, wo er auch »stinkende Kadaver« betrachtete. Doch die Ärzte haben ohnehin »nie etwas von meinem Leid verstanden«.

wie die exotischen Pflanzen in den Gärten der Raritätensammler

Die Herzogin von Portland offeriert JJR eine Pflanze, er dankt am 11. Juli 1776: »Was das andere Geschenk anbetrifft, das sie mir ankündigt, so bitte ich sie, mir zu gestatten, es auszuschlagen. Ich habe mich all meiner Bücher der Botanik entschlagen, habe dieser angenehmen Kurzweil entsagt, da es in meinem Alter zu ermüdend ist. Ich habe keinen Zoll Erde, um darauf Petersilie oder Nelken zu pflanzen, und noch weniger eine Pflanze aus Affrika (sic), denn in meiner gewaltigen Leidenschaft für Botanik gebe ich mich mit dem Heu zufrieden, das ich unter meinen Füßen finde, und hatte noch nie einen Hang zu fremdländischen Pflanzen, die man bei uns in entartetem Exil findet, in den Gärten der Raritätensammler.« (CC XL Brief 7093)

Hochhof Robaila

Bei Robellaz standen zwei Höfe auf 1300 Metern Höhe – der Ausflug fand 1764 statt. Escherny erzählt von diesem Streifzug, dass Du Peyrou die Kräuter sammelte, während de

Pury »unser Erleuchter« war und die Lampe trug. Rousseau selbst sei als Ältester »der Kapitän« gewesen, während ihm selbst die Aufgabe zufiel, die Mannschaft »mit Kaffee« zu versorgen. Die Schilderungen sind etwas gar betulich.

Richter Clerc

Laut Escherny war Jean-Henri Clerc ein Vertrauter von Madame Boy de la Tour und also kräutergeheiligt, rechtes Original und Landarzt.

Löwenzahn *heptophyllos*, den *cyclamen*, den *nidus avis*, den großen *laserpitium* und {…} ein Kissen aus *Lycopodium* und Moos

All diese Pflanzen, lateinisch und gelehrt betitelt, finden sich sonst nirgends in Rousseaus reichem botanischen Werk, was die Fremdheit der Namen betont, hinter denen sich Alpenveilchen, Vogelnestwurz und Laserkraut verbergen.

Die Botanik wurde, so schreibt er in seinem *9. botanischen Brief*, von Anfang an »nur als Teilwissenschaft der Medizin behandelt, was ihr erstes Missgeschick war«, und zwar von Leuten, die »nur eins im Sinn haben, nämlich Blätter und Blüten im Mörser zu zerreiben« und Scharlatanerie zu betreiben: »Damals hatte jede Gegend eigene volkstümliche Namen für die Heilpflanzen. Und diese Schlaumeier von Wunderdoktoren gebrauchten diesen höchstens im eigenen Dorf. Wenn sie anderen Ortschaften einen Besuch abstatteten, um die Bewohner mit ihren Rezepturen zu beglücken, wusste niemand, aus welchen Heilpflanzen die Arznei, diese Tinkturen und Tränklein gebraut waren, und Namen wurden nach Gutdünken gegeben. So war es bestellt mit der

Nomenklatur eines Myrepsus, einer Hildegard, eines Suardus, eines Villanova und sämtlicher *doctores* von dazumal.«

Aus dem wortklauberischen Chaos befreite uns erst Linné, dem JJR auch huldvolle Briefe sandte: »Allein mit der Natur und Ihnen verbringe ich auf meinen einsamen Streifzügen Augenblicke ungetrübter Heiterkeit, und der Gewinn aus ihrer *philosophia botanica* ist für mich tiefer und wahrer als alle Bücher über Menschentugend und Moral.«

Seine ebenso strenge wie »wohllautende« Namensgebung setzt dem ellenlangen Elend von früher ein Ende – etwa folgendem Ausdruck, den JJR zitiert: »Dens leonis qui liosella folio minus villoso: Dorio quae Jacobaea orientalis limonii folio: Titanokeratphyton quod Liophyton marinum albicans.« Nach so viel Fremdworten empfiehlt JJR seiner Brief-Kusine: »Gehen Sie, erholen Sie sich im Garten, draußen bei der Rosa eglantéria, und grüßen Sie sie zärtlich von mir.«

Strümpfe

Darf man Albert Jansen glauben, verschmelzen hier Madame de Warens Gärten mit ihren Strümpfen: »Madame de Warens Leidenschaft, Projecte zu machen und auszuführen, war grenzenlos. In Vevey schuf sie eine Manufactur von Seiden-Strümpfen, erweiterte dieselbe, noch ehe sie recht fertig war, und errichtete außerdem eine Wollen-Strumpf-Fabrik. Das ganze Unternehmen schlug fehl; und da Frau von Warens nicht allein ohne kaufmännische Anlagen und Einsichten, sondern auch ohne jeden Sinn für Wirthschaft und Sparsamkeit war, so geriethen ihre Finanzen in heillose Verwirrung. Immer auf Unternehmungen versessen, legte Frau von Warens bei Chambéry einen kleinen Garten für Heilkräuter an und fasste auch gleich den Plan, einen Königlichen Garten zu gründen.«

Montmollin

Frédéric-Guillaume de Montmollin (1709-1783) war zunächst Professor für Literatur in Neuenburg, dann Pastor in Môtiers; empfing JJR mit offenen Armen, ließ ihn gar zur Kommunion zu. Doch nach der Publikation der *Lettres de la montagne* beordert er JJR vor eine Art Ausschuss von Geistlichen, um ihn anzuhören und nach Möglichkeit zu exkommunizieren. JJR bereitet, von der Langsamkeit seiner Ideen gepeinigt, eine Brandrede vor, die er aber im letzten Moment vergisst. Er erscheint nicht vor ihnen, doch die Hoheit von Neuenburg stellt ihn unter Schutz seiner Majestät von Preußen, Friedrich dem II. Montmollin streitet zwar ab, JJR einen »Anti-Christen« genannt zu haben, aber seine Anklage des Unglaubens genügte, um dieses Wort schon bald durch die Gassen von Môtiers hallen zu lassen.

Johann Heinrich Füssli, der wohl den im Kommentar zur *Fünften Träumerei* zitierten Artikel im *London Magazine* gelesen hat, schreibt einem Freund: »Von Rousseau seit seiner Affaire mit der Genfer Canaille und den *Lettres de la montagne* höre ich gleichfalls nichts, als zuweilen dass er hierher zu kommen denkt, dass er auf einer Insel im Bieler See lebt, und sich einem Hunde vergleichet – in mein entzüktes Auge strahlt er ohne Fleken – wenn die Güte einer Handlung oder die Bekanntmachung einer Wahrheit von dem Erfolge zu beurteilen ist, so bin ich mit dir einig, dass Rousseau besser gethan hätte einige seiner Säze, obgleich demonstrirt, für sich zu behalten – ich sehe denn aber auch nicht, warum Jesus Christus den dogmatischen mysteriosen Theil seiner Religion in die weite Welt hinausgesandt hat. {…} Ich wünschte, sage ich, dass diese Despoten etwas von der Zeit, die sie so manchem Wortgrempler leihen, zur Lesung Rousseaus abziehen mögten, ehe sie sich so sehr wider ihn erhizen.«

Schweiz

Fast gleichlautende Sätze schickt er an den Herzog von Luxembourg aus dem Val-de-Travers, lobt fette Forellen, Speck und Spaziergänge in Grotten und erwähnt schon Manufakturen mitten in Abgründen – derer gab es allein in jener Gegend neunundzwanzig Stück!

St antoine

s.o. *Zweite Träumerei* unter: »*chemin verd* / Charonne«.

Du Peyrou

Pierre-Alexandre Du Peyrou (1729-1794). Er heiratet mit 40 die 19-jährige Tochter von de Pury. Laut den *Confessions* der amerikanische Sohn eines Kommandanten aus Surinam, ein Einzelkind und also auch sehr reicher Erbe mit allerlei »Halbkenntnissen«, wie JJR nett bemerkt, sowie mit »philosophisch-niederländischen Gesichtszügen«. Er war schwerhörig und die Gicht ließ seine Bewegungen seltsam starr erscheinen. Er machte alle Launen von JJR mit und publizierte nach seinem Tod sein Gesamtwerk, nicht ohne einige Retouchen am eigenen Portrait anzubringen…

Das hübscheste Portrait, wie von vielen anderen botanisierenden Freunden, stammt von Jansen: »In Neuchâtel baute er sich an dem aufsteigenden Ufer des Sees ein schönes Schloss, das noch heute, obgleich es nicht mehr für sich allein und frei steht, eine Zierde der Stadt ist. Die Gartenanlagen, mit denen er dasselbe umgab, lagen ihm besonders am Herzen, und schon darum musste ihn die Pflanzenkunde anziehen. Aber er pflegte sie doch nur, weil sie ihn inniger mit Rousseau verband, der einmal geradezu gefordert hatte, dass die Botanik den ausschließlichen Gegenstand ihrer Unterhaltung und Correspondenz bildete. Auf der höchsten Stelle seines Parkes wollte Du Peyrou eine Aegyptische Grabkapelle aufführen, in welcher er dereinst mit seinem berühmten Freunde zu ruhen gedachte.«

Escherny

Comte François-Louis d'Escherny (1733-1815) publiziert 1796 eine Abhandlung *De l'Égalité*, die von einer Eloge de Rousseau eingeleitet wird. Mit ihm hatte JJR schon 1764 eine Exkursion unternommen, um im Jura »das sexuelle System von Linnaeus zu studieren«.

Colonel Pury

Abraham de Pury (1724-1807) war ein ehemaliger Offizier im Dienst des Königreichs Sardinien, dessen *Lettres du cousin Abram au cousin David* öffentlich verbrannt worden waren und der über ein kleine Meierei in den Bergen verfügte, die »mon-Lesi« hieß (»mon loisir«, mein freudiger Musse-Ort), wo er Freunde zum Diskutieren einlud, sodass die Hütte von Rousseau in »le Salon des philosophes« getauft wurde.

Chasseron

1607 Meter über Meer blickt man auf den Genfersee, den Neuenburgersee, den Bielersee, die Seen von Murten, Joux, Brenet und Saint-Point. Der Buchhändler aber bewohnte die Abhänge eines Berges mit gleichlautendem Namen, den Chasseral, wie Du Peyrou in der Erstausgabe von 1782 berichtigt.

Bovier

Gaspard Bovier (1733? – 1806) war Advokat in Grenoble und gar sehr schockiert als er diese Zeilen entdeckte:

»Wir mussten durch ein kleines sumpfiges Gebüsch, das in Regenzeiten kaum gangbar ist. Der Bach ist im Übermaß von diesem schrecklichen Gesträuch *hyphœe* überwildert. {…} ich selbst verwandte es nur, um billig und rasch Brot im Ofen zu backen. Nie hatte ich seine Früchte versucht. Wir wanderten geruhsam in extremer Hitze, M. Renou {d.i. Rousseau} und ich, durch gewundene Wege mitten in diesem kleinen Labyrinth. Ich sah, wie mein Gefährte von Zeit zu Zeit ein paar runde Früchte von goldigem Gelb abpflückte, mit denen diese Sträucher schwer beladen waren. Ich fragte ihn ganz einfältig, ob er die heilsame oder schädliche Wirkung dieser Frucht kenne. Er bestätigte mir, ja. Und fügte bei, dass der Geschmack säuerlich sei und man ihn oft für Ragouts verwende, wenn man keine Zitronen oder Essig zur Hand habe. Haben Sie das gehört? So sprach der Botaniker, Kräuterkundler, Naturforscher. Er lädt mich ein, davon zu probieren. Ich wollte keinen Versuch wagen, und vielleicht war er über mein geringes Vertrauen *in verbo magistri* erstaunt. Und ich sagte auch, er sei der

Botaniker, ich sei nur ein profaner Mensch, er kenne die Eigenschaften der Pflanzen, etc. Damit war unsere kleine Unterredung beendet. Es kam keineswegs ein Dritter hinzu, wie unser Held falsch berichtet, und dieser Zwischenfall hinterließ in unseren Köpfen so geringe Spuren, dass nie wieder davon die Rede war, auch nicht mit M. Servan, der davon, wie ganz Europa, erst bei der Publikation der verleumderischen und schändlichen *Confessions* erfuhr.« (zit. nach OC I 1815f.)

Bovier hatte übrigens die »stinkenden Seiten« aus seinem Exemplar der *Confessions* herausgerissen. Es lag noch 1852 in einer Bibliothek, wo man angesichts dieser Verstümmelung ermessen konnte, wie sehr ihn diese Vorwürfe plagten.

ACHTE TRÄUMEREI

Diese »promenade« ist stark überarbeitet und noch sehr Entwurf. Sie setzt bei der Analyse von »amour de soi« und »amour-propre« an, wie sie JJR in seinem ersten *Dialogue* anstellte, dessen Entwürfe sich im selben Heft befinden. Man übersetzt die Begriffe bald mit »Eigenliebe«/«Selbstliebe«, »Selbstliebe«/«Selbstsucht«. Im Grimmschen Wörterbuch steht: »die selbstliebe eines über alles gehenden wolwollens an sich selbst heiszt eigenliebe. Kant 4, 185. *allein diese unterscheidung, wonach* selbstliebe *natürlich,* eigenliebe *tadelhaft sein soll, ist nichtig, beide wörter drücken dasselbe aus, wie* eigendünkel *und* selbstdünkel, eigenlob *und* selbstlob, eigenmord *und* selbstmord.« Wir entschieden uns für »Liebe zu uns selbst« und »Eigenliebe«, um JJRs bekannte Abneigung gegen Eigentum ins Spiel zu bringen.

Wir möchten die Wucht dieses Entwurfs, der sich in Hirn und Herz des Lesers dreht und windet, unkommentiert wirken lassen, denn Verweise auf Krankheitsbilder wie Schizophrenie und den von Ludwig Binswanger veröffentlichten Fall Susanne Urban (Zürich 1952) oder auf Agoraphobie versuchen einen Text zu zähmen, der dem klinischen Diskurs widersteht.

»Die Ärzte haben nie etwas von meinem Leid verstanden«, sagte JJR zu Recht. Wenn schon spricht der naive Blick des Freundes. Etwa von Corancez: »Seit langem schon fiel mir ein schlagender Wechsel in seinem Körper auf; ich sah ihn oft in einem Zustand der Konvulsion, die sein Gesicht unkenntlich machte, ja der Ausdruck seiner ganzen Gestalt wurde wahrlich erschreckend. In diesem Zustand schienen seine Blicke die Totalität des Raums zu umfassen, und seine Augen schienen alles auf einen Blick zu sehen; doch in Tat und Wahrheit sah er gar nichts. Er kehrte sich auf seinem Stuhl um und ließ den Arm über die Lehne hängen. Dieser Arm, so herabhängend, zeigte eine rasende Bewegung wie das Pendel einer Standuhr.« (»De Jean-Jacques Rousseau«, in: *Journal de Paris* aus dem Jahr VI / 1798)

9.

Der erste Abschnitt ist nachträglich eingefügt, deshalb kommt die Nummerierung mit 9. zwei Mal vor.

P.

Hinter dem Kürzel verbirgt sich wohl der Genfer Pierre Prévost (1751-1839), der die Kinder von Étienne Delessert erzog und JJR in dessen letzten anderthalb Jahren oft besuchte.

dass sie Kinder nie liebten

Diese Passage steht in der Tat, wenn auch in etwas anderem Wortlaut, in der *Éloge de Madame Geoffrin, par Messieurs Morellet, Thomas et d'Alembert*, nachdem Marie-Thérèse de Geoffrin, die für ihren Salon bekannt war, in dem die Philosophen der Aufklärung verkehrten, am 6. Oktober 1777 gestorben war. Es findet sich auch folgende Passage aus der Feder von d'Alembert: »Sie betrachtete die Vaterschaft als süßeste Wonne der Natur. Doch diese Wonne galt ihr heilig, und so wollte sie sie rein und ohne störenden Einfluss wissen. Deshalb bat sie jene ihrer Freunde, die kein Vermögen hatten, auf keinen Fall zu heiraten. Was soll denn, so sagte sie zu ihnen, aus euren armen Kindern werden, wenn sie euch früh verlieren? Denkt nur an den Schrecken eurer letzten Augenblicke, wenn ihr das Teuerste, was ihr habt, in Armut zurücklässt!« Damit aber hat d'Alembert vielleicht weniger JJR im Auge als seine eigene Herkunft als Findelkind.

école militaire

Der Ort dieses Sinnierens ist nicht zufällig, wurden doch in der *École royale militaire* von Louis XV fünfhundert junge Leute untergebracht, die ohne Vermögen geboren waren.

Soussoi

Nicht weiter identifiziert.

Findelkinder

JJR übergab alle fünf Kinder, die er ab 1746 zusammen mit Marie-Thérèse Le Vasseur hatte, den Findelkinder-Häusern und schiebt die Schuld schon 1751 den Reichen zu, etwa in einem Brief an Madame de Franceuil: »Der Stand der Reichen, Ihr Stand, ist es, der meinen Kindern das Brot raubt.«

Seïde

Er denkt an das Stück *Mahomet* (1742) von Voltaire, wo die Heldin, von Mohamed in den Fanatismus getrieben, ihren eigenen Vater tötet.

wenn die *Héloïse* und der *Émile* das Werk eines M{enschen} wären, der kein Herz für Kinder hätte

Eugène Delacroix berichtet von einem Zeitzeugen über JJR: »Er wurde einmal von einem seiner Freunde zum Essen zu Jean-Jacques mitgenommen, *rue Plâtrière*. Sie gingen zusammen hinaus. Bei den *Tuilerien* spielen Kinder mit einem Ball: ›Voilà, sagte Rousseau, so soll man Émile stählen‹, und dergleichen mehr. Doch als der Ball eines Kindes das Bein des Philosophen traf, trat dieser in Zorn und verfolgte das Kind mit dem Stock, wobei er seine zwei Freunde jäh stehen ließ.«

nouvelle France

Ins Gebiet *Nouvelle-France*, das für das fröhliche Treiben in den Guinguettes bekannt ist, gehts über die *Rue Poissonière* Richtung *Montmartre*, dessen jähen Aufstieg JJR meidet, indem er den Hügel links liegen lässt und nach *Clignancourt* gelangt.

kleines Backwerk aus Nanterre zu kaufen

Darf man *google* vertrauen, so umschmeichelt den kundigen Leser bei diesen Worten der dampfende Duft von Brioches.

ein Mann mit finsterer Miene

Ohne auf die angebliche Paranoia einzutreten, darf man darauf hinweisen, dass Polizeileutnant Sartine, der schon dem Marquis de Sade das Leben so schwer machte, dass der an allen Orten Sartines wie Pilze aus dem Boden schießen sah, JJR überwachen ließ, jedenfalls schreibt der Prince de Conti am 24. Juni 1768 an JJR:

»Ich weiß, dass der Leutnant der Polizei von Grenoble sie, so zu sagen, im Blick behält … Sobald die Verfolgung durch die Neubegier dieses Polizei-Leutnants einmal endet, werden Sie merken, dass Ihnen niemand mehr auflauert.«

porte maillot / muette

Die *Porte Maillot* hinter den *Champs-Élysées* war ein beliebtes Ausflugsziel mit Blick auf den *Bois de Boulogne* und zum Schloss *Muette* hinüber in die Gärten des *Château de Madrid*, wo er die Mädchen trifft und den gerechten Weltrichter am Glücksrad spielt …

Ein Augenzeuge berichtet, wie gut ihn die Kinder dort kannten und ihm JJR eröffnete: »Meine Frau und ich kommen bei gutem Wetter oft hierher, um am Abend ein Kotelett zu essen.« Und an anderer Stelle vermeldet derselbe Freund, Bernardin de Saint-Pierre:

»Eines Tages bei der *Muette*, es war schon spät, da schlug ich ihm ganz kopflos den kürzeren Weg quer durch die Felder vor. Alle beide abwesend, hatten wir uns verirrt. Der Weg führte über *Passy*; den langen Quais entlang, wo die Bürger in ihren Türen Frische schöpften: die Nacht nahte. Ich sah, wie sich seine Physiognomie änderte. ›Da sind schon die *Tuilerien*.‹ – ›Ja, aber wir sind noch nicht da. Oh! wie unruhig meine Frau sein wird‹, wiederholt er mehrere Male. Er erhöht die Schrittschnelle, wirft die Stirn in Falten. Ich spreche zu ihm, er gibt keine Antwort. Ich sage: ›Besser hier als wie Antonius in der Einsamkeit von Armenien.‹ Er hält inne: ›Ich würde mich lieber allen Pfeilen der Parther aussetzen als den Blicken der Menschen.‹«

in der *Chevrette* zur Zeit des Festes für den Hausherrn

Der Hausherr hieß Denis-Joseph Lalive und das Fest fand am 9. Oktober 1757 statt. Es erinnert mehr an Sades Schilderung der »Schlarafferey« in Venedig, wo sich das arme Volk vor den Augen der Prinzen und Herrschenden auf ein Schaugerüst voll Ochsenleibern stürzt, um seinen Hunger zu zähmen, wobei bei Sade daraus ein kleine Theaterbühne der Grausamkeit wird, denn das Gerüst stürzt ein und zersplittert die Leiber des ohnehin schon vor Hunger ineinander verkeilten Pöbels. Das Gegenstück bilden die Feste in Genf, die JJRs Ideal bleiben: Statt auf den Theater-Bühnen alte Stücke zu re-präsentieren und die Zuschauer auch dazu einzuladen, nur noch »repräsentieren« und reüssieren zu wollen, sollte man die Selbstpräsenz genießen und einfach einen Pfahl in die Erde schlagen, Wein ausschenken und tanzen. Mit diesem Angriff auf die Theater machte er sich d'Alembert und Voltaire zu Todfeinden. In gewisser Weise trifft er sich aber schon mit Antonin Artaud, der jedoch durch die Grausamkeit der inneren Notwendigkeit zur reinen Präsenz zurückfinden will und statt auf der Bühne letztlich in der Hochebene von Mexiko, im Kreis von Tarahumara tanzend, vorübergehend ganz zu jenem Ich findet, das nur bei sich ist, wenn es außer sich ist.

Hesperiden

Der Garten Edens voll Äpfel steht dort, wo man die Äpfel klauen kann, wie schon Augustin wusste und wie es auch JJR lernte: Er berichtet in den *Confessions*, wie er zunächst den »Liebkosungen« von prächtigen Spargeln nicht widerstehen kann, ehe er Äpfel stibitzen geht.

Guinguettes, um das schlichte Volk tanzen zu sehen

Kleine Tanzlokale vor den Schlagbäumen der Stadt, wo das Volk tanzt, leider gelingt es den Parisern nicht wie den Schweizern, so fröhlich zu tanzen, dass »die Füße nie den Boden berühren«, wie JJR Zeitzeugen vorschwärmte. Schade, dass JJR Artaud nicht in Mexiko gesehen hat.

Invalides

Hôtel royal des Invalides, das durch Beschluss des *Conseil d'État* vom 12. März 1670 zum Gedenken an Louis XIV und zu Ehren der Kriegsverwundeten erbaut wurde.

Vor Zeiten war ich, ach

Hölzerne Nachdichtung aus Plutarchs *Leben von Lykurg*. Mit diesen Zeilen wurden in Sparta bei Festen die Tänze eröffnet, wobei nach den Alten die rüstigen Männer und dann die Kinder an die Reihe kamen, deren Verse wir den Lesern lieber ersparen wollen.

Isle aux Cignes

Die *Île de Cygne* oberhalb des *Marsfeldes* würde heute wohl vom Schattenwurf des Eiffelturms berührt, doch ist sie schon lange mit dem festen Ufer der Seine verbunden und keine Insel mehr.

~~in solche Sachen hartes Geld hineinvermengt~~

»Nie schien mir Geld so nützlich, wie man meint. Mehr noch; es schien mir nie sehr füglich; denn da es für sich genommen zu nichts gut ist, muss man es umwandeln, um in seinen Genuss zu kommen, man muss kaufen, muss feilschen, wird oft übers Ohr gehauen, zahlt viel für wenig Dienste. Ich möchte, dass eine Sache von hoher Qualität ist; mit meinem Geld, da kann ich sicher sein, dass sie schlecht ist. Ich kaufe für teures Geld ein frisches Ei, es ist alt; eine prächtige Frucht, sie ist noch grün. Ich liebe guten Wein, doch wo hernehmen? Bei einem Weinhändler? – je mehr ich bezahle, umso mehr werde ich vergiftet. Will ich wirklich gut bedient sein? Ach, welch Mühe, welch Verlegenheit!, man muss Freunde haben, Correspondenten, man muss Kommissionen in Auftrag geben, schreiben, hin und her, die Leute begleiten, um nicht zuletzt oft betrogen zu werden. Wie viel Mühe für all mein Geld! Ich scheue sie mehr als ich guten Wein liebe.

Tausend Mal war ich während meiner Lehrjahre und auch später in der Absicht aufgebrochen, um ein paar Naschwaren zu kaufen. Ich trete vor das Geschäft eines Zuckerbäckers; ich erblicke Frauen hinter dem Ladentisch; mir ist bereits, als würde ich sie lachen hören, während sie zusammen über das kleine Schleckmaul spotten. Ich streiche an einer Fruchtauslage vorbei; ich schiele aus den Augenwinkeln nach fülligen Birnen, ihr Duft lockt mich; zwei oder drei junge Leute neben mir fassen mich in den Blick, ein Mann, der mich kennt, steht vor seinem Geschäft, ich sehe schon von weitem seine Tochter im kurzen Schlafrock kommen, ist es nicht die Magd des Hauses? Meine Kurzsichtigkeit und meine Furcht gaukeln mir allerlei vor, ich halte die Passanten für Leute meiner Bekanntschaft; allerwärts werde ich eingeschüchtert und von Hemmnissen zurückgehalten; meine Begierde schwillt mit meiner Scham an, und ich kehre schließlich wie ein Trottel zurück, von Begehrlichkeit verschlungen, in meiner Tasche alles zur Befriedigung, aber ohne Mut, etwas zu kaufen. (*Confessions* MsN 54f., vgl. OC I 36 f.)

ZEHNTE TRÄUMEREI

genau fünfzig Jahre her, seit ich Madame de Warens zum ersten Mal begegnete

Es ist der 12. April 1778. Nun, am 21. März 1728 legte JJR den Empfehlungsbrief Madame de Warens vor; er war aber erst sechzehn. Bald schon schickt sie ihn, in gutem Instinkt auf Reisen. Er wiederholt eine alte Geschichte: Schon seinem Vater riet die Mutter in den Anfangsgründen ihrer Beziehung, »zu reisen, um sie zu vergessen«, was freilich nichts half – er kehrte nur umso verliebter zurück.

In ähnlicher Weise wird JJR von Madame de Warens scheiden. Zunächst froh jubelnd: »Schließlich schmeichelte die Vorstellung einer großen Reise meinem Wanderwahn, der sich nach und nach bemerkbar machte; es kam mir herrlich vor, in meinem Alter die Alpen zu queren und, so zu sagen, den kleinen Hannibal zu spielen, indem ich mich in voller Höhe der Alpen über meine Kameraden erheben würde.« (*Confessions* MsN 80)

Als er zurückkehrt, unter »extravaganten Vorzeichen eines Schlendrians wie eines echten Vagabunden« und voll »Wanderseligkeit«, ist es um ihn endgültig geschehen, und er hängt nur noch an Madame de Warens Lippen. Seufzend vor sehnender Liebe irrt er durch ihre Gemächer, wenn sie fern ist, küsst den Boden, den ihre Füße berührt haben, die Vorhänge, die ihr Körper gestreift hat. Alles ist voll von ihr:

»Manchmal entwischten mir selbst in ihrer Anwart allerlei Extravaganzen, die allein die wildeste Liebe eingeben mag. Eines Tages bei Tisch, im Moment, wo sie sich einen Bissen in den Mund steckte, da schrie ich, es hänge ein Haar daran; sie spuckt das Stück augenblicks in ihren Teller; ich packe ihn gierig und schlinge ihn.« (*Confessions* MsN 133)

Im Anhang schildert der letzte Schweifzug *Warens Traum*, wie JJR nach seinen einsamen Spaziergängen über die Alpen Madame de Warens Träumereien bei Tisch erlebte.

Wohlgefallen fasste

»Endlich komme ich an, sehe Madame de Warens. Dieser Zeitschnitt meines Lebens hat über meinen Charakter entschieden; {…} Ich stand in der Mitte meines sechzehnten Jahrs. Ich war zwar nicht gerade, was man einen schönen Knaben nennt, aber doch von gutem Wuchs, verfügte über ein zartes Bein, einen hübschen Fuß, eine ungezwungene Art, belebte Gesichtszüge, niedlichen Mund, schlimme Zähne, schwarze Brauen und Haare, die Augen klein und tiefliegend, aber von einer glühenden Seele belebt, deren Feuer sie versprühten. Leider wusste ich nicht darum, welche Vorteile dies für mich barg, und zeit meines Lebens merkte ich erst auf mein Aussehen, als es nicht mehr Zeit war, daraus einen Vorteil zu schlagen.« (*Confessions* MsN 71f.)

Vespasian

Er erwähnt diese Wendung schon in seinem *Brief an Malesherbes*; Similis war aber Präfekt unter Hadrian, nicht unter Vespasian noch Trajan, wie er, im Unterschied zu dieser Stelle, an Malesherbes schreibt. So oder so begänne damit JJRs Leben erst am 9. April 1756.

das Währen dieses süßen Zustandes

Fünf Jahre reines Glück mit Madame de Warens in Charmettes von 1735 bis 1740, darunter die Liebe zu einsamen Spaziergängen, zuweilen auch mit Frauen, in deren Armen er die Liebe nicht als »Inzest« wie mit ihr empfindet, sondern genießt, mitten im Gras zwischen Blumen und Insekten – ein ferner Wink an jenen Setzer, der in Derridas *Grammatologie* statt »inceste« zunächst »insect« gesetzt hatte.

ACHT SCHWEIFZÜGE AUS ROUSSEAUS WERKEN

Unter besonderer Berücksichtigung des noch nie übersetzten Neuenburger Manuskriptes der *Confessions*.

I. Dieser Andere ist ich

»Oft durfte ich die Feststellung machen, dass selbst unter jenen, die sich der Menschenkenntnis rühmen, jeder nur sich selbst kennt, wenn man sich denn selbst wirklich kennen kann; denn wie will man ein ~~Objekt~~ Wesen umreißen, allein aufgrund seiner inneren Bezüge, ohne es mit etwas anderem zu vergleichen? Indes ist diese unvollkommene Kenntnis, die man von sich hat, das einzige Mittel, um die anderen kennen zu können. Man nimmt sie zum Maßstab für alles, und genau da droht uns zwiefache Illusion der Eigenliebe; sei es, dass man jenen, die wir beurteilen, fälschlicherweise Motive unterstellt, die uns an ihrer Statt so hätten handeln lassen; sei es, dass wir uns, unter dieser Annahme, über unsere eigenen Motive täuschen, weil wir uns nicht darauf verstehen, uns in eine andere Situation einzufühlen als jene, in der wir uns gerade selber befinden.

Diese Beobachtungen machte ich vor allem über mich selbst, und zwar nicht anhand der Urteile, die ich über andere fällte, während ich mich mehr und mehr als ein Wesen ausser aller Ordnung betrachtete, sondern anhand der Urteile, die die anderen über mich fällten; Urteile, die in Hinsicht auf die Motive, die sie meinem Verhalten zuschrieben, fast immer falsch und für gewöhnlich umso irriger waren, als jene, die sie fällten, über mehr Geist verfügten als ich: Je weiter gefasst ihr eigener Maßstab war, umso mehr ließ sie dessen verfehlte Anwendung vom Gegenstand abirren.

Angesichts dieser Feststellungen entschloss ich mich, meine Leser in der Kenntnis der Menschen einen Schritt weiter zu bringen, indem ich sie nach Möglichkeit von der alleinigen und verfehlten Regel abbringe, das Herz der anderen immer nach Massgabe des eigenen zu richten; während man, gegenteils, zur Kenntnis des eigenen weit eher damit beginnen sollte, in demjenigen der anderen zu lesen. Um sich ~~selbst~~ schätzen zu lernen, möchte ich den Versuch wagen, dass man zumindest über ein Richtmaß verfügt; damit ein jeder sich selbst und einen anderen kennenlernt, und dieser andere ist ich.« (*Confessions* MsN 2f.)

II. Blicke des Blöden

{Es spricht »Rousseau« zum »Franzosen« über »Jean-Jacques«:} »Jean-Jacques scheint mir über eine stark ausgeprägte physische Empfindsamkeit zu verfügen. Er hängt ganz von seinen Sinnen ab, ja er hinge noch viel mehr von ihnen ab, wenn ihm seine geistig-moralische Empfindsamkeit nicht immer wieder eine Ablenkung bereit hielte; oft rührt ihn erstere allein durch den Beistand der letzteren. Schöne Klänge, ein schöner Himmel, eine schöne Landschaft, ein schöner See, Blumen, Düfte, schöne Augen, ein sanfter Blick; all das wirkt nur deshalb so innig auf seine Sinne, weil es zuvor in sein Herz drang. Ich sah ihn zwei Meilen am Tag gehen, fast einen ganzen Frühling lang, und das nur, um in Bercy nach Gefallen eine Nachtigall zu hören. {...} Er verfügt dabei über die Empfindsamkeit eines Kindes, wovon unsere Weltweisen keine Ahnung haben. Er nimmt nichts wahr, außer einer Regung in seinem Ohr oder vor seinen Augen; das ist ihm bereits genug. Ihn freut nicht nur ein Aufzug an einem Jahrmarkt, eine Musterung von Soldaten, ein Aufzug, eine Prozession; sondern ein Kran, eine Winde, ein Rammbock, das Spiel irgendwelcher Maschinen, ein Boot, das vorbeischwimmt, eine Mühle, deren Rad sich dreht, ein Ochsentreiber, der sich abplackt, Boule- oder Schlagholz-Spieler, der Lauf eines Bachs, der Flug eines Vogels, das bannt seine Blicke. Er hält sogar vor Schaubildern ohne Bewegung inne, solange Mannigfaltigkeit einen Ersatz bietet: Auslagen voll

Flitter, aufgeklappte Bücher am Quai, von denen er allein die Titel liest, Anschläge an den Mauern, die er mit blödem Blick überfliegt, all das bannt und freut ihn, wenn er etwas Ruhe braucht.

Doch unsere modernen Weisen verfolgen ihn und spähen ihn bei jeder Albernheit aus, wobei sie aus dem Grund seiner Versenkung auf ihre gewohnte Weise Folgerungen ableiten, die stets dem liebenswürdigen Charakter entsprechen, mit dem sie ihn auf nötigende Weise ausgezeichnet haben. Eines Tages sah ich ihn recht lange vor einer Gravüre verweilen. Ein paar junge Leute, die voll Unruhe wissen wollten, womit er sich so eingehend beschäftigte, warteten mit spottlustiger Ungeduld, wobei sie entgegen der Gewohnheit, so höflich blieben, sich nicht zwischen ihn und jenen Gegenstand zu drängen. Sobald er fort war, rannten sie zur Gravüre und bemerkten, dass es sich um einen Plan für Angriffe gegen das Fort von Kehl handelte. Ich sah sie lange und heftig in regem Zwiegespräch beschäftigt, dem ich entnahm, dass sie Minerva entnervten, indem sie nach einem Verbrechen suchten, über dem man beim Betrachten des Attackenplans auf das Fort von Kehl wohl brüten mochte.« (*Dialogues* OC I 816f.)

III. Die Illumination

»Ich ging Diderot besuchen, der als Gefangener in *Vincennes* weilte, und trug in meiner Tasche einen *Mercure de France*, in dem ich auf dem Weg zu blättern begann. Ich stoße auf die Frage der Akademie von Dijon, die Anlass zu meiner ersten Schrift war. Wenn je etwas einer jähen Inspiration glich, dann die Regung, die diese Lektüre in mir auslöste; auf einen Schlag fühle ich meinen Geist von tausend Lichtern geblendet; eine Fülle lebhafter Ideen wurde in ihm mit einer Wucht und einem Wirrwarr gegenwärtig, dass ich in namenlosen Aufruhr geriet; ich fühle meinen Kopf von einem Schwindel erfasst, ähnlich der Trunkenheit. Heftiges Pochen bedrängt mich, hebt meine Brust; ich kann beim Gehen nicht mehr atmen, lasse mich unter einen Baum an der Avenue fallen und bringe eine halbe Stunde in solchem Aufruhr zu, dass ich beim Aufstehen merke, wie die ganze Vorderseite meiner Weste von Tränen durchtränkt ist, ohne dass ich gemerkt hatte, wie ich sie vergoss. Oh Monsieur, wenn ich je auch nur den Vierteil dessen schreiben kann, was ich unter jenem Baum sah und fühlte, mit welch Klarheit würde ich dann alle Widersprüche des sozialen Systems aufzeigen können, mit welcher Kraft würde ich alle Missbräuche unserer Institutionen anprangern, mit welcher Schlichtheit könnte ich beweisen, dass der Mensch von Natur aus gut ist und dass die Menschen allein durch die Institutionen bösartig werden. All das, was ich von der Fülle hoher Wahrheiten, die mich im Viertel einer Stunde unter jenem Baum illuminierten, behalten konnte, wurde nur als schwacher Abglanz über meine drei Hauptschriften verteilt, will heißen den ersten Diskurs, den über die Ungleichheit und die Abhandlung über die Erziehung, wobei diese drei unzertrennlichen Werke ein einziges Ganzes bilden. Alles andere ging verloren, wobei ich an Ort und Stelle nur die Prosopope eines Fabricius zustande gebracht hätte. So also wurde ich, als ich am wenigsten darauf dachte, Autor, fast wider Willen.« (*Zweiter Brief an Malherbes* vom 12. Januar 1762, OC I 1135f.)

IV. Extravagabundieren

»Alles was mit Literatur und einem Beruf zu tun hat, für den ich eindeutig nicht geboren bin, ist mir vollkommen unerträglich geworden, und allein schon die Erinnerung daran trägt mir so viele traurige Ideen zu, dass ich nicht mehr daran denken will und mich deshalb all meiner Bücher entledigte … Ich habe solchen Aberwillen gegenüber jeglicher Lektüre gefasst, dass ich nicht einmal mehr meine eigenen Schriften wiederlesen kann. Die Mühe zu denken bereitet mir jeden Tag mehr Pein. Ich liebe es, zu träumen, aber ganz frei, indem ich meinen Kopf irren lasse, ohne ihn irgendeinem Gegenstand untertan zu machen, und jetzt, wo ich dies schreibe, werde ich dann gleich meine Feder verlassen, um Ihnen beim Spazieren tausenderlei zauberhafte Dinge zu sagen, die schwinden, sobald ich mich wieder meinen Papieren zuwende. Dieses müßige und kontemplative Leben, das Sie nicht schätzen und das ich nicht entschuldigen will, wird mir von Tag zu Tag herrlicher.

Irren, allein, ohne Ziel und ohne Unterlass, zwischen Bäumen und Felsen, die meine Bleibe umgeben, träumen oder genauer: extravagabundieren {*»extravaguer«*}, wie es mir gefällt und Maulaffen feilhalten, wenn sich mein Gehirn allzu sehr erhitzt, und zur Abkühlung ein paar Binsen analysieren, kurz: mich ohne Unterwerfung und Hemmnis meinen Phantasien hingeben, die, dem Himmel sei Dank, ganz in meiner Macht stehen, dies ist mir die höchste Lust, ja ich kann mir nichts Höheres in diesem Leben vorstellen und auch nicht in jenem anderen Leben.« (*Brief an den Grafen Mirabeau*, Januar 1767)

V. Im Fluchtwinkel der Phantasie

»Wenn ich vor der Sonne aufstand, um ihren Aufgang in meinem Garten zu verfolgen, so ging, sobald ich einen schönen Tag anheben sah, mein erster Wunsch dahin, dass weder Briefe noch Besuche dessen Zauber stören mögen. Nachdem ich den Morgen voll Freude den verschiedenen Besorgungen widmete, die ich auch auf ein anderes Mal verschieben konnte, eilte ich mit dem Mittagsmahl, um allfälligen Störenfrieden zu entwischen und mir einen langen Nachmittag aufzusparen. Noch vor ein Uhr, selbst an den glühendsten Tagen, brach ich in hoher Sonne mit dem treuen Achat auf und drängte meine Schritte aus Furcht, jemand könnte meiner habhaft werden, ehe ich entschlüpft bin; doch sobald ich an einer bestimmten Ecke vorbei war, da atmete ich mit pochendem Herzen, mit funkelnder Freude auf, fühlte mich gerettet und sprach zu mir: Jetzt bin ich Herr über den Rest dieses Tages! Ich suchte nun ruhigeren Schrittes irgendeinen wilden Platz im Wald auf, eine öde Stelle, wo nichts von der Hand des Menschen zeugt und Knechtschaft und Herrschaft anzeigt, irgendeinen Fluchtwinkel, den ich als erster betrat und wo kein störender Dritter sich zwischen mich und die Natur drängt. Dortselbst schien sie meinen Augen eine stets neu wirkende Pracht zu entfalten. Das Gold der Ginstern und das Purpur des Heidekrauts erfüllten meine Augen mit einer Verschwendung, die mein Herz rührte, dann die Majestät der Bäume, die mich mit ihrem Schatten bedeckten, der Zartsinn der Büsche, die mich umringten, die verblüffende Vielfalt von Kräutern und Blumen, die ich mit meinen Füßen niedertrat, all dies hielt meinen Geist in einem ständigen Wechsel von Beobachtung und Staunen: der Wettstreit all dieser fesselnden Dinge, die um meine Aufmerksamkeit buhlten, zog mich ohne Unterlass vom einen zum nächsten, begünstigte meine träumerische und faule Stimmung und ließ mich wieder und wieder sagen: Nein, selbst Salomon in all seiner Glorie war nie gekleidet wie all dies.

Meine Einbildungskraft ließ die dieserweise geschmückte Erde nicht lange öd und leer. Ich bevölkerte sie schon bald mit Wesen, ganz nach meinem Herzen, und verjagte die öffentlichen Vorurteile, alle erkünstelten Leidenschaften weit weg, ich verfügte in diese Zufluchtstätte der Natur: Menschen, die würdig waren, da zu wohnen. Ich bildete aus ihnen eine zauberhafte Gemeinschaft, derer ich mich selbst nicht unwürdig fühlte. Ich machte mir ein goldenes Zeitalter nach meiner Phantasie und füllte die prächtigen Tage mit allen Szenen meines Lebens, die mir süße Erinnerungen hinterlassen haben, aber auch mit all jenen, nach denen sich mein Herz heute noch sehnt; so weinte ich vor Rührung Tränen über die wahren Freuden der Menschheit, so herrliche, so lautere Freuden, aber den Menschen ins Fernste gerückt. O wenn mich in solchen Momenten Gedanken an Paris, an mein Jahrhundert oder an meine kleine Gloriole als Autor anwandelten, um die Träumereien zu trüben, mit welch Verachtung verjagte ich sie augenblicks, um mich ohne Ablenkung den erhabenen Empfindungen hinzugeben, vor denen meine Seele überquoll! Doch muss ich gestehen, dass selbst inmitten von alledem das Nichts meiner Hirngespinste zu einem betrüblichen Gegenschlag ausholte. Wenn nämlich meine Träume alle Wirklichkeit geworden wären, so hätten sie mir nicht genügt; ich hätte noch und noch phantasiert, geträumt, begehrt. Ich fand in mir selbst eine unerklärliche Leere, die nichts zu füllen mochte; mein Herz schwang sich zu einer anderen Art Wohllust, von der ich keine Vorstellung und die ich doch so nötig hatte. Je nun, Monsieur, dies wurde mir selbst zur Wohllust, denn sie drang mit einem sehr heftigen Gefühl und einer lockenden Traurigkeit in mich, die ich auf keinen Fall hätte missen wollen.

Schon bald flogen meine Gedanken von der Oberfläche der Erde zu allen Wesen der Natur hoch, in den universalen Bau aller Dinge, zum unergründlichen Wesen, das alles umarmt. Dann verlor sich der Geist in dieser Unermesslichkeit, ich dachte nicht mehr, räsonnierte nicht, philosophierte nicht; ich fühlte mich mit einer Art Wollust vom Gewicht dieses Universums erschlagen; meinem Herz, ganz in die Enge des Wesenhaften gezwungen, wurde alles zu eng, ich erstickte im Universum, hätte mich ins Unendliche werfen wollen.« (*Dritter Brief an Malherbes*, OC I 1139-1141)

VI. Im Schwindel der Lust

»Ich saß eines Abends in *Belle-cour* nach einem recht kargen Mahl und träumte, wie ich mich wohl aus solcher Not ziehen mochte, als ein Mann mit Mütze herantrat und sich neben mich setzte; der Mann sah ganz wie einer der Seiden-Handwerker aus, die man in Lyon *taffetatiers* (Taffetweber) nennt. Er sprach mich an, ich antwortete: schon kam das Gespräch in Gang. Wir hatten kaum eine Viertelstunde gesprochen, als er mir, kalten Blutes und ohne den Ton zu wechseln, den Vorschlag unterbreitete, uns wechselweise Kurzweil zu spenden. Ich wartete, dass er mir erklären würde, um welcherlei Kurzweil es sich handeln möge; doch ohne irgendetwas beizufügen, machte er es sich zur Pflicht, mir mit einem Beispiel voranzugehen. Wir berührten uns fast, und die Nacht war noch nicht so finster, als dass ich nicht gesehen hätte, zu welcher Übung er sich rüstete. An mir wollte er sich nicht vergreifen, jedenfalls machte er keine Anstalten dazu, und der Ort wäre auch wenig geeignet gewesen. Er wollte, genau wie er es mir gesagt hatte, nur Kurzweil treiben, und auch ich sollte Kurzweil treiben, jeder auf eigene Rechnung, und das schien ihm so naheliegend, dass er gar nicht auf den Gedanken kam, dass es mir anders vorkommen könnte. Ich war so erschrocken über diese Schamlosigkeit, dass ich mich, ohne jede Antwort, jählings erhob und mit großen Schritten entfloh, da ich glaubte, den Elenden an meinen Rockwipfeln zu haben. Ich war so verwirrt, dass ich nicht meine Unterkunft an der *rue St Dominique* aufsuchte, sondern den Quai entlang lief und erst jenseits der Holzbrücke innehielt, so sehr zitternd, als hätte ich ein Verbrechen begangen. Ich war dem nämlichen Laster verfallen; doch diese Erinnerung heilte mich für lange Zeit.

Auf dieser Reise geschah mir ein anderes Abenteuer, mehr oder weniger von der nämlichen Art, das mich in größere Gefahr brachte. Da ich fühlte, wie mein hartes Geld zur Neige ging, sparte ich den bescheidenen Rest. Ich nahm das Mahl oft in meiner Herberge ein, bald aber nicht einmal mehr das, da ich für fünf oder sechs *Sols* in der Taverne ebenso satt wurde wie dort für deren fünfundzwanzig. Da ich nicht mehr dort aß, wusste ich nicht, ob ich dort noch schlafen durfte; es gab da keinen Zwang, aber ich schämte mich, eine Kammer zu besetzen, ohne meiner Wirtin Gewinn zu bringen. Die Witterung war schön; eines abends, es sehr heiß, beschloss ich, die Nacht auf einem der Plätze zuzubringen, und schon hatte ich es mir auf einer Bank füglich gemacht, als ein Abbé vorbeikam, mich dieserweise gebettet sah, nähertrat und mich fragte, ob ich kein Dach über dem Kopf hätte; ich gestand ihm meine Lage, er schien gerührt; er setzte sich neben mich, und wir gerieten ins Plaudern. Er sprach wohl; alles, was er sagte, vermittelte mir eine hohe Meinung von ihm. Als er mich gewogen sah, meinte er, dass er nicht weit von hier logiere, aber nur eine einzige Kammer hätte; doch würde er mich auf keinen Fall dieserweise auf einem freien Platz schlafen lassen; es sei zu spät, um eine Herberge zu finden, und so würde er mir für diese Nacht die Hälfte seines Bettes anbieten. Ich schlug in das Angebot ein, hoffend, einen

Freund gewonnen zu haben, der mir noch nützlich werden mochte. Wir zogen los; er schlug Funken. Seine Kammer schien mir bei aller Enge sehr sauber; er betrug sich mir gegenüber äußerst höflich. Er holte aus einem Schrank einen Glaskrug, in dem Kirschen in Branntwein lagen; jeder von uns aß deren zwei, dann lagen wir im Bett.

Dieser Mann zeigte die gleichen Neigungen wie mein Jude im Hospiz *{s. den Kommentar zur Dritten Träumerei unter: »als ich aus mir einen Katholiken machte«}*, bezeugte sie aber nicht so brutal. Sei es, dass man mich hören könnte und er deshalb fürchtete, mich zu Gegenwehr anzuhalten, sei es, dass er seines Vorhabens wirklich sicher war, jedenfalls erkühnte er sich, mir den Handel offen vorzuschlagen und suchte mich zu erregen, statt mich einzuschüchtern. Besser im Bilde als beim ersten Mal, erfasste ich seine Absichten sofort und erzitterte; ich wusste nicht, in welchem Haus noch zwischen welchen Händen ich mich befand, ich fürchtete, mit meinem Leben zu bezahlen, falls ich Krach schlagen würde. Ich fasste mich so, als würde ich nicht verstehen, worauf er hinauswollte, doch schienen mir seine Liebkosungen sehr ungelegen, und ich wirkte entschlossen, deren Fortschritt nicht dulden zu wollen, so dass er sich zähmen musste. Da sprach ich mit aller Süße und Entschlossenheit, derer ich fähig war, und als hätte ich keinerlei Verdacht geschöpft: als Grund für die Unruhe, die ich bezeigt hatte, führte ich mein früheres Abenteuer an, das ich ihm in so eklen und schrecklichen Worten schilderte, dass ihm, wie mir schien, selbst übel wurde, und er schwor seinen schmutzigen Absichten ab. Wir verbrachten den Rest der Nacht in Ruhe. Er sagte mir allerlei treffliche Sachen, alles sehr sinnreich, und er war gewiss kein Mann ohne Verdienste, wenn auch ein großer Schmutzfink.

{Zwei Abschnitte weiter:} Ich schlief unter dem Sternenhimmel oder bettete mich zu ebener Erde oder auf eine Bank, so ruhig, als wäre es ein Bett aus Rosen. Ich erinnere mich, wie ich eine herrliche Nacht außerhalb der Stadt auf einem Weg zubrachte, der der *Rhône* oder *Saone* entlang lief, welcher von den beiden, weiß ich nicht mehr. Zu Terrassen erhöhte Gärten säumten den Weg auf der anderen Seite. Es war sehr heiß an jenem Tag; der Abend war zauberhaft; der Tau netzte das welke Gras; kein Wind, eine ruhige Nacht; die Luft war frisch, ohne kühl zu wirken; die Sonne hatte nach ihrem Untergang rote Dünste im Himmel hinterlassen, deren Widerschein das Wasser rosa färbte; die Bäume der Terrassen waren von Nachtigallen voll, die sich je und je antworteten. Ich promenierte in einer Art Ekstase, gab meine Sinne und mein Herz all dem hin und seufzte lediglich darüber, all dies allein zu genießen. In meine Träumerei versunken, setzte ich meinen Spaziergang tief in die Nacht fort, ohne zu merken, dass ich müde geworden war. Schließlich fiel es mir auf. Ich bettete mich wollüstig auf einen Sims in einer Art Nische oder Scheintür, die in die Mauer einer Terrasse eingelassen war: der Himmel über meinem Bett wurde von den Wipfeln der Bäume gebildet, genau über mir eine Nachtigall; ich schlummerte bei ihrem Gesang ein: mein Schlaf war süß, mein Erwachen noch süßer. Es war schon taghell: meine Augen sahen, als sie sich öffneten, Wasser, Grün, eine liebliche Landschaft. Ich erhob mich, schüttelte mich, bekam Hunger. {…}

Ich liebe es, nach Gefallen zu wandern und innezuhalten, wann immer ich will. Das herumstreifende Leben kommt mir zupass. Zu Fuß unterwegs bei schönem Wetter in einer schönen Gegend ohne jede Eile und mit einem lieblichen Ziel meiner Wanderung *{hier seine geliebte »maman«, zu der er aus Turin zurückkehrt}*; dies ist von allen Weisen des Lebens jene, die am meisten nach meinem Geschmack ist. Überdem weiß man, was ich unter einem schönen Landstrich verstehe. Flache Landschaften, so schön sie sein mögen, wirken nicht auf meine Augen. Es tun Sturzbäche Not, Felsen, Tannen, dunkles Gehölz, Berge, steinige Wege, jähes Hinauf und Hinab, und zu meiner Seite Abgründe, die mir Angst einjagen. Ich fand und genoss dieses Vergnügen in seinem ganzen Zauber, als ich mich Chambéry näherte. Nicht weit von einem durchschnittenen Berg, den man den *pas de l'échelle* nennt, unter einem breiten Weg, der in den Fels gehauen ist, bei einem Ort namens *Chailles*, läuft und gurgelt zwischen grässlichen Schlünden ein kleiner Fluss, der sie wohl im Verlauf von Tausenden von Jahrhunderten gegraben hat. Man hatte den Weg mit einem Geländer gesäumt, um Unglücksfällen zuvorzukommen: das erlaubte, dass ich in die Tiefe schauen und nach Gefallen Schwindel erregen konnte; denn das Wunderliche an meiner Vorliebe für jähe Ecken ist, dass sie mir den Kopf drehen machen, und ich liebe dieses Drehen sehr, solange ich in Sicherheit bin. Gut auf das Geländer gestützt, streckte ich die Nase vor und blieb so ganze Stunden, schaute von Zeit zu Zeit den Schaum und das blaue Wasser an, dessen Muhen ich zwischen dem Kreischen der Raben und Raubvögel hörte, die von Fels zu Fels flogen und von Busch zu Busch, hundert Klafter unter mir. An Stellen, wo der Abhang fest genug und das Buschwerk licht genug war, um Kiesel sausen zu lassen, suchte ich so große, als ich überhaupt tragen konnte, und versammelte sie Haufen für Haufen auf dem Geländer; dann warf ich sie einen nach dem andern hinunter und erfreute mich am Blick, wie sie rollten, sprangen und in tausenderlei Splitter barsten, ehe sie die Tiefe des Abgrundes erreichten.« (*Confessions* OC I 165ff. / 172f.)

VII. Im Untergrund schweifen

»Ich war ruhelos, abschweifend, verträumt, ich sehnte mich nach einem Glück, von dem ich noch keine genaue Ahnung hatte, und doch fühlte ich sein Fehlen. Diesen Zustand kann man nicht beschreiben, und wenig Menschen nur können ihn sich vorstellen, denn die meisten hüten sich vor dieser Fülle des Lebens, die ineins Qual und Wollust ist und im Empfinden der Not einen Vorgeschmack der höchsten Wollust gibt. Mein entflammtes Blut schwemmte meine Einbildungskraft mit Frauen und Mädchen, doch da ich den eigentlichen Gebrauch nicht kannte, unterwarf ich sie ~~einfältig~~ in meiner Vorstellung meinen Phantasien, ohne mit ihnen viel anstellen zu können, und diese Vorstellungen hielten meine Sinne in einer sehr unangenehmen regen Tätigkeit, von der mich nichts erlösen mochte. Zwanzig Jahre meines Lebens hätte ich hingegeben, um die Demoiselle Goton wiederzusehen; doch die Zeit war vorbei, als das bloße Bild der Schule und der Innigkeit meiner Kindheit wie von selbst dahin geführt hätten. Die Scham, Gefährtin des Bewusstseins vom Bösen, war mit den Jahren dazugekommen; sie hatte meine naturgegebene Scheu zugespitzt, so sehr zwar, dass sie unbezwinglich wurde, und nie noch, weder damals noch seither, konnte ich eine unzüchtige Frage formulieren, wenn mich jene, der ich sie stellte, nicht in irgendeiner Weise durch ihre Avancen dazu genötigt hatte; selbst wenn ich wusste, dass sie wenig Skrupel kannte und fast sicher war, dass sie meinem Wort folgen würde.

Mein Aufruhr wuchs so sehr an, dass ich meine Begierden nicht stillen konnte und durch die extravagantesten Handlungen zu dämpfen suchte. Ich suchte dunkle Alleen auf, verborgene Fluchtwinkel, wo ich mich von weitem den Wesen des anderen Geschlechts in dem Zustand zeigen konnte, in dem ich mich gern an ihrer Seite aufgehalten hätte. Was sie sahen, war nicht das obszöne Objekt; soweit dachte ich gar nicht, es war das spotthafte Objekt; die dumme Lust, die ich dabei empfand, es vor ihren Augen auszubreiten, lässt sich nicht beschreiben. Von da war es nur ein Schritt, um in den Genuss der ersehnten Behandlung zu kommen, und ich zweifle nicht, dass eine Entschlossene im Vorbeistreifen mir diese Kurzweil geschenkt hätte, wenn ich die Kühnheit besessen hätte, in dieser Stellung zu warten. Dieser Wahn führte zu einer Katastrophe, die durchaus komödiantisch, für mich aber wenig angenehm war.

Eines Tages richtete ich mich hinten in einem Hof ein, wo ein Brunnen stand, an dem die Mädchen des Hauses ihr Wasser holten. Es gab ein leichtes Gefälle, das zu Kellern führte, wo mehrer Gänge miteinander kommunizierten, wobei ich im Finstern diese unterirdischen Alleen erkundete und sie so lang und finster fand, dass ich der Auffassung war, sie würden niemals enden und ich würde in ihnen eine sichere Zuflucht finden, falls man mich überraschen sollte. In diesem Vertrauen bot ich den Mädchen, die an diesen Brunnen kamen, ein ebenso lächerliches wie lockendes Schauspiel. Die einen fassten sich so, als würden sie nichts sehen, andere fühlten Schimpf und schlugen Krach; ich rettete mich in meine Zufluchtstätte, wurde verfolgt; ich hörte eine recht rüde Männerstimme, die mich in hohen Schreck versetzte; ich drang immer tiefer ins Unterirdische und lief Gefahr, mich zu verlieren; der Krach, die Stimmen, die Männerstimme folgten mir ständig. Ich hatte auf die Finsternis gezählt; ich sah Licht, erzitterte; drang noch tiefer. Eine Mauer gebot mir Einhalt, und da ich nicht weitergehen konnte, musste ich meines Schicksals harren. Binnen eines Augenblicks wurde ich von einem Mann gepackt, der einen großen Schnurrbart trug und einen großen Säbel, begleitet von vier oder fünf alten Frauen, die je und je mit einem Besenstiel bewaffnet waren, darunter auch die kleine Hürin, die mich verraten hatte und mir ohne Zweifel ins Gesicht blicken wollte.

Der Säbelmann packte mich am Arm und fragte mich, was ich hier triebe? Wie man sich vorstellen kann, war ich um eine Antwort verlegen. Indes, ich fasste mich, und indem ich mich in diesem heiklen Moment ermannte, zog ich aus meinem Kopf eine romanhafte Ausrede, die mir gelang. Ich sagte ihm in flehendem Ton, er möge mit meinem Alter und meinem Stand Mitleid haben, denn ich sei ein junger Fremder von hoher Geburt, dessen Gehirn auf Abwege geraten war; dass ich aus dem väterlichen Haus geflüchtet sei, weil man mich einsperren wolle: dass es um mich geschehen wäre, wenn er mich entdeckte; doch wenn er die Güte hätte, mich gehen zu lassen, so soll ihm dieser Dienst dereinst vergolten werden. Wider Erwarten verfingen diese Rede und mein Ausdruck: der Schreckensmann war gerührt und ließ mich, nachdem er mich recht kurz ausgeschimpft, sanft gehen, ohne mich weiter zu martern. Der Ausdruck, mit dem mich die Alten ziehen sahen, zeigte mir, dass ich, allein mit ihnen, nicht so ungeschoren davongekommen wäre. Sie murmelten etwas, ich weiß nicht was, denn es bekümmerte mich wenig, ob es ihnen einfallen würde, mich zurückzuhalten, solange der Mann mit dem Säbel nicht auf ihrer Seite stünde.« (*Confessions* MsN 123ff.)

VIII. Warens Traum

»Wenn sie über ihren Vorhaben meditierte, verfiel sie oft in Träumerei. Nun gut, ich ließ sie träumen; ich schwieg und betrachtete sie und fühlte mich der seligste aller Menschen. Ich hatte noch einen recht eigentümlichen Tick: obwohl ich gar nicht an die Gunst eines Stelldicheins dachte, strebte ich dies an und kostete es mit einer Leidenschaftlichkeit aus, die sich in wilde Wut wandelte, wenn unangemeldeter Besuch kam, uns zu stören. Sobald jemand kam, Mann oder Frau, gleichviel, trat ich murrend hinaus, konnte ich es doch nicht leiden, als Dritter im Bund neben ihr zu bleiben; ich ging, um in ihrem Vorzimmer die Minuten abzuzählen, tausend Mal jeden dieser ewigen Besucher verfluchend, ohne dass ich mir ausmalen konnte, was sie denn so viel zu sagen hatten; schließlich hatte ich noch viel mehr zu sagen.

Ich fühlte die ganze Wucht meiner Anhänglichkeit, wenn ich sie nicht sah. Wenn ich sie sah, war ich nur eins: zufrieden. Aber meine Unruhe, sobald sie abwesend war, steigerte sich bis zu Schmerzhaftigkeit. Ich fürchtete stets, das man mit ihr über mich reden, mich ihr ekel machen würde, dass man etwas sagen oder unternehmen mochte, was uns trennen würde. Die Not, mit ihr zu leben, löste in mir Ergießungen des Herzens aus, die oft zu Tränen führten. Stets wird mir ein Tag erinnerlich bleiben, als ein großes Fest im Gange war, während sie im Abendgottesdienst weilte: ich ging im Umkreis der Stadt spazieren, das Herz von ihrem Bild und dem glühenden Wunsch erfüllt, meine Tage an ihrer Seite zuzubringen. Ich war genug bei Sinnen, um einzusehen, dass dies zur gegenwärtigen Zeit nicht möglich war und dass das Glück, das ich so süß kostete, gar kurz sein mochte. Dies tauchte meine Träumerei in eine Traurigkeit, die indes nicht düster war, sondern durch schmeichelnde Hoffnung gedämpft blieb. Der Klang der Kirchglocken, der mir noch stets besonders zu Herzen ging, die Pracht des Tages, der Sang der Vögel, die Süße der Landschaft, die über die Felder verstreuten Häuser, in die ich in Gedanken unsere gemeinsame Bleibe verpflanzte, all dies schlug mein Herz mit einer so lebhaft zarten, traurig rührenden Empfindung, dass ich mich als wie in Ekstase in jene seligen Zeiten und an jenen seligen Ort entrückt sah, wo ebendies Herz, ganz nach Gefallen, endlich in den Besitz der gesamte Seligkeit kommen würde, und kostete es unter namenloser Verzückung aus, ohne auch nur auf die Wollust der Sinne zu schielen. Mir ist nicht erinnerlich, dass ich mich später je mit solcher Gewalt und Trugkraft in die Zukunft versetzte wie damals; und was mich bei der Erinnerung an diese Träumerei am tiefsten trifft, dass ich Sachen sah, die ich, als all dies Wirklichkeit wurde, genauso wiederfand, wie ich es mir damals vorgeträumt hatte.

Wenn denn je ein Mensch wachend eine Art prophetische Vision hatte, dann war es hier der Fall, eindeutig. Ich täuschte mich lediglich über die imaginäre Dauer; denn die Tage, die Jahre, ja das ganze Leben verstrich dabei in herrlicher Ruhe, während es dann in Tat und Wahrheit nur einen kurzen Moment dauern sollte. Ach! mein beständigstes Glück war ganz Traum! Seine Erfüllung wurde noch fast im selben Augenblick vom Erwachen gefolgt.« (*Confessions* MsN 131ff.)

NACHWORT: AUS DER SPRACHE EIN FEST MACHEN

Im September 1765 flüchtete Jean-Jacques Rousseau, der von den Einwohnern in Môtiers geradezu »gesteinigt« und von all seinen ehemaligen philosophischen Weggefährten in Paris verraten worden war, auf die St. Petersinsel im Bielersee. Winzige Glückssekunde in seinem Leben. Sein Insel-Ich kann sich endlich dem Zugriff des Bösen entziehen, und er träumt sich zwischen Blumen und Blüten in eine reine Welt zurück. Rein wie damals, als die Menschen noch keine Sprache kannten und durch die Wälder irrten. Sich kurz paarten, um dann wieder einsam herumzuschweifen – wie nun er selbst auf der Petersinsel.

Der Zerfall der Gesellschaft und die Ungerechtigkeit setzten zunächst, wie Rousseau in seinen *Discours* und dem *Essais sur l'origine des langues* zwischen 1750 und 1755 schreibt, noch ganz unschuldig als Sprachwandlung ein: An den Brunnen in südlichen Hemisphären trafen sich die Wassersuchenden, verweilten etwas länger als nötig, blitzen sich Liebesblicke zu und hauchten das weiche: »Aimez-moi.« »Liebt mich!« Im Norden aber, wo man in Eis und Kälte aufeinander angewiesen war, überwog der Eigennutz die Liebe, und man kläffte sich nur noch zu: »Aidez-moi.« »Helft mir!« Der Konsonant »d« bohrt sich als Dolch ins Herz der Liebe.

Die Sprache verknöchert und erkaltet durch immer mehr harte Konsonanten. Und mit ihr verhärtet die Seele der Menschen und das Leben im Staat, dem kältesten aller Ungeheuer. Durch die Konsonanten kann das klingende Singen der ursprünglichen Leidenschaften in Schrift eingekerkert werden. Und mit der Schrift wurde die Sprache ganz dem Zweckdenken unterworfen: Der Staat schickt

Menschen auf die Straßen, die mit Schildern Leute für den Krieg anwerben. Sendet schriftliche Befehle. Die Alphabetisierung macht aus uns Menschen Staatsdiener und Aktenfresser.

Rousseau war angetreten, um mit seinen Schriften diese Verschriftlichung des Lebens zu bekämpfen. Er hatte mit seinen Werken über den Rückschritt unserer Fortschritte und über »Ursprung der Ungleichheit« ganz früh einen Preis gewonnen und wurde europaweit berühmt und berüchtigt. Er gebärdete sich in den Salons von Paris wie ein Bauer, ein Höhlenbewohner, und zog mit seiner pelzigen Armeniermütze Spott und Hass auf sich. Er lehrte Demut und Bescheidenheit und verfasste tausendseitige Schriften – über sich selbst.

Mit den *Confessions* (1765-1770 verfasst, 1782/89 publiziert) gelang ihm die radikalste frühe Ich-Schau der Moderne. Er erzählte auf tausend Seiten von sich das Gute, aber auch alles Schlechte: seinen Neid, seine Lügen, seine Lust an der Onanie, diesem gefährlichsten Laster. Selten nur gelang es ihm, eine Frau für sich zu gewinnen, und meist träumte er dabei, wie ein Kind von ihr geschlagen zu werden.

In Neuenburg liegt die früheste und ungezähmteste Version der *Confessions*, aus der hier zum ersten Mal im Anhang und dem Kommentar Auszüge übersetzt wurden, aber auch das Manuskript über den »Ursprung der Sprache« und ein weiteres – der vielleicht ergreifendste Text seines Schaffens: Jahre nach dem Inselglück in der Schweiz zeichnete Rousseau auf Spaziergängen noch einmal die wichtigsten Gedanken und Momente seines Lebens auf:

Die *Träumereien eines einsam Schweifenden* entstehen zwischen September 1776 und dem 12. April 1778. Zunächst notierte er die Einfälle auf Spielkarten – sie wurden in den bisherigen deutschen Ausgaben nicht berücksichtigt. Und dann schrieb er sein letztes Werk nieder – das schönste wohl, aber auch das am wenigsten verstandene.

Ekstatische Träume

»*Rexvagare*« so lautet die lateinische Prägeform für das französische Verb »rêver«: träumen. Und auch im anderen Leitwort des Titels, dem »Promeneur«, schwingen Bilder und Ahnungen mit, von denen wir heute, da alle Wanderwege ausgeschildert sind und man immer schon weiß, wie lange ein Weg geht, nichts mehr wissen: So gab es im 18. Jahrhundert Überlegungen, eine Signal-Kleidung für Leute zu entwerfen, die freiwillig spazieren gingen, um sie so weithin sichtbar von all jenen Herumstreunern und Landstreichern zu unterscheiden, die unfreiwillig waren, was Rousseau auf seinen Streifzügen vor den Stadttoren von Paris wurde: Vagabunden.

Das Ausschweifende der Phantasie, die ihn auf ihren Flügeln zurück ins Paradies auf der St. Petersinsel in der Schweiz trägt, wo er sich dank seines Genies im Wahn schon wenige Meter hinter den Hausmauern ganz allein fühlt, verloren im Solitären, im eigenen Insel-Ich, diese Phantasie weitet sich auf diesen Erkundungen zur erotischen Ekstase. Rousseau, der sonst nur das gefährliche Supplement der Onanie kennt, bei dem er seinen Kopf mit Wunschwesen füllt, der einmal als Exhibitionist junge Frauen an einem Brunnen schreckte und von schnauzbärtigen Männern gejagt wurde (vgl. im Anhang *Im Untergrund schweifen*), Rousseau, der den Umgang mit dem anderen Geschlecht unter der strafenden Hand von »maman« genoss oder mit Thérèse ganz schlicht dem Sexuellen der Fortpflanzung oblag, Kind um Kind zeugend und in Waisenhäuser abschiebend, Rousseau erlebt auf diesen Spaziergängen Ekstasen, bei denen er außer sich gerät, nicht selten angeregt von der »Fruktifikation« und den Staubfäden der Blumen, ganz angeregt, wie er schreibt, vom sexuellen Spiel ihrer Glieder, das ihm neu ist. Und die tiefste Verlorenheit in der Natur erlebte er – wenige Meter hinter einer Strumpf-Fabrik.

Flucht ins Ich

Die nicht nur literaturhistorische, sondern aufgrund der Wirkgeschichte seines *Discours sur l'origine de l'inégalité parmi les hommes* (1755) welthistorische Bedeutung von Rousseau erlaubt es kaum, in knappen Worten die Fülle seines Werks und Denkens hier nachzuzeichnen.

Seit seinem Gang nach Vincennes (1749), als ihm die Thesen zum *Diskurs über die Wissenschaft und die Künste* eingefallen sind, ist Rousseau immer auf der Flucht. Auf der Flucht aus Genf, dann wieder auf der Flucht vor Paris. Dieses Vagabundieren, wie es damals noch eng mit dem Begriff der »promenade« zusammenhing, spurt uns heutigen Lesern vor, ebenfalls die Flucht vor äußeren Zwängen zu wagen und unser Insel-Ich zu entdecken, wie Rousseau auf der Petersinsel.

»Tout dire«, »alles sagen« stand im Zentrum von Rousseaus *Confessions*. Und obwohl »ich alles gesagt habe« (OC I 1035), klagt man ihn, wie er in der *Vierten Träumerei* meint, gleichwohl an, »nicht alles sagen zu wollen«. Mit den *Dialogues* versuchte er schon, mögliche Lücken zu schließen, doch vergeblich: Er muss in den *Träumereien* nochmals auf alles zurückkommen.

Anders als im stummen »tête-à-tête« mit der Mutter Natur, im Dialog mit Blumen und Blättern, wenn Rousseau durch eine vollständige »Identifikation mit der ganzen Natur« zu seiner inneren Fülle zurückfindet, kann auf den weißen Blättern, kann im Medium der Schrift die Gewissheit vollkommener Selbstpräsenz letztlich nie erlangt werden.

Höchstens in Ausnahmefällen: Am Anfang der Geschichte, im »Goldenen Zeitalter«, herrscht absolute Unmittelbarkeit zwischen der Natur und ihren wilden Kindern. Der reine Schrei bietet unmittelbare Kommunikation. Am Ende steht eine durch das Medium der artikulierten Sprache, durch Schrift und soziale Regeln verschleierte Welt, und nur in Ausnahmefällen gelingt es dem Genie, durch das »tout dire« oder durch Musik den Schleier zu lüften; dann kehren die Menschen wie bei der Aufführung von Rousseaus *Devin du village* in die ursprüngliche Eintracht zurück, Tränenspuren zeugen von einem Ursprung, in dem noch nichts verhärtet war, sondern die Menschen als »Wellen in Wellen« im ozeanischen Gefühl der Aufgehobenheit lebten und schwebten. (OC I 378f.)

Die Verfallsgeschichte, die Rousseau in seinen politischen, sprach-spekulativen und musiktheoretischen Schriften nachzeichnet und die er in den Ausgeburten seiner Tagträume, wie dem Roman *Nouvelle Héloïse* (1761), versöhnen und überwinden will, spiegelt sich auch in seinem eigenen »Fall« in der *Zweiten Träumerei*, wo er von einem Hund umgeworfen wird und nach einem kurzen freien Schweben im Bewusstlosen die Erfahrung des reinen Da-Seins macht, wo alles licht und durchsichtig wird wie sein eigenes Ich. Diese »Alldurchsichtigkeit«, wie Hölderlin mit Verweis auf Rousseau dichtete, währt freilich nur kurz. Doch immer wieder punktieren solche Erfahrungen sein Werk, namentlich die *Träumereien*.

In ihnen ahnt man den Urzustand vor dem Fall. Diese Seiten bilden die Utopie und Insel-Stille in seinem Werk. Ihre Wirksamkeit aber gewinnen sie nicht aus romantischer Verklärung, sondern eben durch die Einbettung in einen lebenslangen Kampf gegen Ungerechtigkeit, wiewohl dieser Kampf während der Französischen Revolution in Rousseaus Namen wieder zu neuer Ungerechtigkeit führte, da nicht die politische Schrift, sondern nur die poetische Träumerei vor der unvermeidlichen Korruption durch das Gesellschaftliche geschützt ist.

Doch soll dieser Rückzug ins Poetische nie endgültiger Endzweck bleiben, vielmehr gewinnt in ihm das Subjekt, der Leser, die Kraft, sich dann eben doch gegen eine Gesellschaft aufzulehnen, in der Rousseau verfolgt wird, in der man wie er als Befremdlich-Fremder (»étrange«) ausgegrenzt wird. Die Dialektik von Rückzug und Angriff, von Analyse des Selbst und der Gesellschaft bleibt zeitlos und findet im Klang der Schrift ihre Synthese.

Vokalische Räusche von Landschaften

Wie Rousseau selbst irren auch die wichtigsten Worte herum und vermischen sich im Dunst der Träumerei auf weiten Wortfeldern: »Reminiszenz« und »Meditation«, »Träumerei« gar oder einfach »Denken« wechseln recht willkürlich und ohne einsichtliches System. Überhaupt wirkt die Sprache der *Träumereien* wie ein »nicht festgestelltes Tier«, um Nietzsche zu nennen: einerseits dem Ideal des alten Sparta und dessen Wiederkehr unter der römischen Republik verpflichtet, wie es seine eigenen Versuche einer Tacitus-Übersetzung noch zeigen werden, wo er die enge Fügung sucht, andererseits das Ausschweifende künftiger Melodien und Harmonien wie man sie etwa bei Schumann erlebt und bei den Romantikern liest. Doch auch hier: Die romantischen Ufer am Bielersee sind vielleicht die erste mit diesem Wort belegte Landschaft, wenige Seiten später aber erinnert Rousseau an die Herkunft dieses Wortes, das sich in seiner Schilderung der weniger wilden und weniger romantischen Ufer des Genfersees zum Brief-Roman *Nouvelle Héloïse* weitet, obwohl doch die Gegend hier am Bielersee so »romangemahnend« ist. Sind die *Träumereien* Rousseaus wichtigster Roman?

Die *Fünfte Träumerei* über den Aufenthalt auf der Petersinsel im Bielersee bildet die Verzückungsspitze in Rousseaus Werk. Es gelingt ihm hier, das »Übel der Sprache«, die die Menschen voneinander entfremdet und auch das Ich von sich selbst entfremdet, durch eben dieses »Übel« zu heilen, indem er in Rhythmus und Melodie an die früheste Sprache anschließt, die im Süden rund um die Brunnen entstand, wo die Mädchen Wasser schöpften und ihr Liebeswerben aus voll vokalischen Klängen bestand, ehe der Finger Gottes den Pol der Erde neigte und die Menschen im erkalteten Norden, in Hütten hockend und in den Hütten unter Tag nach Kohle schürfend, die bittere Not jenes bittenden »aimez-moi« ins konsonantisch härtere »aidez-moi« kippen ließen. Mit der Feder als Gegenpol rückt Rousseau die Welt zurecht: »Ich fühle mich wie Gott.«

Artikulation zerteilt die Silben der Sprache so, wie die Menschen unter dem Despotismus der Könige und der Industrie durch die Instrumentalisierung voneinander gerissen werden. Nur in der Musik, an den Gestaden eines Sees wie dem Bielersee, findet die Sprache zurück zu ihrer anfänglichen Reinheit; solche Momente zeichnen diese letzte Schrift von Rousseau aus.

In der *Zweiten Träumerei* versuchen in der Übersetzung vokalische Reihungen von »e«/»i« jenes »Fließen des Blutes« zu evozieren, das, nach Rousseaus Ohnmacht und dem damit einhergehenden Verlust des gesellschaftlichen Selbst, mit seinem Fluss das Ich ganz bei sich sein lässt, bevor der Schmerz im konsonantisch harten »p«/»g« der von der ratternden Kutsche gequetschen Glieder (»*articulus*«) Rousseau wieder zerstückelt, sich selbst entfremdet und als Figur des gesellschaftlichen Spotts verletzbar macht.

Diese musikalische, auf deutsch nur schwer wiederzugebende Note wird durch eine polyphone Gestaltung und Verteilung der Themen erhöht – darunter der philosophische Essay über die Lüge in der *Vierte Träumerei*, der an ein in den *Confessions* beschriebenes Kindheitserlebnis anknüpft und bis heute zu Diskussionen Anlass gibt, zuletzt zwischen Paul de Man und Jacques Derrida. Diese Vielfalt macht den hohen Reiz des Textes aus, wie aber Rousseau selbst kann auch der Übersetzer nicht alles sagen und lügt ungewollt.

Topographie des Traums

Mit *Les rêveries du Promeneur Solitaire* versucht Rousseau den Zeit/Raum von 10 Spaziergängen in Sprach/Raum zu verwandeln, wobei er je und je unterschiedliche Themen und Stimmungen aufgreift. In seinem lebenslangen Versuch, ein feststehendes »Ich« zu gewinnen, ein fixes »Sub-jekt«, zeigt sich hier seine Fähigkeit, vielmehr zu einem reinen »-jekt« zu werden, zu einem zer-»fließenden« Träger von flüchtigen Gedanken, Stimmungen und Eindrücken, was vom neuzeitlichen rationalen Subjekt im Sinne Descartes' verdrängt wurde.

Dieser Vorstoß ins träumerische Unbewusste machte den Text für die Surrealisten wie André Breton oder Max Ernst fruchtbar. Es bleibt sprachlich der herausforderndste Text von Rousseau, da einzelne Stimmungen von *Rêverie* zu *Rêverie*, aber auch von Abschnitt zu Abschnitt wechseln, wie Jean Starobinski anhand des Übergangs vom ersten bis zum vierten Satz des 12. Abschnittes (»Alles Äußerliche ist mir für immer fremd geworden.«) der *Erste Träumerei* gezeigt hat, wobei dem Vokal »i« eine tragende Bedeutung zukommt. An anderen Stellen wird der Wellenschlag des »e« eingesetzt. Die letzten drei *Träumereien* sind nur in einem ersten handgeschriebenen Ent-Wurf, »jet«, erhalten und also noch ganz im Fluss.

Damit schließt sich der Kreis zu den ersten »ébauches«, die Rousseau auf Spielkarten notiert hat. Der spielerische Wechsel von Reflexion und Sprachklang, von Episoden der Verzückung und Verfolgung, wobei die monologischen *Träumereien* miteinander in Dialog treten, gewähren uns Lesern bis heute die Möglichkeit, uns in ihnen zu verlieren, unser Alltags-Ich zu verlieren, um einem anderen Ich zu begegnen, das nur in der wachträumenden Schweifsucht der *Träumerei* ahnbar wird.

Der Wanderer und seine Schatten

Und so will man als Leser mit Rousseau verschmelzen, ganz: Jetzt endlich ein Einziger sein, wie Rousseau im Sprung auf die Petersinsel, den Nachen und die Gesellschaft von sich stoßend und auf dem eigenen Ich Land nehmend, Einziger einer ganzen Epoche, verfolgt bei jedem Schritt von Bewunderern und Neidern, sitzt da nicht ein Ohr in der Wand?, sehen mich die Astlöcher nicht wie die missgünstigen Blicke aller Sendlinge der bösen Philosophen an, der eklen Jesuiten, doch nein, ich wende meinen Blick ab, nicht länger will ich gegen sie anschreiben, meine Schriften auf

Altäre legen, in Gottes Hand, sondern nur noch frei schweifen, für mich, über Wiesen und Blumen, *Ja Ja* stammelnd, auf deutsch vielleicht, in fremder Zunge, in jener »Blödigkeit«, in der Hölderlin von seinen Wanderschaften zurückkehrte, aber nicht mehr heim, sondern ins Unheimliche zurück, bis er vor Tübingen ein paar Blumen sah, sich über sie beugte und, wie Zeugen berichten, eins nur sagte, die reine Affirmation des Jetzt-Augenblicks: *Oui oui.*

Einziger seiner Epoche war Rousseau, aber auch der kommenden Epoche, und so zwischen den Wörtern »romangemahnend« und »romantisch« am Ufer des Bielersee schwankend, werden sie ihm alle nachfolgen, in ihren Schriften wie Novalis oder Baudelaire, in ihren Schritten wie Goethe oder Sebald, die die Petersinsel besuchten, um sich in den Schatten von Saalweiden zu legen, die einst auch Rousseaus Schatten unsichtbar machten, unsichtbar wie sein gesellschaftliches Ich, jene Maske, die er hier ablegen konnte, endlich, um sich ganz den Schirmblütlern hinzugeben, sich von ihnen beschützen zu lassen, oder über die Maskenblütler zu lachen.

Die Gesellschaft war ihm ferner Maskentanz der Eitelkeit. Und er wusste schon, dass jedes Wort eine Maske ist, und hoffte, es sei auch eine Höhle, sich darin zu verstecken. Denn paradoxerweise birgt die Sprache, die am Hof zur reinen Etikette und in der Politik durch Anschläge an der Wand, die Waffenträger anwerben, zum Plakat verkommen ist, die Möglichkeit, die Masken herunterzureißen und, wenn sie zurückfindet zur Reinheit des ersten Schreis, den Menschen Tränen zu entlocken, die aus dem Brunnen der uranfänglichen Liebe geschöpft sind, als alle Herzen klare

Kristalle waren. Das geschieht dann, wenn der Wind der Vokale den Sinn der Konsonanten wegweht.

Hier trifft sich Rousseau mit seinen Schatten: Wanderer wie er, ihm wesensfremd und doch verwandt: Rimbaud etwa, der die Vokale umwerten wollte, schwarz das »a« und rot das »i«. Doch auch er floh vor der Schrift und den Pariser Salons, ebenfalls durch die Schweiz, aber weiter hinaus, denn es waren ja hundert Jahre vergangen, weiter nach Afrika, wo er statt mit Worten mit Waffen handelte, unermüdlich nomadisierend, bis das gescheffelte Gold, mit dem er sich gürtete wie einst Rousseau mit seinem Sack voll Äpfeln, die Hüften wundgescheuert hatte und man ihn tragen musste, in einer Sänfte durch die Hochebenen von Aden, zurück nach Marseille, wo er den vokalischen Klang verlor mitsamt den syntaktischen Gliedern, dem knickenden Knie, das schon Rousseau geschwollen war, die von der Syntax erzwungenen Artikulationen des Sinns abwerfend wie sein stumpfes Bein.

Eine Reise in die Hölle, die viele wiederholten. Antonin Artaud etwa, der sich von den Nägeln der Syntax lebendig in einen Sarg genagelt fühlte, denn »unter der Grammatik ist der Sinn begraben«, gegen den man nur anschreien kann, »papuanisch« wenn es sein muss, doch jedenfalls die Sprache zerschlagen, die sich dem Sinn unterworfen hat, wie auf der Bühne der Körper und Atem der Schauspieler zum Sklave alter Texte wurden. Zerschlagen also muss man diese Aus-Artikulation der Bühne in Schauspieler / Regisseur / Publikum / Autor, denn hinter dieser Vierteilung schlummert die Wiege der Wiedergeburt, wenn man als Zuschauer von Blitzen und Lärm umtobt wird, vor den Städten in Fabrikhallen sitzend – so träumte Artaud lange, bevor auch das zur Routine des Betriebs wurde –, umkreischt von hässlichen Kehlen und umtanzt von riesigen Hieroglyphen, deren Sinn nicht zu entziffern ist, sondern als fremdes Zeichen ins Ent-Sinn-lichte weist. Vom Scheitern dieser Projekte verjagt, irrte auch Artaud allein durch die Alpen, doch nicht wie Rousseau-Hannibal nach Italien, auch nicht nach Afrika, nein: noch weiter, hoch hinauf in die Hochebenen der Tarahumara-Indianer, wo er vom Heroinentzug entkräftet auf dem Rücken eines Pferdes reitet und den Tiger unter sich spürt: Da wird ihm die ganze Welt zum Buch, die Schlünde der Berge sind vaginale Klüfte, die Felsspitzen »ejakujubilieren« ins Blau des Himmels, wo sich die Gesänge der Indianer mit Artauds eigenem Atem mischen, nachdem er, von der Peyotl-Wurzel geerdet, vom »anderen Ufer des Seins zurückflutete«, in Fluss und Rückfluss mit Rousseau und Rimbaud, die Sinne entregelt und sehend, wie aus dem Ohr der Priester ein gelbes »J« in die Höhe schießt, als ob Jesus ein Zeichen senden würde. Doch hütet sich Artaud vor heiligen Kurzschlüssen und wird sich zum Selbst-Erlöser, lässt sich, so wird berichtet, auch auf einer Sänfte tragen, durchs Gebirge. Kopfüber, vielleicht.

Ja, so wandern sie alle im Schatten von Rousseau, wandern wie einst Hölderlin, der zwischen Bordeaux und Tübingen seine Feder ins heilig-nüchterne Wasser getaucht hat und Rousseau als Tropfen mitten in die Rhein-Hymne tropfen lässt, in der Form des »Bielersees«, der laut Rousseau »oval« ist, so in den *Confessions*, oder, im späteren Nachbild der *Träumereien*, von »fast runder Form«. Ach, wie will man all die Ekstasen, die uns beim Lesen von Rousseau anfliegen, in Worte fassen? Man kann nur, verzweifelt, zu den Dichtern eines anderen Ich greifen.

Oder sollen wir die Petersinsel besuchen wie W.G. Sebald, der dann vor allem umlärmt wurde von einer fröhlichen Schiffsgesellschaft, sollen wir jene Luke in der Kammer aufsuchen, durch die sich Rousseau angeblich vor Besuchern rettete, um nur eins von vielen erfundenen Nachbildern zu nennen? Überall in diesen Träumereien tun sich Falltüren auf, durch die man – in sich selbst fällt.

Übersetzungsfehler und Blödigkeit

Ins Eigene der »Blödigkeit«: »Baar ins Leben« wollte Hölderlin treten, nackt und »wehrlos« wie ein Kind, zwischen »Hain und Höhn« ganz den Lauten lauschend. Wenn der Dichter »baar« in die Versfüße tritt, bald nach Wolken greifend, den »fernhintönenden«, bald ins Tal schauend, wo »woogenluftig« das »Wassergewölk« eines Flusses aufstiebt, wird dem Dichter das Wasser zur Wolke, das Oben zu Unten, bis er jede Orientierung verliert und allein mit Natur und Göttern verschmilzt – »schwindelnd« stürzt er in die Tiefe, den Kopf zerschmettert neben Orpheus' Laute, doch selbst im Tod noch »schützet die Einfalt ihn«. Auf wahrlich schwindelerregenden Manuskriptseiten formieren sich so um 1800 die Worte und Verse zweier Gedichte, die Hölderlin unter die Titel »Dichtermuth« und »Blödigkeit« stellt.

Seit über 200 Jahren also zeichnet es den Mut der Dichter und Künstler aus, sich »baar« in die Zone der Blödigkeit vorzuwagen. »Blödigkeit« aber bezeichnet nach damaligem Sprachgebrauch nicht Dummheit, sondern einen Zustand der völligen Benommenheit – das »blöde« Glied als »taubes« Glied, ein eingeschlafener Fuß etwa. Ist der Fuß eingeschlafen, entdeckt man ihn beim Wiedererwachen neu, durchläuft mit dem blöden Grinsen des Idioten die Fuß-Werdung, wird ganz Fuß, ganz barfüßiger Idiot.

In der Blödigkeit ist der Künstler den auf ihn einstürmenden Eindrücken der Umwelt und dem betäubenden Wirbel der Gedanken im Kopf schutz- und begrifflos ausgesetzt. Er hat die Grenzen der Vernunft hinter sich gelassen und schreitet wie Lenz durchs freie Gebirg; umtobt von Eindrücken wird er selber zum schmelzenden Gletscher, stürzt als Gebirgsbach aus sich heraus und an sich herunter. Höchste Ekstase und niedrigster Stumpfsinn fallen in der »Blödigkeit« zusammen.

Diese Blödigkeit suchte auch die Übersetzung auf, wissend, dass »mouches« eigentlich »Kundschafter« und »Spione« sind, die sich an Rousseaus Fersen heften, und sie doch als »Mücken« schwirren lassend, in der Syntax auch, bald ekstatisch ins Freie und ungebundene Fließen schweifend, dann wieder ins hart und hart Gefügte, interlinear fast, um das spartanisch-römische Ideal zu erreichen, das aus Rousseaus eigenen Übersetzungsversuchen spricht, so etwa seinem durch und durch unfranzösischen Tacitus:

»En effet, Othon négligé dans son enfance, emporté dans sa jeunesse, se rendit si agréable à Néron par l'imitation de son luxe, que ce fut à lui, comme associé à ses débauches, qu'il confia Poppée, la principale de ses courtisanes, jusqu'à ce qu'il se fût défait de sa femme Octavie; mais le soupçonnant d'abuser de son dépôt, il le relégua en Lusitanie, sous le nom de Gouverneur.« (OC V 1234)

Während JJR nach einer Sprache sucht, die im Schrei eine unmittelbare Kommunikation mit dem anderen ermöglicht, weiß der Übersetzer darum, dass es kein Unmittelbares gibt; er freut sich gerade am Unvermittelbaren, an der Welt voll Widerständen. In diesem Fall war der Versuch, auch auf zeitgenössische Wörter von Rousseaus Epoche zurückzugreifen, Zeichen einer Verzweiflung, weil man letztlich, wie es Rousseau über sein autobiographisches Konzept in den *Confessions* schreibt, eine »neue Sprache erfinden« müsste, was ihm dort nicht gelang – in den *Träumereien* aber, und daraus entspringt die Verzweiflung, schon: Da verschmelzen Sprache, Gedanke und Bild in einem ewigen Fluss und Rückfluss, und der Klang wird zum klaren Kristall ursprünglicher Feste, an die die Übersetzung nur erinnern kann, wie ein fernes Echo.

Stefan Zweifel, Zürich, 8. Mai 2012

QUELLEN

Texte von Jean-Jacques Rousseau:

— *Les Confessions – Reproduction du manuscrit de Neuchâtel*, Bibliothèque romande, Lausanne 1973 (abgekürzt mit: *Confessions* MsN)

— *Œuvres complètes* I-V, Paris 1959-1995 (abgekürzt mit: OC I-V)

— *Correspondance complète de Jean Jacques Rousseau* in 52 Bänden, Oxford (abgekürzt mit: CC I-LII)

— *Zehn botanische Lehrbriefe für eine Freundin*, Frf.a.M., 1979

— *Philosophische Briefe*, München 2012

— Rousseau / Hume: *»Leben Sie wohl für immer« Die Affäre Hume-Rousseau in Briefen und Zeitdokumenten*, Berlin / Zürich, 2012

Viele Ideen und Anregungen stammen aus den Kommentaren zu den am Anfang des Bandes zitierten Textgrundlagen sowie der *Rêverie*-Edition von Henri Roddier, Paris 1965

Sekundärliteratur:

Geoffrey Bennigton: *Dudding. Des noms de Rousseau*, Paris 1991

Maurice Blanchot: *Rousseau* in: *Le livre à venir*, Paris 1959

Philipp Blom: *Böse Philosophen – ein Salon in Paris und das vergessene Erbe der Aufklärung*, München 2011
Ernst Cassirer / Jean Starobinski / Robert Darnton: *Drei Vorschläge Rousseau zu lesen*, Frf.a.M. 1989
Jacques Derrida, *De la grammatologie*, Paris 1967
— *Grammatologie*. Frf.a.M. 1974
— *Le ruban de machine à écrire* in: *Papier machine*, Paris 2001
— *Das Schreibmaschinenband* in: *Maschinen Papier*, Wien 2006
Michel Foucault: *Introduction* in: J.-J.Rousseau: *Rousseau juge de Jean-Jacues. Dialogues*, Paris 1962
Albert Jansen: *Jean-Jacques Rousseau als Botaniker*, Berlin 1885
Peter Köppel: *Interpretation der Rêveries du promeneur solitaire*, Habilitationsschrift, Zürich 1988
Paul de Man: *Allegories of Reading. Figural Language in Rousseau, Nietzsche, Rilke, and Proust*, New Haven and London 1979
— *Allegorien des Lesens II – Die Rousseau-Aufsätze*, Berlin 2012
— *The Rhetoric of Blindness: Jacques Derrida's Reading of Rousseau*, in: *Blindness and Insight. Essays in the Rhetoric of Contemporary Criticism*, London 1986
— *Die Rhetorik der Blindheit: Jacques Derridas Rousseau-interpretation*, in: *Die Ideologie des Ästhetischen*. Frf.a.M. 1993)
Serge Margel: *De l'imposture*, Paris 2007
Barbara Piatti: *Rousseaus Garten – Eine kleine Kulturgeschichte der St. Petersinsel*, Basel 2001

W.G. Sebald: *J'aurai voulu que ce lac eût été l'Océan* – in: *Logis in einem Landhaus*, München 1998

Jean Starobinski: *jean-jacques rousseau: la transparence et l'obstacle suivi de sept essais sur rousseau* (v.a. *rêverie et transmutation*), Paris 1971

— *Eine Welt von Widerständen*, München 1988

— *Le remède dans le mal. Critique et légitimation de l'artifice à l'âge des Lumières*, Paris 1989

— *Das Rettende in der Gefahr – Kunstgriffe der Aufklärung*, Frf.a.M. 1990

sowie

Friedrich Hölderlin: *Rousseau* und *Der Rhein* in: *sämtliche werke.* Frankfurter Ausgabe, Band 4-8, Frf.a.M. / Basel 1984-2000

Wörterbücher:

Nouveau Dictionnaire des Passagers françois-allemand et allemand-français, hrsg. von Johann Leonhard Frisch, verbessert von Mr. Mauvillon, Leipzig 1772

Nouveau dictionnaire françois-allemand et allemand-français à l'usage des deux nations, sixième édition originale corrigée et considérablement augmentée, chez Armand Koenig, Strasbourg / Paris 1804

Textgrundlagen:

Bibliothèque de Neuchâtel BPU, MsR. 78: Umfasst die Reinschrift der ersten sieben *Träumereien* der *Rêveries* in drei zusammengebundenen Heften (166 x 108 mm) von insgesamt 140 Seiten Umfang. Im ersten Heft finden sich die *Erste* und *Zweite Träumerei*, im zweiten Heft die *Dritte* und *Vierte Träumerei*, im dritten Heft die *Fünfte*, *Sechste* und *Siebte Träumerei.*

Bibliothèque de Neuchâtel BPU, MsR. 79: Umfasst handschriftliche Entwürfe zu den drei letzten Träumereien der *Rêveries.* Ebenfalls ein kleines Heft (115 x 95 mm) mit 57 Blättern, wobei die Seiten 5-25 die *Träumereien* betreffen, die restlichen den *Premier Dialogue*, die *Histoire du précédent écrit* sowie botanische Notizen.

Bibliothèque de Neuchâtel BPU, MsR. 49: Umfasst die 27 Spielkarten.

Reich kommentierte Edition:

Les rêveries du Promeneur Solitaire, in: Œuvres complètes I, Bibliothèque de la Pléiade, texte établi et annoté par Marcel Raymond, Paris 1959

Faksimile-Edition:

Les rêveries du Promeneur Solitaire, avec une introduction de Marc Eigeldinger et une notice de Frédéric S. Eigeldinger, Genf 1978

Textkritische Edition:

Les rêveries du Promeneur Solitaire, édition critique par Frédéric S. Eigeldinger, Paris 2010

Die in diesem Band abgebildeten Spielkarten durfte ich in der Ausstellung *Giacometti – Balthus – Skira: Les années Labyrinthe* 2009 zur Wiedereröffnung des Musée Rath in Genf ausstellen. Sie lagen neben Entwürfen von André Masson, Max Ernst und Jacques Hérold zum *Jeu de Marseille*, das die Surrealisten in ihrem ersten Exil (eben: Marseille) erstellten. Dahinter lagen ein Abguss des Schädels des Marquis de Sade und die Totenmaske von Rousseau.

S.Z.

Dank:

BPU Neuchâtel

Pro Helvetia

Zuger Dialog-Werkstatt, die mir für eine erste Fassung der *Zweiten Rêverie* 2011 den Annerkennungspreis zugesprochen hat.

Katharina Faerber

Robert Hunger-Bühler

Luzius Keller

Marie Lusa

meinen Eltern

und Beatriz, Louis, Maryse sowie Thibault Sablonier

Matthes & Seitz Berlin · Paperback · 066

Erste Auflage dieser Ausgabe 2024

Großbeerenstr. 57A, 10965 Berlin
info@matthes-seitz-berlin.de

Umschlaggestaltung: Pauline Altmann, Palingen
Druck und Bindung: GGP Media GmbH, Pößneck
ISBN 978-3-7518-4515-1
www.matthes-seitz-berlin.de